浙江省中等职业教育示范校建设课程改革创新教材

国际商务综合实训
——基于 SimTrade 外贸实习平台

郭梦迪 主 编

蒋 进 潘 杰 胡媛媛 副主编

科学出版社

北 京

内 容 简 介

本书基于外贸业务员的工作岗位的外贸业务发生与发展的流程编写。内容分为四个项目，即交易准备阶段、交易磋商阶段、签订合同阶段、履行合同阶段。每个项目又分为若干任务，各任务环环相扣、紧密联系，重点培养学生外贸业务的实际操作技能。

本书适合中等职业学校国际商务或国际贸易专业的学生，尤其利用 SimTrade 外贸实习平台进行实训操作的学校学生使用。

图书在版编目（CIP）数据

国际商务综合实训：基于 SimTrade 外贸实习平台/郭梦迪主编. —北京：科学出版社，2019.3

（浙江省中等职业教育示范校建设课程改革创新教材）

ISBN 978-7-03-060778-2

Ⅰ. ①国… Ⅱ. ①郭… Ⅲ. ①国际商务-中等专业学校-教材

Ⅳ. ①F740

中国版本图书馆 CIP 数据核字（2019）第 043839 号

责任编辑：韩 东 王会明 / 责任校对：陶丽荣
责任印制：吕春珉 / 封面设计：东方人华平面设计部

科 学 出 版 社 出版

北京东黄城根北街 16 号
邮政编码：100717
http://www.sciencep.com

北京中科印刷有限公司 印刷
科学出版社发行 各地新华书店经销

*

2019 年 3 月第 一 版　　开本：787×1092　1/16
2021 年 9 月第三次印刷　　印张：13 3/4
字数：312 000

定价：45.00 元

（如有印装质量问题，我社负责调换〈中科〉）

销售部电话 010-62136230　编辑部电话 010-62135397-8018

浙江省中等职业教育示范校建设课程改革创新教材
丛书编写指导委员会

主　任　　冯建荣

副主任　　郭献复　　沈思钧　　郭海军

委　员　　许根生　　王文辉　　吴学阳

　　　　　郭梦迪　　孙达军　　郑赛赛

前　言

习近平总书记对 2014 年全国职业教育工作会议所做的重要指示，进一步明确了职业教育的战略定位。职业教育的春天来了，这进一步增强了职业教育工作者的信心与勇气。作为普通的中职教育工作者，作为从外贸行业进入学校的教育工作者，我们深切地感受到了中职专业教育与行业企业需求的严重脱节。对此，我们肩负着责任，我们亟须改变，亟须调整，进而培养出符合要求的技能型人才来应对市场与行业的需要。

中职学校国际商务专业培养的是面向生产、服务一线，具备初级职业技能的国际商务专业技术人才。中职学校国际商务专业除了应设置独立的国际商务理论课程，还应开设相应的综合实训课。综合实训课必须以服务市场为宗旨，以学生就业为导向，基于岗位需求，有针对性地进行训练。

浙江省温岭市太平高级职业中学目前正在积极探索国际商务综合实训课程的教学，即借助 SimTrade 外贸实习平台，基于温岭本地特色产业鞋类制造的外贸出口业务流程，模拟仿真情境，提炼相应实训项目，细分实训任务，将学生所学专业理论与技能进行整合并融于各个实训任务中，通过完成任务，提高学生知识及技能的综合运用能力，提高学生实际动手操作能力，达到"能说、能写、会做"的要求，最终提高学生的核心专业技能，提升职业素养，增强职场竞争力。

经过前期的摸索，编者发现无论是课堂教学的组织还是课后的练习，相对于传统的理论教学，实践教学的效果都更胜一筹。但与之相对应的现实是合适的配套综合实训教材缺乏。编者在对温岭当地相关企业和国际商务专业毕业生进行调查分析，明确了企（行）业的人才需求及岗位要求的基础上，结合综合实训课程现状和中职学生实际，基于 SimTrade 外贸实习平台，编写了本书。

本书具有以下特点。

1）目标定位明确，突出技能教学。本书以温岭企业数量最多和最需要外贸人才的鞋类企业作为工作单位，以出口量较大的鞋类产品为经营产品，以外贸业务员工作的职业能力为主线，以岗位工作为依据设计项目，以工作任务为模块，将职业技能融入各个项目任务中，通过层层任务的完成，提高学生的职业能力和职业素养。

2）打破学科体系，重塑课程结构。"外贸业务协调""外贸制单""外贸商函"等国际商务的核心课程，自成一体，现实指向性差。所以，编者编写本书时，打破原有学科体系，使各课程内容相互渗透、相互交融，基于岗位需求和能力要求，将核心知识、核心技能、核心课程进行有效整合，使之更具实用性，更符合就业需求。

3）项目引领，任务驱动，理论融于操作。编者打破传统的以国际贸易知识体系为主线的教材编写模式，选择对外贸业务员的工作岗位进行任务和职业能力分析，基于外贸业务发生与发展的流程，提炼相应工作项目，细分工作任务，以培养外贸职业能力为核心目标展开教材的编写。书中的教学项目均是围绕核心技能培养系统设计的，以工作任务为中心，内容包括该项目所需要的相关实践性知识和理论知识、拓展性知识、实际操作与练习等内容，旨在体现以工作过程为基础的教学新思路，即将原来的学科型课程组织形式调整为项目型组织形式。

4）创设工作情境，处理接近实际。目前的职业教育教学改革必须坚持以服务为宗旨，以就业为导向，以能力为本位，以实践为主线，以工作情境为基础，与生产实际紧密结合，国际商务专业也不例外。编者尝试探索以项目教学、任务驱动为主的教学方法，将校企合作单位的实际工作过程和工作任务及职业活动的真实情境引入教学中来，以实际工作任务作为课程内容核心。

5）突出实用性，注重素质培养。实用是职业教育的特征之一，实用性也是我们在编写本书时所坚持的原则。编者根据温岭当地鞋类行业的市场需求、职业岗位要求，结合学生的实际情况，在确定任务时，以外贸业务员的工作为主线，从易到难，尽量做到任务要求通俗易懂，表述简明扼要，内容图文并茂，使实务更"实"，增强趣味性和可操作性。除此之外，编者还摒弃了生涩难懂、难度过大、实用性不强的专业知识，在每一个任务中明确教学目标和教学重点、难点，配以相关思维图、课后练习、课后反思，帮助学生更好地理解教学内容，更具针对性、目标性和操作性。

本书由郭梦迪担任主编，由蒋进、潘杰、胡媛媛担任副主编。具体分工如下：郭梦迪负责设计全书的框架，编写项目一和项目二及全书统稿；蒋进负责编写项目三；潘杰负责编写项目四的任务一和任务二；胡媛媛负责编写项目四的任务三。

在编写本书的过程中，编者做了大量的市场调研，得到了相关企（行）业的大力帮助，得到了学校及专业课教师的支持，在此一并表示感谢。

关于本书"出入境检验检疫"和"原产地证书"相关内容说明：2018 年 3 月，根据第十三届全国人民代表大会第一次会议批准的《国务院机构改革方案》，将中华人民共和国国家质量监督检验检疫总局的职责整合，组建中华人民共和国国家市场监督管理总局，将国家质量监督检验检疫总局的出入境检验检疫管理职责和队伍划入海关总署，将国家质量监督检验检疫总局的原产地地理标志管理职责整合，重新组建中华人民共和国国家知识产权局，不再保留中华人民共和国国家质量监督检验检疫总局。基于此，涉及"出入境检验检疫"和"原产地证书"的各机构均处于调整状态。由于时间间隔短，本书出版时各事项仍不成熟，从严谨性与专业性角度考虑，书中涉及上述相应内容仍采用更改前的操作，请读者实际操作时以当地机构更改后内容为准，不妥之处，敬请见谅！

由于编者水平有限，加之时间仓促，书中难免存在不足之处，恳请广大读者批评指正。

目　录

项目一 交易准备阶段

工作情境

童丹丹是温岭市太平高级职业中学国际商务专业 2015 级毕业生，在学校毕业生对接企业洽谈会上，她被温岭陈氏鞋业有限公司录取。今天是她第一天上班，在家精心打扮之后，她来到公司人事部报到。人事部主管告诉她，她被安排到公司出口部，担任资深外贸业务员刘晓的外贸业务助理。于是，她来到了出口部，在向外贸业务员刘晓进行了简单的自我介绍之后，进入了主题。

童丹丹：刘老师，我想问一下，我该从哪里开始工作？（不好意思地挠了挠头。）

刘晓：小童，你刚来，对我们公司情况和产品情况都不是很清楚，这几天你先了解这方面的信息，这对我们跟客户建立业务关系、进行商务洽谈及后续履行合同都有很大的帮助，这些也是每个外贸业务员必须具备的基本知识。正所谓知己知彼，方能百战不殆，我们首先得做到知己。

童丹丹：好的，谢谢刘老师，我会好好学习的。还有，我想问一下，除了登录公司网站查看信息，是不是还有其他资料可以参考？

刘晓：没错，公司网站已经包括了一些基本情况，但远远不够。接下来几天，我会安排你去样品间跟着丁芹师傅学习，在那里你会比较全面地了解到公司目前有哪些产品，分别销往哪些国家。之后，会安排你去 QC（quality control，质量控制）部找张勇师傅学习如何检验产品、区分瑕疵品和正品。最后，你需要去楼下车间跟着吴进宝主任学习一段时间，进一步了解我们公司鞋产品的生产工艺等，这样下来，你对公司和产品就比较清楚了，你要好好跟着他们学习，对你将来做外贸帮助很大。

童丹丹：好的，谢谢刘老师，我会努力的。

刘晓：对了，你在学习这些的同时，记得要多登录阿里巴巴网站，看看有没有合适的客户可以开发，这是我们公司的用户名和密码。你也知道，毕竟有客户才是王道。（递送公司用户名和账户密码的相关资料。）

工作任务

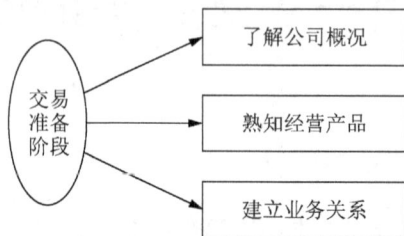

任务一　了解公司概况

☆ 任务目标

知识与能力目标	1. 了解公司 Logo 及其相应内涵，了解企业文化；
	2. 能够清楚地说出公司的基本情况，如公司中英文名称等；
	3. 能够结合公司情况填制公司资料卡，并用 PPT 形式展示出来
过程与方法目标	1. 在翻译工具的帮助下，将公司的中文资料翻译成英文；
	2. 通过小组合作，制作完成公司资料卡和简报，展示汇报
情感态度与价值观目标	1. 在学习过程中，养成主动参与、勤于动手、积极尝试的习惯；
	2. 在小组活动中，学会团队合作；
	3. 在学习过程中，逐渐树立商贸职业人的主人翁意识

☆ 任务情境

刘晓：小童，你最近两天先搜集公司的相关信息，做好公司资料卡，并以 PPT 简报的形式向我说明，我可以有针对性地对你进行指导。

童丹丹：好的，刘老师。

☆ 任务流程

☆ 任务实施

操作 1：搜集公司信息（网络查询＋公司内部咨询）

作为一名初入公司的新人和初涉业务的新手，童丹丹需要充分发挥网络的作用。因此，她首先登录公司网站，搜集公司的一些基本信息，如公司名称、成立时间、主营产品等。此外，她又选择在百度、Google 等搜索工具中输入"温岭陈氏鞋业有限公司"等关键词查找相关信息。为了进一步了解公司情况，童丹丹又向刘晓和其他同事详细咨询了公司文化、产品经营等相关内容，使搜集到的资料更加全面。

操作2：整理信息，填制公司资料卡

根据所学知识，童丹丹明白，新人在工作中对搜集到的信息及时进行整理是非常重要的，既能够帮助自己理清头绪，又有助于将来的工作查询。因此，她利用翻译工具及在学校学到的翻译技巧，翻译查询到的信息，填制公司资料卡（表1-1）。

表1-1 温岭陈氏鞋业有限公司资料卡

项目	中文	英文	备注
公司名称	温岭陈氏鞋业有限公司	Wenling Chan Shoes Co., Ltd.	
公司地址	中国浙江省温岭市人民路88号	No.88, Renmin Road, Wenling City, Zhejiang Province, China	
公司法人	陈笑健	Carl Chan	
公司简介	我们公司专营各类女士皮鞋	Our company specializes in various women's leather shoes	
公司Logo 及文化内涵	时尚，舒适	Fashionable，Comfortable	
公司制度	公司准则：员工必须自觉遵守劳动纪律，按时上下班，不迟到，不早退，工作时间不得擅自离开工作岗位，外出办理业务前，须经经理同意。 工作时间：周一至周六为工作日，周日为休息日。9:00～12:00；13:30～17:30；18:00～20:30 三个时段。 请假规定：严格请、销假制度。员工因私事请假须写请假条报经理批准，并扣除请假期间基本工资。未经批准而擅离工作岗位的按旷工处理。事情紧急的需电话联系经理批准，事毕回公司补写请假条。 ……		

SimTrade 实操
填制公司资料

1. 实训要求

在 SimTrade 软件平台中填制完整的公司资料。

2. 具体操作步骤

（1）熟悉平台
观看软件中关于界面操作的视频，熟悉操作界面。

1）登录界面。SimTrade 有 7 种用户，分别为出口商、进口商、工厂、出口地银行、进口地银行、指导老师和系统管理员，以出口商的身份登录如图 1-1 所示的操作主界面。

图 1-1 登录界面

2）出口商主界面。单击出口商主界面上方的"Home"按钮，如图 1-2 所示，可打开出口商主界面。

在出口商主界面，列有该出口商目前的等级（最高为 10 颗红星，每颗红星相当于 10 分，每颗白星相当于 5 分）；"系统提示"帮助出口商分析目前的经营状况，以便及时改进提高实习成绩；单击"我的公文夹"链接，可以进入文件管理页面，方便用户对出口文件进行管理、分类。

图 1-2 出口商主界面

3）Finance（财务）界面。单击出口商主界面上方的"Finance"按钮，可打开财务资料的操作界面，如图1-3所示。这里相当于公司的财务部，所有业务往来发生的收入、支出都在"日记账"中体现，所有与贷款有关的项目都在"贷款明细"中体现。本界面所示的财务状况只用于查询，不能做任何修改。在本界面中，注册资金与币别都不可修改；贷款余额＝所有未还贷款的总金额；库存资产＝库存量×采购成本。

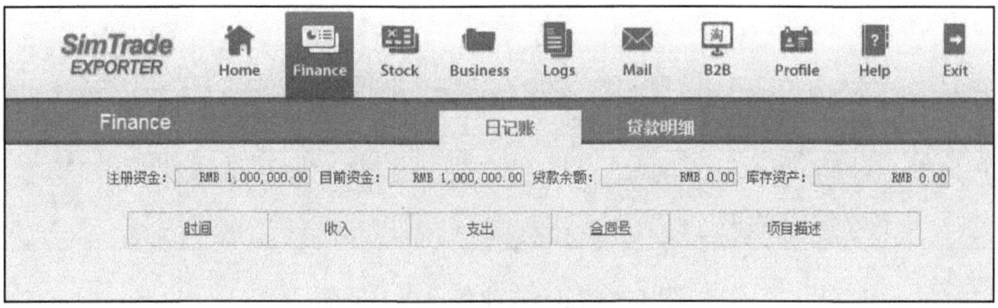

图1-3　Finance（财务）界面

4）Business（业务中心）界面。单击出口商主界面上方的"Business"按钮，可打开业务中心的操作界面，如图1-4所示。

在业务中心界面的地图上，每个建筑物表示与某项业务相关的工作机构，将鼠标指针移动到某个建筑物上，界面就会显示该建筑物的名称。单击该建筑物（如进口商），会在弹出的对话框中列出与其相关的工作内容（如起草合同）。

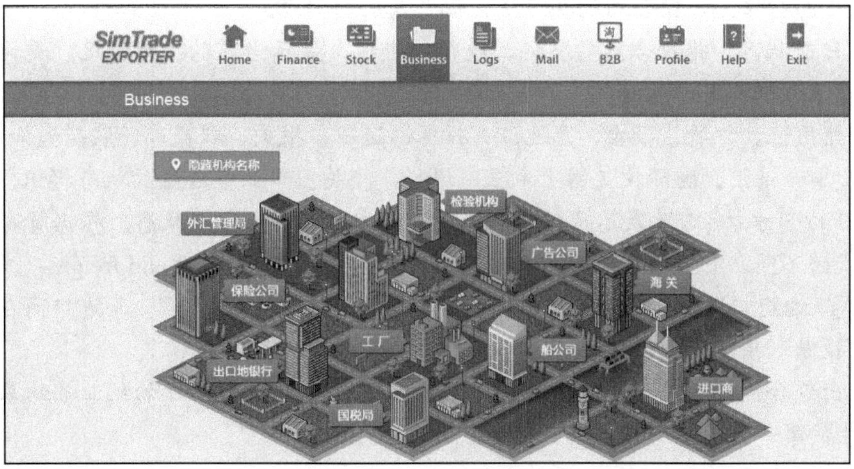

图1-4　Business（业务中心）界面

5）Logs（业务日志）界面。单击出口商主界面上方的"Logs"按钮，可打开业务日志的操作界面，如图1-5所示。这里对出口业务中的相关流程加以标识，让使用者及时了解业务的进行状况。

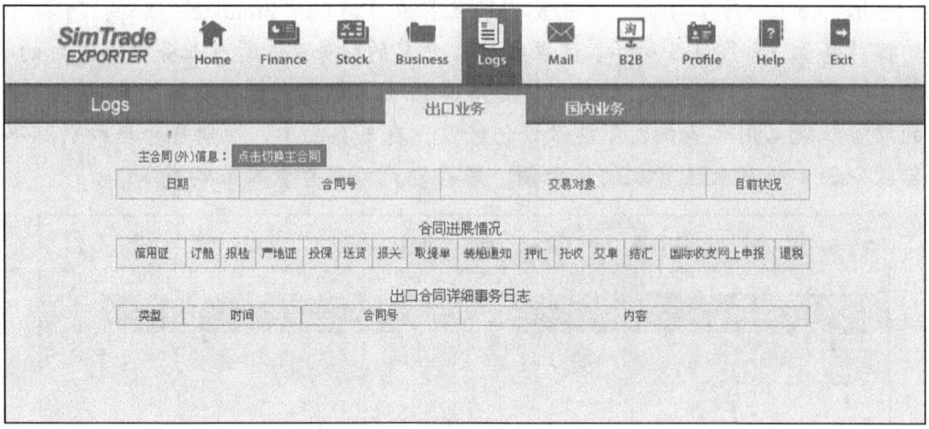

图 1-5　Logs（业务日志）界面

① 出口业务。

可查看出口业务的完成状况。注意这里显示的是主合同的业务状况，如果要查看其他合同的业务日志，请单击"点击切换主合同"按钮，每次只能就一笔合同查看业务日志。

▲ 日期：外销合同的日期。以外销合同日期做倒序排列显示，因此在签订外销合同时，建议输入固定格式的日期（例如：YYYY-MM-DD）。

▲ 合同号：外销合同的合同号。

▲ 交易对象：外销合同的买方用户编号与公司简称。

▲ 目前状况：根据合同的签订、履行的进程，显示当前的执行情况，更详细的状况可以看下方的业务进程标识。

▲ 信用证、订舱、报检、产地证、投保、送货、报关、取提单、装船通知、押汇、托收、交单、结汇、国际收支网上申报、退税：相关出口业务过程的状态标识。系统在这些项目的下方以"Y"表示已完成状态，以"N"表示未完成状态。根据贸易条件与结算方式的不同，有些项目是可以为"N"的。例如：CFR（cost and freight，成本加运费）方式下由进口商投保，则出口商"投保"项的下方可以为"N"，而进口商在做了投保后，"投保"项下才会改为"Y"。

▲ 出口合同详细事务日志：列出此合同项下，从起草合同开始到业务结束的全过程中发生的事件，包括错误操作。

② 国内业务。

可查看国内采购业务的完成状况，操作方法同"出口业务"。

6）Mail（邮件）界面。单击出口商主界面上方的"Mail"按钮，进入邮件系统，如图 1-6 所示。在这里可通过邮件与客户联系。

7）B2B（business to business，企业对企业）（淘金网）界面。单击出口商主界面上方的"B2B"按钮，可打开"淘金网"界面，如图 1-7 所示。

图 1-6　Mail（邮件）界面

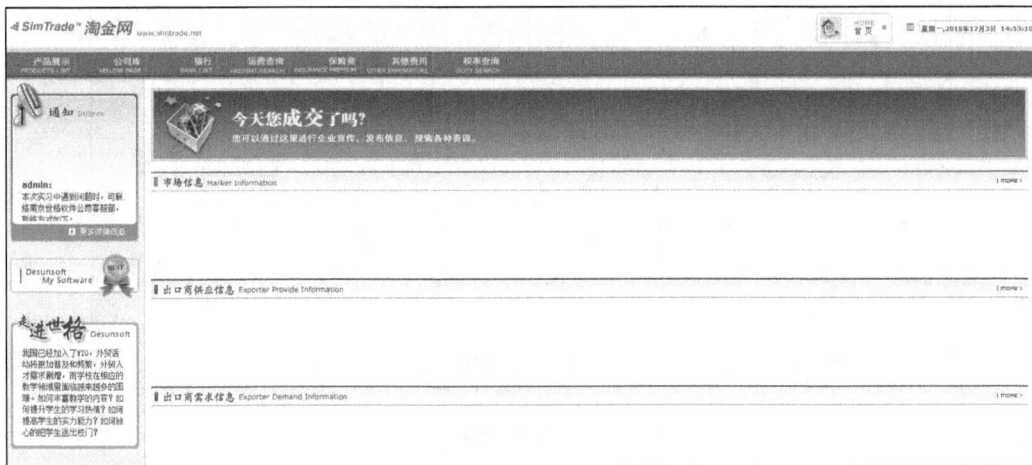

图 1-7　B2B（淘金网）界面

"淘金网"是 SimTrade 中一个仿真的 B2B 电子商务中心，提供完全仿真的国际商业环境，使用者可在各个页面中查到通知、今日汇率，以及工厂、出口商与进口商的详细资料；关键词搜索功能帮助使用者快速找到需要的供求信息、公司信息、产品资料等，为外贸实习提供了便利条件。

8）Profile（资料）界面。单击出口商主界面上方的"Profile"按钮，可打开基本资料的操作界面，用于记录公司各项详细信息，如图 1-8 所示。

① 用户编号、账号、注册资金、单位代码、税务登记号、海关代码、电子邮件：这几项都是教师统一分配的，使用者不能修改，在填写单据过程中会用到，其中，用户编号就是登录时使用的账号。

② 公司全称（中文、英文）：第一次登录成功后，必须进行注册，登记公司全称，否则不能进行其他业务操作。注意出口商的中文、英文名称都要注册。

③ 公司简称（中文、英文）：将会显示在相关交易信息中，但在填写各单据时必须使用全称。

④ 企业法人（中文、英文）：即各项单据的法人签名，注意中英文都要填写。中文名称用在与工厂进行的业务往来中，英文名称则用在与进口商进行的业务往来中。

⑤ 电话、传真、邮政编码、网址：是公司的联络资料，应逐项填写以方便贸易伙伴之间的联络。

⑥ 公司地址（中文、英文）：在合同、信用证及其他单据中都需填写公司地址。

⑦ 公司介绍：填写介绍说明（如公司的经营宗旨、生产规模、产品状况等），以此来吸引一部分交易对象，增加业务机会。

图 1-8　Profile（资料）界面

9）Help（帮助）界面。单击出口商主界面上方的"Help"按钮，可打开帮助界面，如图 1-9 所示。用户在开始学习时，遇到的一些问题，可在帮助界面找到相应的解决办法。

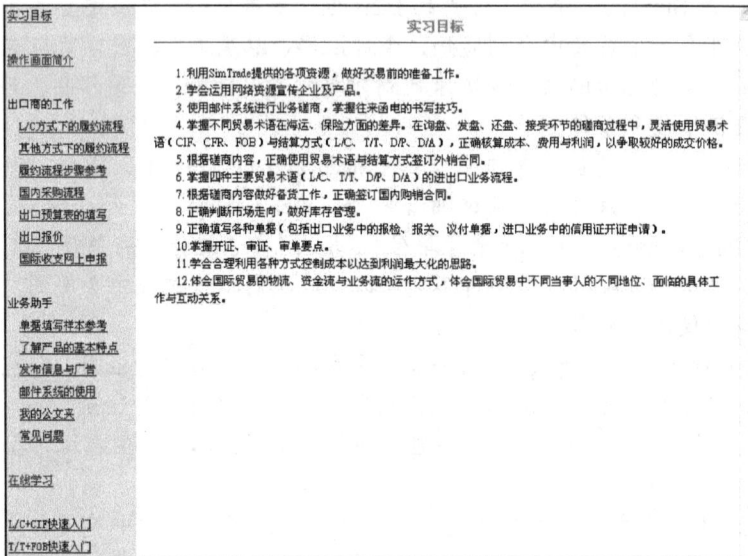

图 1-9　Help（帮助）界面

（2）公司资料（Profile）填制

1）学生以出口商角色登录 SimTrade 软件平台，进入出口商业务主页面。

2）单击"Profile"按钮，可查看公司注册资金、账号、单位代码、邮件地址等资料，其他逐项填写，如图 1-10 所示。

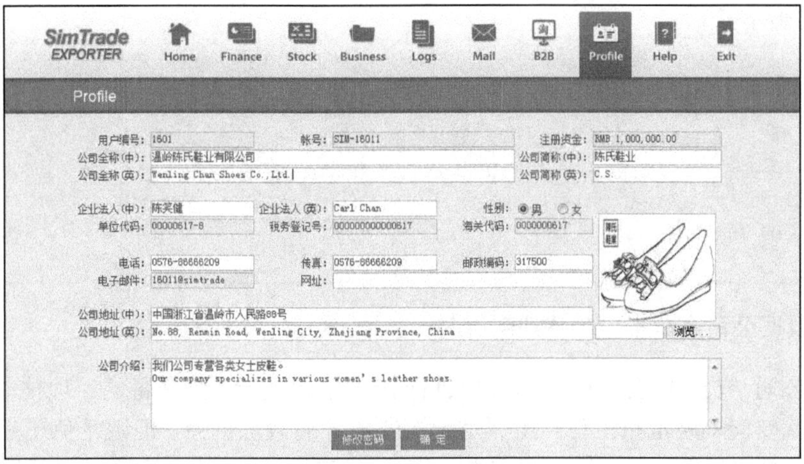

图 1-10　公司资料

① 用户编号：1601。

② 账号：SIM-16011。

③ 注册资金：RMB 1,000,000.00。

④ 公司全称（中文）：温岭陈氏鞋业有限公司。

⑤ 公司全称（英文）：Wenling Chan Shoes Co., Ltd.。

⑥ 公司简称（中文）：陈氏鞋业。

⑦ 公司简称（英文）：C.S.。

⑧ 企业法人（中文）：陈笑健。

⑨ 企业法人（英文）：Carl Chan。

⑩ 单位代码：00000617-8。

⑪ 税务登记号：000000000000617。

⑫ 海关代码：0000000617。

⑬ 电话：0576-86666209。

⑭ 传真：0576-86666209。

⑮ 邮政编码：317500。

⑯ 电子邮件：16011@simtrade。

⑰ 公司地址（中文）：中国浙江省温岭市人民路 88 号。

⑱ 公司地址（英文）：No.88,Renmin Road, Wenling City, Zhejiang Province,China。

⑲ 公司介绍：我们公司专营各类女士皮鞋！Our company specializes in various

women's leather shoes.

⑳ 浏览：可自由添加图片。

注意：公司地址的英文书写习惯为从小到大，即路—镇（市）—省—国家。最好使用 GIF 或 JPG 格式的图片，尺寸建议在 120×120（像素）左右。

3. 实训小结

操作 3：根据公司资料卡，制作 PPT 简报

作为公司一员，向公司成员和客户进行 PPT 汇报展示，是必备的一项技能。童丹丹刚来公司就要向刘晓汇报工作，虽然是一次非常好的锻炼机会，但她难免还是有点紧张的。为了能够更好地展示，她认真地做了准备，选择了适宜的 PPT 模板，将所讲内容合理地放置于 PPT 中，并恰当地设置了动画效果。写好了汇报材料，组织好语言，自己也试讲了几次才总算放心。公司情况简报材料如图 1-11 所示。

> 大家好，我是新来的外贸业务助理童丹丹。
>
> 接下来我就最近几天搜集到的公司资料做一个简单汇报。为使汇报更简洁明了，我制作了 PPT。我们公司——温岭陈氏鞋业有限公司，创办于 1997 年，位于中国浙江省温岭市人民路 88 号，专营各类女士皮鞋，款式新颖时尚，质量上乘，做工精细。公司法人代表为陈笑健先生，电话：0576-86666209，传真：0576-86666209，注册资金为 100 万元人民币。正如 PPT 所呈现的那样，我们公司有着严格的管理制度，对工作时间、请假制度等都做了明确的规定。例如，员工因私事请假须写请假条报经理批准，并扣除请假期间基本工资；未经批准而擅离工作岗位的按旷工处理；事情紧急的须电话联系经理批准，事毕回公司补写请假条……

图 1-11　公司基本情况简报材料

💡 **知识加油站**

制作 PPT 时，搜集素材的网址和必要的翻译工具如下。

1. PPT 素材来源

PPT 教程网：www.pptok.com/moldboard.

无忧 PPT：www.51ppt.com.cn/Soft/PPTTemplates/Index.html.

企业 PPT：sc.chinaz.com/ppt/qiyepptmoban.html.

2. 翻译工具

《牛津高阶英汉双解词典》、Google 翻译、金山词霸、沪江小 D、有道翻译。

任务二 熟知经营产品

☆ 任务目标

知识与能力目标	1. 了解鞋类产品尤其是皮革鞋的制作工艺及生产周期等； 2. 能够清楚地说出主营产品的基本情况，如产品的中英文名称、型号、特点等； 3. 了解主打产品在国际市场中的经营情况
过程与方法目标	1. 利用网络搜索工具，查询商品的海关代码，并且分析鞋类产品市场行情及本公司产品特点； 2. 通过小组合作，学习制作公司产品电子目录
情感态度与价值观目标	1. 在学习过程中，养成主动参与、勤于动手、积极尝试的习惯； 2. 在小组活动中，学会团队合作； 3. 在学习过程中，逐渐树立商贸职业人的主人翁意识，提高职业素养，提高职场敏感度

☆ 任务情境

刘晓：小童，你现在对公司已经有了一定的了解，接下来，你需要多花时间了解公司经营的产品。对我们经营的产品一定要非常了解，要知道我们主要经营哪些产品，销往哪些国家等，这将直接影响我们在寻找客户、商务洽谈、合同履行过程中的主动权。你在跟丁芹、张勇、吴进宝这几位师傅学习时一定要格外用心，有不懂的一定要问。

童丹丹：好的，谢谢刘老师，我会努力的。

☆ 任务流程

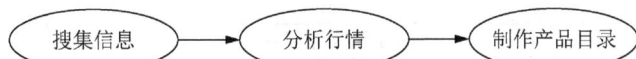

搜集信息 → 分析行情 → 制作产品目录

☆ 任务实施

操作 1：搜集信息，了解产品

童丹丹跟着丁芹、张勇、吴进宝三位师傅分别在样品间、QC 部和生产车间学习了一段时间。在样品间，童丹丹了解到公司目前大概有多少种类、样式的鞋类制品，主要销往哪些国家，有哪些优势和劣势，目前主打的是哪些产品。在 QC 部，童丹丹对照客户合同要求，对生产出来的产品逐项进行检验，了解了公司产品工艺上的一些特点和要求。在生产车间，童丹丹参与了鞋的整个制作过程，对鞋的材质和生产流程有了一定的了解，也了解到大致的生产周期及生产工艺。

操作 2：整理信息，分析行情

童丹丹按照之前养成的资料整理、分析习惯，根据搜集的资料制作了如表 1-2 所示的产品资料卡。

表 1-2　公司产品资料卡（以型号 19006 女士皮鞋为例）

项目	中文	英文	产品照片
1．产品名称	女士皮鞋	WOMEN'S LEATHER SHOES	
2．产品型号	19006	19006	
3．产地	中国	CHINA	
4．采购成本	200 元/双	CNY 200.00/PAIR	
5．商品描述	鞋面：小山羊皮面 鞋底：耐磨橡胶底 包装：每箱 20 双	SURFACE: KIDSKIN LEATHER UPPER. SOLE:SLIP-RESISTANT RUBBER SOLE. PACKING: 20 PAIRS/CARTON	
6．海关代码	6403200090		
7．包装单位	箱（CARTON）	8．销售单位	双（PAIR）
9．单位换算	每包装单位=＿＿＿20＿＿＿销售单位		
10．毛重	＿＿20＿＿KGS/包装	11．净重	＿18＿KGS/包装
12．体积	＿＿＿＿＿＿0.23＿＿＿＿＿＿CBM/包装		

表 1-3 是公司产品资料卡填制说明。

表 1-3　产品资料卡填制说明

项目	中文	英文	产品照片
1．产品名称	中英文要一致，注意英文是否有歧义		
2．产品型号	多为字母或数字，需仔细书写		注意照片的拉伸不可变形
3．产地	填制国别即可，可以备注地区		
4．采购成本	工厂售价		
5．商品描述	简洁明了，特点突出		
6．海关代码	可利用搜索工具搜索		
7．包装单位	最大单位，适合运输	8．销售单位	销售时的计价单位
9．单位换算	每包装单位=＿＿＿＿＿＿个销售单位		
10．毛重	＿＿＿＿＿KGS/包装	11．净重	＿＿＿＿＿KGS/包装
12．体积	行业术语为箱规，可实际测量		

SimTrade 实操
填制产品资料

1．实训要求

在 SimTrade 系统中填制 19006 女士皮鞋资料。

2. 具体操作步骤

（1）查询商品海关代码

1）登录全关通网站。通过全关通网站网址 www.qgtong.com 登录全关通网站，在网站首页单击“全关通数据库”链接，进入“全关通数据库”界面，在该界面单击“HS编码查询系统”链接进入“海关 HS 编码查询系统”界面，如图 1-12 所示。

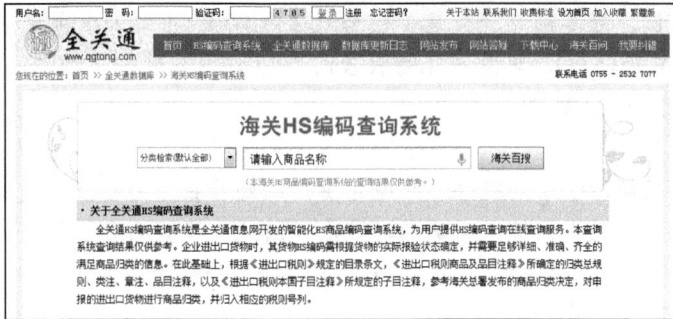

图 1-12　全关通界面

2）进行分类检索。单击“分类检索（默认全部）”右侧下拉按钮，弹出下拉菜单，由于公司的产品为女士皮鞋，归属于鞋类产品，因此选择“第 12 类　鞋、帽、伞、杖、鞭及其零件；已加工的羽毛及其制品；人造花；人发制品”。在“请输入商品名称”文本框中输入“鞋”，单击“海关百搜”按钮，将出现如图 1-13 所示的检索界面。

可进入【海关HS编码】栏目查看更多，本次查找到包含有关键词“鞋”的相关信息约 48 条。　（本海关HS商品编码查询系统的查询结果仅供参考。）

商品编码查询及确定顺序：类 > 章 > 四位品目 > 商品编码
商品编码确定及归类依据：中华人民共和国进出口税则，进出口税则商品及品目注释

分类检索：全部分类

第12类 鞋、帽、伞、杖、鞭及其零件；已加工的羽毛及其制品；人造花；人发制品（包含48条）

第64章(47)　第67章(1)

请根据以下信息，就您检索出的税号进一步确定您所需的商品编码：

商品编码(同编码条数)	进出口税则货品名称	品目标题	税则品目条文	数据库示例	更多内容查询
6403120090(3)	其他皮革制鞋面的滑雪靴	64.03 橡胶、塑料、皮革或再生皮革制外底，皮革制鞋面的鞋靴：	64.03	更多详情	更多详情
6403190010(2)	野生动物皮革制鞋面其他运动鞋靴	64.03 橡胶、塑料、皮革或再生皮革制外底，皮革制鞋面的鞋靴：	64.03	更多详情	更多详情
6401101000(4)	橡胶制鞋面的装金属护头的防水鞋靴	64.01 橡胶或塑料制外底及鞋面的防水鞋靴，其鞋面不是用缝、铆、钉、旋、塞或类似方法固定在鞋底上的：	64.01	更多详情	更多详情
6401109000(3)	塑料制鞋面的装金属护头的防水鞋靴	64.01 橡胶或塑料制外底及鞋面的防水鞋靴，其鞋面不是用缝、铆、钉、旋、塞或类似方法固定在鞋底上的：	64.01	更多详情	更多详情
6401921000(6)	橡胶制鞋面的中,短筒防水靴	64.01 橡胶或塑料制外底及鞋面的防水鞋靴，其鞋面不是用缝、铆、钉、旋、塞或类似方法固定在鞋底上的：	64.01	更多详情	更多详情
6401929000(9)	塑料制鞋面的中,短筒防水靴	64.01 橡胶或塑料制外底及鞋面的防水鞋靴，其鞋面不是用缝、铆、钉、旋、塞或类似方法固定在鞋底上的：	64.01	更多详情	更多详情
6403200090(4)	其他皮革条带为鞋面的皮底鞋	64.03 橡胶、塑料、皮革或再生皮革制外底，皮革制鞋面的鞋靴：	64.03	更多详情	更多详情
6403590090(79)	皮革制外底的皮革面其他鞋靴	64.03 橡胶、塑料、皮革或再生皮革制外底，皮革制鞋面的鞋靴：	64.03	更多详情	更多详情
6402190090(23)	橡胶、塑料制底及面的其他运动鞋靴	64.02 橡胶或塑料制外底及鞋面的其他鞋靴：	64.02	更多详情	更多详情
6403400090(16)	装有金属护鞋头的其他皮革面鞋靴	64.03 橡胶、塑料、皮革或再生皮革制外底，皮革制鞋面的鞋靴：	64.03	更多详情	更多详情
6403990010(6)	野生动物皮革制面的其他鞋靴	64.03 橡胶、塑料、皮革或再生皮革制外底，皮革制鞋面的鞋靴：	64.03	更多详情	更多详情
6403190090(18)	皮革制鞋面的其他运动鞋靴	64.03 橡胶、塑料、皮革或再生皮革制外底，皮革制鞋面的鞋靴：	64.03	更多详情	更多详情
6403400010(3)	其他含野生动物皮革面鞋靴	64.03 橡胶、塑料、皮革或再生皮革制外底，皮革制鞋面的鞋靴：	64.03	更多详情	更多详情
6405200010(3)	羊毛毡呢制内底及鞋面的鞋靴	64.05 其他鞋靴：	64.05	更多详情	更多详情
6405109010(2)	野生动物皮革制面的其他鞋靴	64.05 其他鞋靴：	64.05	更多详情	更多详情

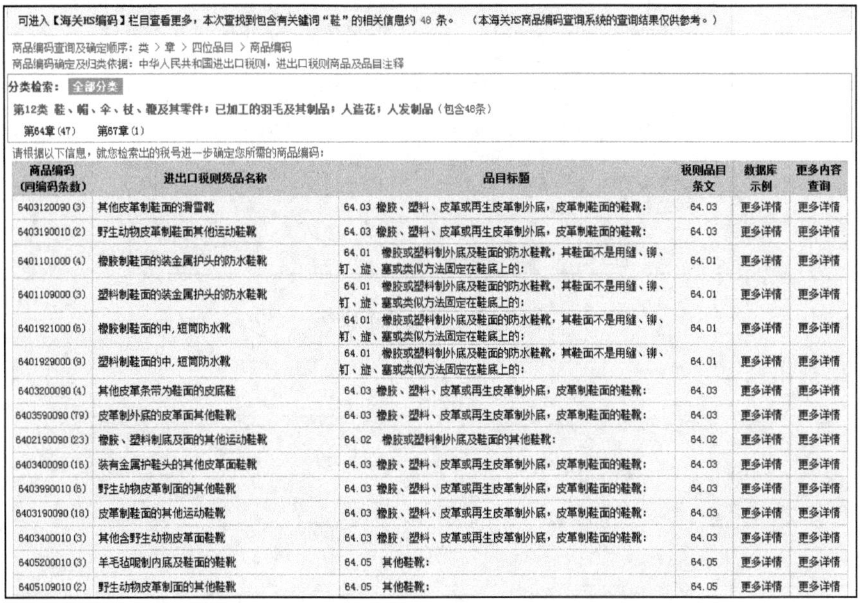

图 1-13　分类检索

3）确定商品编码（海关代码）。由于产品（女士皮鞋）为皮革制鞋面的鞋靴，因此，选择"6403200090"的海关代码，如图 1-14 所示。

6403200090 (4)	其他皮革条带为鞋面的皮底鞋	64.03 橡胶、塑料、皮革或再生皮革制外底，皮革制鞋面的鞋靴：

图 1-14　海关代码

（2）明确销售单位和包装单位

按照行业惯例，鞋类制品的销售单位为双（PAIR），出口外贸包装通常为一双装一透明封口袋（POLYBAG），再装一瓦楞鞋盒内，20 件鞋盒装一瓦楞纸箱（CARTON）。即每包装单位＝20 销售单位。

（3）明确商品描述

商品描述要求简洁明了，能够鲜明地指出产品的特征。由于产品是女士皮鞋，其鞋面材料为小山羊皮，鞋底为防滑耐磨的橡胶底，因此，将商品直接描述成：鞋面（小山羊皮面）、鞋底（耐磨橡胶底）、包装（每箱 20 双），并翻译成英文。

（4）填制商品基本资料

1）登录 SimTrade 系统，单击 B2B（淘金网）按钮，可打开"淘金网"界面，单击"产品展示"按钮。

2）在打开的商品基本资料界面填写相应内容，上传产品图片，如图 1-15 所示。

注意：最好使用 GIF 或 JPG 格式的图片，尺寸建议在 120×120（像素）左右。

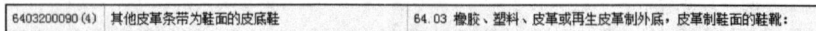

图 1-15　商品基本资料

3．实训小结

操作3：根据资料卡，制作产品目录

童丹丹通过整理资料卡，对公司产品有了进一步的了解。在刘晓的指导下，她开始学习制作发给客户的产品电子目录（表1-4）。

表1-4 产品电子目录（以19006女士皮鞋为例）

No.	Products	Name of Commodity	The Customs Code	FOB Fuzhou	Packing
01	19006	WOMEN'S LEATHER SHOES	6403200090	USD41.00/PAIR	20 PAIRS /CARTON
02	…	…	…	…	…

知识加油站

1．Excel 表格的制作

可通过 EXCEL 学习网来学习 Excel 表格的制作。

EXCEL 学习网：www.excelcn.com。

2．海关代码查询方法

可通过以下3种途径来查询海关代码。

1）《中华人民共和国海关进出口税则》。

2）全关通：www.qgtong.com（此种查询方法较为简便，适合学生操作）。

3）咨询货运代理（简称货代）、报关企业或海关工作人员。

3．销售单位、包装单位及换算方法

例如：1个包装单位＝20个销售单位，即一个包装件里，有20个小件货品，可分别进行销售。

4．毛重、净重、体积的计算

可通过工厂的测量和称重得出毛重、净重和体积。

5．FOB 价格的计算

出口商品的 FOB 价格＝出口商品本身的成本＋国内费用＋利润

体验活动

根据阿里巴巴网站和政府海关网，查找目前温岭生产的鞋类主要销往哪些国家或地区，以及售价如何。

任务三　建立业务关系

☆ 任务目标

知识与能力目标	1. 能够说出寻找外国客户常用的途径； 2. 能够清楚地说出最为有效的寻找客户途径； 3. 掌握展销会时常用的英语对话； 4. 能够综合运用所学知识撰写符合要求的建交函
过程与方法目标	1. 能够通过模仿教师给出的例句，完善建交函的内容； 2. 在撰写建交函过程中，通过小组合作，能够结合公司产品特征，综合运用所学知识撰写建交函
情感态度与价值观目标	1. 在学习过程中，养成主动参与、勤于动手、积极尝试的习惯； 2. 逐渐克服学习商贸专业英语的恐惧心理； 3. 在学习过程中，逐渐树立商贸职业人的主人翁意识，提升职业素养

☆ 任务情境

刘晓看了童丹丹关于公司和产品的汇报，比较满意。

刘晓：小童，经过这一阵子的学习，你对我们公司和产品的情况已经有了一定的了解，你认为接下来需要做的是什么？

童丹丹：找客户，尽可能地推销产品，把产品卖出去。

刘晓：没错，一笔贸易真正的起点是寻找客户并与客户建立业务联系。接下来，你就利用阿里巴巴平台和我在中国进出口商品交易会（即广州交易会，以下简称广交会）上收集到的名片，寻找潜在客户吧。

☆ 任务流程

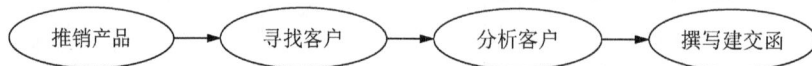

推销产品 → 寻找客户 → 分析客户 → 撰写建交函

☆ 任务实施

操作 1：推销产品

童丹丹在之前的学习中，已经通过公司同事了解到，目前公司推销产品的途径主要有以下几种：一是向阿里巴巴网站交纳年费，成为会员，获得独立的账号和密码，在阿里巴巴平台上传并更新自己公司的产品；二是参加行业内各种展销会，通过参展，可以接触到更多的顾客，无形中也为公司产品做了广告，进一步推销产品；三是在国外的行业协会中做登记，获得优先推介的机会；四是在国外的行业杂志上刊登广告，但由于收费较高，收益不大，已经逐渐取消了。

经过分析后，童丹丹认为在阿里巴巴上推销产品比较适合自己，因此，她决定选择公司刚开发出来的 19006 产品开始自己外贸生涯的第一次营销。图 1-16 为阿里巴巴国际站界面。

图 1-16　阿里巴巴国际站界面

SimTrade 实操
发布产品广告

1. 实训要求

在 SimTrade 系统中发布产品广告。

2. 具体操作步骤

（1）进入 Business（业务中心）主界面

登录 SimTrade 系统，单击"Business"按钮，进入如图 1-4 所示的业务中心操作界面。

（2）进入广告公司界面

单击标志为"广告公司"的建筑物，在弹出的"广告公司"界面中单击"发布广告"按钮，如图 1-17 所示。

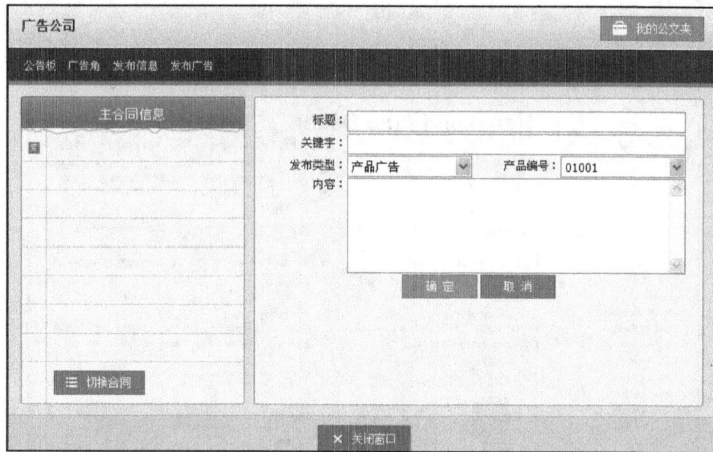

图 1-17　广告公司界面

（3）发布产品广告

根据要求，逐项填写以下内容。

1）输入标题：我司专营各式女士皮鞋。

2）输入关键字：女士皮鞋。

3）选择发布类型：产品广告。

4）输入产品编号：19006。

5）输入内容：我们公司专营各式女士皮鞋，款式新颖，价格优惠，欢迎大家选购！欢迎来函来电洽谈！E-mail:16011@simtrade，Tel:0576-86666209。

填写完毕后，单击"确定"按钮，即成功发布产品广告，如图 1-18 所示。

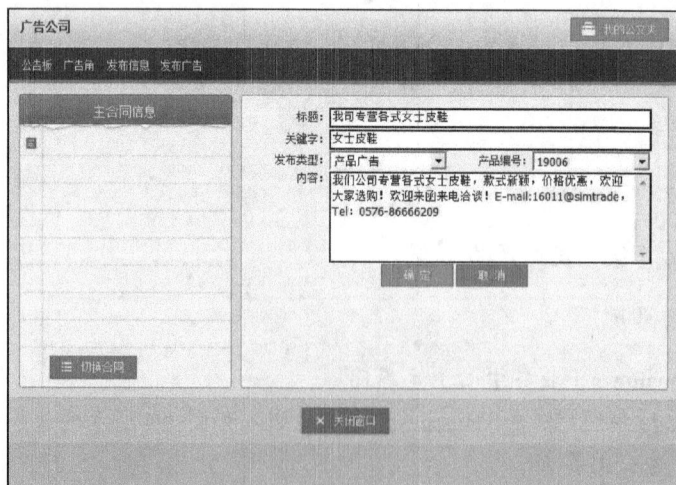

图 1-18　发布产品广告界面

3. 实训小结

操作 2：寻找客户

童丹丹一方面主动发布供货信息、提高访问转化率，希望得到买主的注意；另一方面，她选择主动出击，在行业网站和阿里巴巴网站买家发布的信息中寻找潜在客户。

SimTrade 实操
寻找商机

1. 实训要求

在 SimTrade 系统中的"淘金网"中寻找进口商需求信息。

2. 具体操作步骤

（1）查询相关信息
单击"B2B"按钮，进入"淘金网"界面，在首页查看通知及各类市场信息与供求信息。
（2）寻找相关信息
在进口商需求信息中可以找到进口商发布的求购信息，如图 1-19 所示。

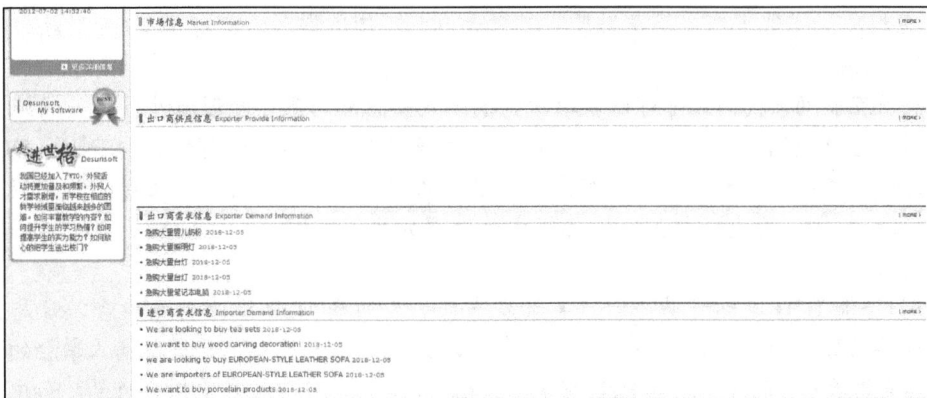

图 1-19 在"淘金网"界面查看求购信息

3. 实训小结

知识加油站

1. 交易会

交易会（trade fair exhibition）即买方或卖方派出代表到目标市场物色交易对象的平台。传统的交易会仍是目前直接寻找客户的主流形式，尤其是广交会。

（1）广交会

1）时间。每年春季 4 月和秋季 10 月两届，每届按照行业划分两期，每期 5 天。在这 5 天时间里，出口商在平均 9 米^2/间的一间或多间摊位上展览产品，供来自全世界的进出口贸易商来参观洽谈。

2）参加广交会的注意事项。①一定要深入了解公司产品，牢记不同产品的品质与价格，尤其是款式较多的产品类别；②准备好记录的工具，细致而快速地记录客户的询问和要求；③多准备名片以散发，并搜集名片；④参观同行的参展摊位，了解竞争对手的动态，可能的话，与前辈交流；⑤待客要热诚周到。

（2）其他行业展会

鞋类行业展会有：①中国（晋江）国际鞋业博览会；②日本东京国际鞋展；③上海鞋展/鞋材展；④俄罗斯皮革及鞋展；⑤意大利加答国际鞋展；⑥德国 GDS 鞋展。

2. 互联网

利用互联网，我们几乎可以获取所需的一切知识和信息，处理与外贸相关的绝大部分工作：通过网站来展示产品，发布广告，寻找客户；通过电子邮件、MSN 和 QQ 等即时通信软件来洽谈生意，无论客户身处世界的哪个角落，都可以"面对面"交流。毫不夸张地说，"一台电脑打天下"已经成为外贸的主流，因此，也诞生了新的名词"外贸网商"。

1）登录 B2B 国际贸易平台，主动发布广告。所谓 B2B 国际贸易平台，就是互联网上专供国际买卖双方发布各自供求信息，以促进合作的网站，是国际商人聚会的大本营，其重要性不言而喻。这类 B2B 贸易网站很多，规模大小不一，有综合性的，如中国制造网（https://cn.made-in-china.com）、环球资源网（www.globalsources.com）、阿里巴巴网（www.alibaba.com）；有按照行业类别细分的专业性贸易平台，如中国纺织网（www.texnet.com.cn）；也有针对某个国际市场的贸易平台，如新加坡贸易网（tradelink.com.sg）、印度市场网（www.indiamart.com）；甚至还有专门为外贸企业寻找合适的 B2B 网站的向导——www.worldjump.com。

2）注意事项。登录 B2B 贸易网站发布消息，是网上外贸最基本的工作之一。但是也不要抱有太大的期望，毕竟今天在网站上发布消息，明天甚至一周内就有客户主动联系业务是不现实的。客户不一定能看到你发布的广告，看到也不一定马上做出决定，更何况还有很多竞争者。但在 B2B 贸易网站上发布消息几乎没有成本，因此仍要持之以恒地去做。

3. 黄页/工商企业名录

黄页起源于北美洲，1880 年世界上第一本黄页电话号码簿在美国问世，至今已有 140 年的历史。黄页是国际通用的按企业性质和产品类别编排的工商企业电话号码簿，以刊登企业名称、地址、电话号码为主体内容，相当于一个城市或地区的工商企业的户口本。因国际上惯用黄色纸张印制，故称黄页。

操作 3：分析客户

童丹丹在选择潜在客户时根据自己之前做的产品分析，认为公司的新产品无论是式样还是价位都很适合东亚地区，因此将客户定位于东亚地区，以提高成功的可能性。她还利用网络查询等方法来判断客户的资信情况。

> **SimTrade 实操**
> **查看交易对手信息**

1. 实训要求

在 SimTrade 系统的"淘金网"中查看交易对手信息。

2. 具体操作步骤

（1）查看相关信息

登录 SimTrade 系统，单击"B2B"按钮，打开"淘金网"界面，单击"公司库"按钮，进入"公司库"界面。

（2）查看公司具体资料

输入关键词"leather shoes"，选择类别为"进口商"，单击"搜索"按钮，找到对应的公司如图 1-20 所示；再单击"详细情况"链接，查看公司具体资料，如图 1-21 所示。

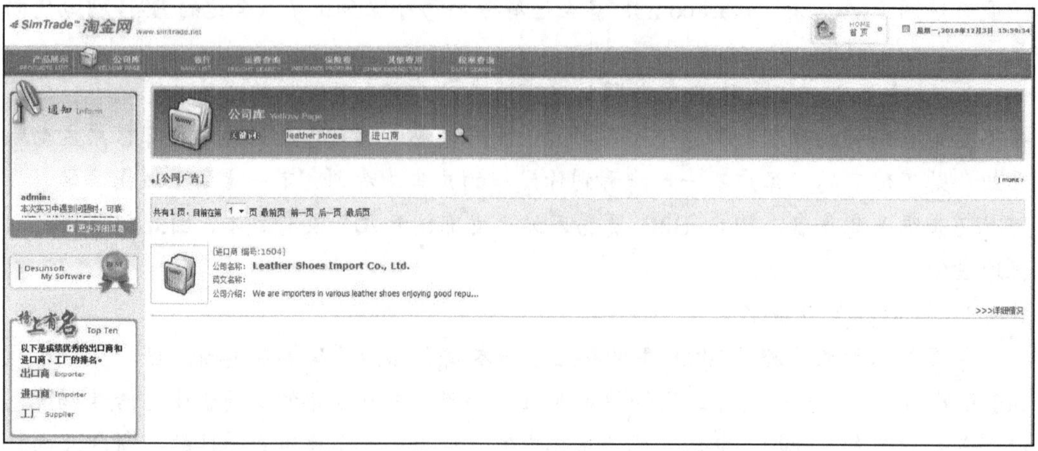

图 1-20　公司库界面

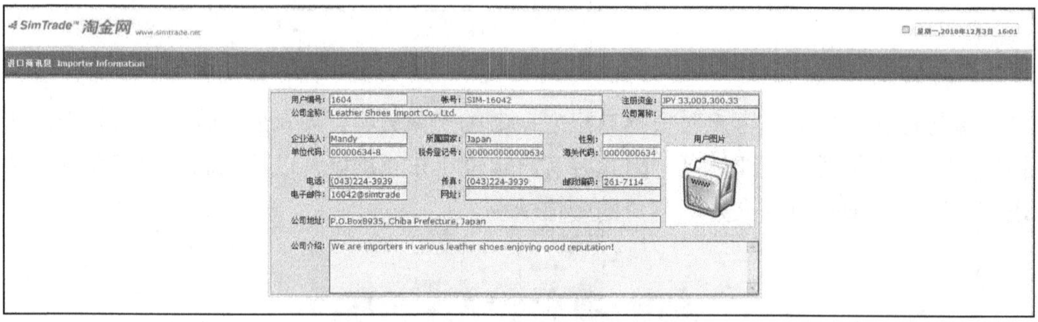

图 1-21　客户公司资料界面

3.　实训小结

操作 4：撰写建交函

童丹丹根据之前在学校学到的撰写建交函的基本结构和常用词汇、语句，尝试着写了一封建交函。

Dear Sir or Madam,

Nice to contact you! We are glad to know your name and address on the Internet. Here I writing you with expectation of establishing business relationship. Now we take this opportunity to introduce our company.

Our company was founded in 1997(year). We have a very large international business with lots of countries. We are mainly producing various kinds of women's shoes. Attached is our current catalogue, if something is attracting, please let us know.

Hope our products meet your market, so that we can start our business relationship for mutual benefit.

Thanking you in advance and looking forward to having your kind views on our business cooperation proposal.

Your prompt reply would be highly appreciated waiting for your kindly reply.

Yours truly,

Carl Chan

Wenling Chan Shoes Co., Ltd.

亲爱的先生或女士，

很高兴与你联系！我们很高兴在互联网上了解到贵公司的名称和地址。现写信希望（能与你们）建立业务关系。现在我们借此机会介绍我们的公司。

我们公司成立于 1997 年。我们与许多国家有着广泛的国际业务联系。我们主要生产各种女鞋。附件是我们当前的产品目录，如果你方对我方产品感兴趣，请让我们知道。

希望我们的产品能满足你方市场要求，我们也可以建立互利的业务关系。

提前感谢你方，期待你方提出对我们之间合作的建议。

如能及时回复，将不胜感激。

你的朋友，

卡尔

温岭陈氏鞋业有限公司

SimTrade 实操
撰写建交函

1. 实训要求

通过 SimTrade 系统中的"邮件"系统给客户 Leather Shoes Import Co., Ltd. 写一封

建交函。

2. 具体操作步骤

（1）进入邮件界面

登录 SimTrade 系统，单击"Mail"按钮，进入邮件界面，如图 1-22 所示。

（2）填写收件人邮箱等信息

将收件人邮箱等信息填写完整，如图 1-23 所示。

（3）发送邮件

撰写建交函，单击"发送"按钮，如图 1-23 所示。

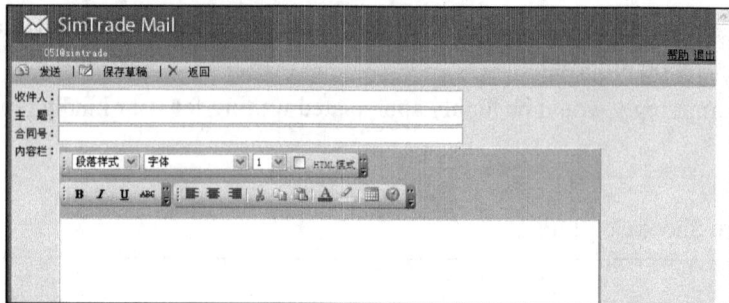

图 1-22　邮件界面

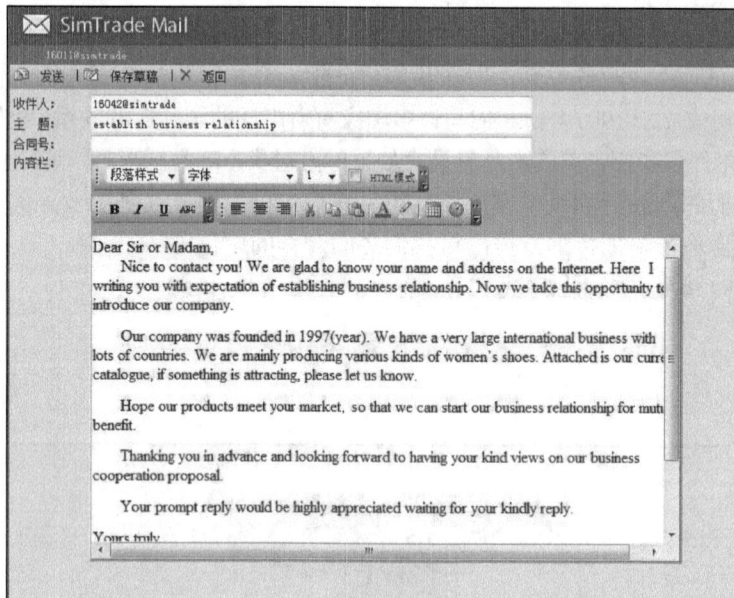

图 1-23　邮件内容

3. 实训小结

📖 知识加油站

1. 撰写建交函的目的

为了与对方取得初步联系，询问建立业务联系的可能性。

2. 建交函的基本结构及例句

1）从何处获得对方信息。

中文例句：我方从……获悉贵公司的名称和地址。

例 1：We have learned / heard your name and address from…

例 2：Your name and address have been given / recommended to us by…

2）表达与对方建立业务联系的愿望。

中文例句：我方希望与你方建立友好业务联系。

We hope to enter into business relations with you.

3）简要地介绍自己的业务范围。

中文例句：我方经营……，产品质量上乘，在国外享有很高的声誉（非常受欢迎）。

例 1：We handle / deal in / specialize in…

例 2：They are of good quality and competing well in the world market.

例 3：They $\begin{cases} \text{are very popular.} \\ \text{have enjoyed a high reputation among the world market.} \end{cases}$

4）希望得到对方的答复。

中文例句：我方已随信寄上最新产品及价格目录，若感兴趣，请通知我方。

例 1：We are enclosing / sending our latest illustrated catalog together with the price list.

例 2：If you have interest in something, please let us know.

✋ 体验活动

在展会中，流利的英语表达和对产品的熟悉程度是极为重要的。假设你（A）作为厂家的代表在参展，B 为外国采购商代表，B 来到公司的展位，观看产品，你走过去，面带微笑与之交谈。

  A: Hi，Good morning!

  B: Hi!

  A: Would you like the catalogue for your reference?

  B: Yes, oh!

  A: Here is the catalogue and my card.

  B: Thanks!

  A: And may I have your business card?

  B: Sure, here it is.

  A: Thanks! Well, let me introduce some new products for you. Here is…（把产品亮点和一些细节介绍给他）

  B: Good, what's the price?

  A: It's USD ××/pc based on FOB Shanghai.

  B: I see. How about that item? What's the material of…

  A: It's made from/of…and it is…

  B: Good. Let me make a note here.（用片刻时间做一记录，再转向你说）

    Thanks! Well, that's all, thank you very much（同你握手），bye!

  A:（微笑着目送他离开）Bye bye! Keep in touch !

项目二 交易磋商阶段

童丹丹给认为有可能合作的客户都发去了建交函，但一直杳无音信，正当她灰心丧气的时候，却收到了来自日本客户 Leather Shoes Import Co., Ltd.的询盘，表示对公司 19006 女士皮鞋感兴趣，希望能合作，要求按 CIF CHIBA 条件报价。作为新手，童丹丹兴奋的同时，也有点忐忑，一时竟不知道从何处下手来留住这个客户，于是她向师傅刘晓请教。

童丹丹：刘老师，现在我收到日本客户 Leather Shoes Import Co., Ltd.的询盘，要求对 19006 女士皮鞋按 CIF CHIBA 条件报价，我该报多少呢？

刘晓：小童，你要好好把握这次机会。这个产品我们公司一般都是报 USD 41.00/PAIR CIF CHIBA，你先按照这个价格赶紧报给客户，至于具体怎样计算及具体细则，稍后我会再教你的。

童丹丹：好的，谢谢刘老师，那我赶紧将这个价格报给客户。

刘晓：我们公司的产品品质和价格还是比较有优势的。对了，你先研究一下这份合同的具体条款，磋商的时候会用得上，现在先做好准备，免得措手不及。（递过来一份之前成交的合同）

童丹丹：好的，谢谢刘老师，我会努力的。

工作任务

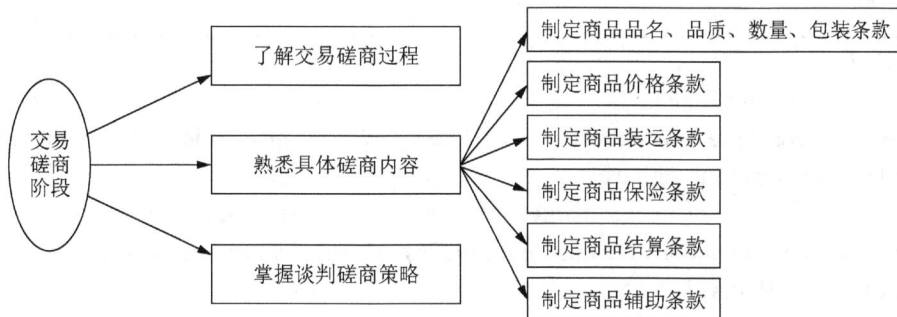

任务一　了解交易磋商过程

☆ 任务目标

知识与能力目标	1. 能够分析、提取询盘中的有用信息； 2. 能够清楚地说出发盘和接受的构成条件，并能结合产品情况正确地撰写发盘函； 3. 能够进行合适的还盘，会撰写还盘函
过程与方法目标	1. 利用翻译工具，完成询盘信息的分析提取过程； 2. 通过小组合作，对应询盘要求，撰写发盘函和还盘函
情感态度与价值观目标	1. 在学习过程中，养成主动参与、勤于动手、积极尝试的习惯； 2. 在小组活动中，学会团队合作； 3. 在学习过程中，逐渐树立商贸职业人的主人翁意识

☆ 任务情境

刘晓：你先研究一下客户发过来的询盘函，按照 USD 41.00/PAIR CIF CHIBA，JAPAN 写一封发盘函给客户，顺便了解一下还盘函及接受的具体内容，以便更好地应对客户的后续交易磋商。

童丹丹：好的，刘老师。

☆ 任务流程

分析客户询盘 → 撰写发盘函 → 撰写还盘函 → 接受，达成初步合作意向

☆ 任务实施

操作 1：分析客户询盘

童丹丹收到 2018 年 12 月 04 日日本 Leather Shoes Import Co., Ltd. 发来的询盘。询盘内容如下：

Dear Carl,

　　Thanks for your E-mail.

　　With reference to your letter of Dec.04, 2018, we are glad to learn that you wish to enter into trade relations with us.

　　At present, we are in the market for women's leather shoes, and shall be glad to receive your best quotations for this item (19006), with indications of packing, for date of shipment, CIF CHIBA, JAPAN.

　　Your early reply will be appreciated.

Yours sincerely,

Mandy (Purchasing Manager)

Leather Shoes Import Co., Ltd.

亲爱的卡尔先生，

　　谢谢你的邮件。

　　在你方 2018 年 12 月 04 日的来函中，我们很高兴得知你方希望与我们建立贸易关系。

　　目前，我们想买女士皮鞋，希望能够收到你方关于型号 19006 产品的最好报价，以及包装说明、装船日期和 CIF 千叶到岸价格。

　　如能及时回复，将不胜感激。

真诚的，

曼迪（采购经理）

皮鞋进口有限公司

SimTrade 实操
分析客户询盘

1. 实训要求

分析 SimTrade 系统中收到的客户询盘。

2. 具体操作步骤

（1）查看客户询盘

登录 SimTrade 系统，单击"Mail"按钮，进入邮件界面，打开收件箱，查看客户发过来的询盘（图 2-1）。

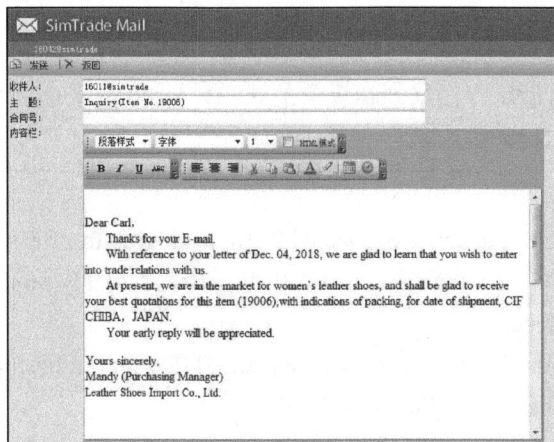

图 2-1　客户询盘

（2）明确相关内容

利用在线翻译工具及函电知识，将其准确地翻译成中文，并且明确客户询盘的具体内容及我方需要做的报价内容。

3. 实训小结

知识加油站

1. 交易磋商

交易磋商是通过函电或口头磋商某种商品涉及的主要交易条件，来回交换意见，最后取得一致意见，达成交易的过程。交易磋商的一般程序可概括为询盘、发盘、还盘和接受四个环节，其中发盘和接受是达成交易的两个基本环节。

2. 询盘

询盘又称询价，是向对方提出有关交易条件的询问。询盘仅表示当事人的一种交易意图，在法律上，询盘对询盘人和被询盘人均无任何约束力，而且不是交易磋商的必备步骤。买卖双方均可以进行询盘。

买方询盘：例如，拟订购××牙膏，请电告最低价格和最快交货期。

卖方询盘：例如，可供中国东北大豆，3 月装运，如有兴趣请回电。

操作 2：撰写发盘函

童丹丹在分析询盘后，根据刘晓提供的 USD 41.00/pair CIF CHIBA, JAPAN 于 2018 年 12 月 05 日做出如下发盘。

Dear Mandy,

We have received your letter of Dec.04,2018, asking us to offer the women's leather shoes (Item No.19006) for shipment to CHIBA port and highly appreciate that you are interested in our products.

Comply with your kindly request, we are pleased to offer our best price as follows:

1. Women's leather shoes (Item No.19006)

2. Packing: export carton, 20 pairs/carton

3. Price:USD 41.00/pair CIF CHIBA

4. Payment: irrevocable L/C at sight

5. Shipment: on or before Mar.25, 2019

Our offer remains valid until Dec.15, 2018

We are looking forward to your early reply.

Yours faithfully,

Carl Chan

Wenling Chan Shoes Co., Ltd.

亲爱的曼迪，

我们已经收到你方 2018 年 12 月 04 日的来信，要求我们提供 19006 女式皮鞋运到日本千叶，此外非常感谢你方对我们的产品感兴趣。

根据你方要求，我们报价如下：

1．女式皮鞋（商品编号 19006）。

2．包装：出口纸箱，每箱 20 双。

3．价格：USD 41.00/双，千叶到岸价。

4．付款方式：即期不可撤销信用证。

5．装运：2019 年 3 月 25 日之前完成装运。

我们的报价 2018 年 12 月 15 日之前均有效。

我们期待你方的回信。

真诚的，

卡尔

温岭陈氏鞋业有限公司

SimTrade 实操
撰写发盘函

1．实训要求

通过 SimTrade 系统向客户发一封发盘函。

2. 具体操作步骤

登录 SimTrade 系统，单击"Mail"按钮，进入邮件界面，回复一封发盘函，如图 2-2 所示。

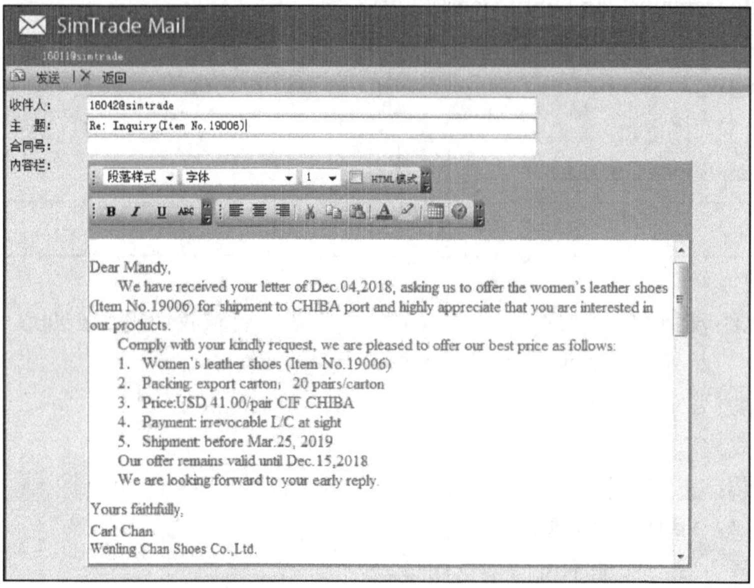

图 2-2　发盘函

3. 实训小结

知识加油站

发盘又称发价，法律上称为"要约"，是买方或卖方向对方提出各项交易条件，并愿意按照这些条件达成交易、订立合同的一种肯定的表示。

1. 构成发盘的条件

1）表明定约意旨。发盘人必须在发盘中明确表示该发盘一经被接受后就承受约束的意旨。这是发盘的本质特征，即承担与受盘人按发盘条件订立合同的责任。

2）向一个或一个以上特定的人提出。"特定的人"指在发盘中指明个人姓名或企业名称的受盘人。这一规定的目的在于：区别于广告、商品目录、传单、价目表、宣传画册等。

3）内容十分确定。一项订约建议只要列明货物的品名与质量、数量和价格 3 项条件，即可被认为其内容"十分确定"，而构成一项有效发盘。

一般对"确定"的理解可分为 3 个方面：

① 完整（complete）：发盘中各项主要交易条件齐备，包括品质、数量、价格。

② 明确（clear）：指发盘中不含有任何含糊其词、模棱两可的言语。

③ 终局（final）：指发盘中的交易条件毫无保留。

4）传达到受盘人。发盘只有传达到受盘人时才生效。

2. 发盘的有效期

发盘的有效期指可供受盘人对发盘做出接受的时间或期限。

对发盘人而言，发盘的有效期的含义：

1）发盘人在发盘有效期内受约束，即受盘人在有效期内将接受通知送达发盘人，发盘人承担按发盘条件与之订立合同的责任。（限制）

2）超过有效期，发盘人将不再受约束。（保障）

规定发盘有效期的方法有以下几种：①规定最迟接受的期限，如发盘限 5 日复到。②规定一段接受的期间（时间），如发盘有效期为 5 天。③笼统规定，如急复、速复、电复，一般认为应在 24 小时内答复。④不明确规定有效期，则应理解为在"合理时间"内有效。"合理时间"无统一明确的解释，视商品的特点、市场变化、行业习惯而定义为"口头发价（盘）"必须立即接受，但情况有别者（发盘人在发盘时另有声明）不在此限，即限受盘人当场表示接受方为有效。

3. 发盘的撤回

发盘的撤回：实质是阻止发盘生效，指发盘人将尚未被受盘人收到的发盘予以取消的行为。一般要采取比发盘更快的传递方式发出撤回通知，才能保证发盘被撤回。用电话、电传进行的发盘不存在撤回。

4. 发盘的撤销

发盘的撤销是指发盘人将已经被受盘人收到的发盘予以取消的行为。

《联合国国际货物销售合同公约》（以下简称《公约》）规定：如果撤销的通知在受盘人发出接受通知之前送达受盘人，可予撤销。但是以下两种情况不得撤销：①发盘已规定有效期或以其他方式表明为不可撤销的；②受盘人有理由信赖该发盘是不可撤销的，并本着对该发盘的信任采取了行动。

一项发盘是否可以撤销，主要取决于受盘人是否可能因为撤销发盘而受到损害。

5. 发盘的终止

1）发盘的终止指发盘法律效力的消失。

2）发盘的终止具有两方面含义：①发盘人不再受发盘的约束（不受约束）；②受盘

人失去了接受该发盘的权利（不能接受）。

3）发盘终止的原因：

① 在有效期内未被接受而过时；

② 被受盘人拒绝或还盘；

③ 发盘人在受盘人做出接受表示前对发盘进行了有效的撤销；

④ 法律的适用：自然人、法人、特定标的物、政府禁令。

6. 发盘函/发盘信的基本结构

主要告诉对方其感兴趣的商品的各项主要条件，包括商品名称、质量、数量、价格、支付方式、包装、交货期等。

（1）感谢对方的来信询盘

例句：谢谢你方×月×日关于××产品的询盘。

Thank you for your inquiry of ××× for our …

（2）做出报价（价格、交货期、支付方式等）

例句 1：价格。

Item#	Size	Category	Unite Price
033450	20'*	men's	USD25.00
033451	20'	women's	USD27.00
043450	20'	men's	USD26.00
043451	20'	women's	USD28.00

例句 2：付款方式。

By irrevocable letter of credit in seller's favor.以卖方为受益人的不可撤销信用证。

例句 3：交货期。

Within 45 days after receipt of your L/C.收到信用证后 45 天内。

（3）盼早回复

例句：希望对方会接受我们的报价。

a. We hope you will accept our offer and give us your order soon.

b. We believe our offer will give you full satisfaction and hope to receive a favorable reply from you soon.

c. Your first order will be very much looked forward to.

7. 撰写发盘函的技巧

为吸引对方购买我方的产品，在发盘函中要体现我方产品"品质优秀、价格低廉、需求激增、数量折扣"。

8. 常用例句仿写

1）这些商品比别的商家卖得稍贵但质量更好。

These goods are slightly higher in price than other manufacturer's but are far better in

---

* 20'代表 20 英尺（1 英尺≈0.3048 米），行业内集装箱尺寸规格通用写法。

quality.

2）这些商品的需求是很大的。

The demand for those goods is very strong.

3）我们是很高兴给予 100 打或以上的订单一个九七折。

We are glad to make a 3% discount for an order of 100 dozen or more.

操作 3：撰写还盘函

2018 年 12 月 07 日，童丹丹收到日本客户的还盘回复，内容如下。

Dear Carl,

We have received your E-mail of Dec.05, 2018.

After the consideration, we have pleasure in confirming all the offer, but we hope you can reduce your unit price to USD40.00/pair for us to promote the sales, then we will order the quantity of 2000 pairs.

We are looking forward to your early reply.

Yours sincerely,

Mandy

Leather Shoes Import Co., Ltd.

亲爱的卡尔先生，

我们已经收到你方 2018 年 12 月 05 日的来函。

经过考虑，我们高兴地确认了所有的报价，但希望你方可以将单价降低至 40 美元/双，以促进我们的销售，我们将会订购 2000 双。

我们期待你方的回信。

真诚的，

曼迪

皮鞋进口有限公司

SimTrade 实操
撰写还盘函

1．实训要求

通过 SimTrade 系统仿写一封还盘函。

2. 具体操作步骤

登录 SimTrade 系统，单击 "Mail" 按钮，进入邮件界面，回复一封还盘函，如图 2-3 所示。

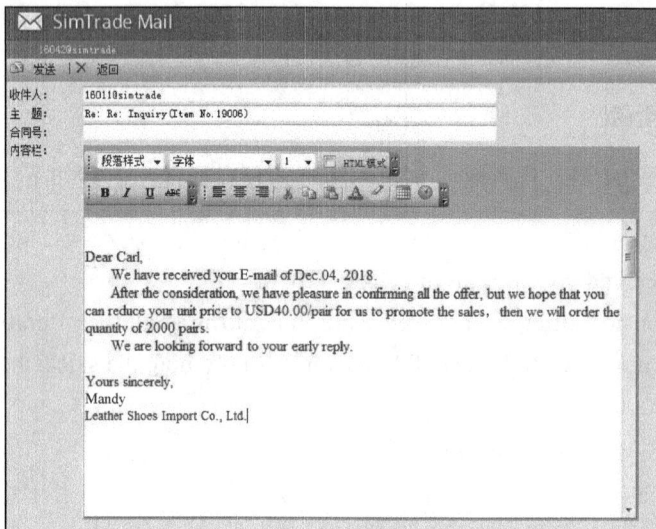

图 2-3　还盘函

3. 实训小结

知识加油站

1. 还盘

还盘又称还价，是受盘人对发盘内容不完全同意而提出修改或变更的表示，即为拒绝对方的发盘或向对方提出新的发盘。

受盘人以发盘人的角色所提出的新发盘，对方（原发盘人）可以把这一还盘作为一个新的发盘来接受，也可以拒绝，或是提出新的修改建议，即再还盘。

还盘时仅将不同条件的内容通知对方，而对于双方已经同意的条件一般不需要重复列出。

还盘不是交易磋商的必经步骤。

2. 还盘函基本结构

1）对对方报盘表示感谢。例如：

对对方的来函表示感谢。Thank you for your E-mail.

2）对不能接受表示遗憾。例如：

We regret that …

We're sorry that …

3）适当地进行还盘。

4）表达达成交易的诚意，希望对方能够接受。必要时，也可以针对对方还价的理由进行反驳。

操作 4：接受，达成初步合作意向

2018 年 12 月 07 日，童丹丹收到了客户要求降价的答复，鉴于首次合作而且客户的购买量比较大，童丹丹在请示刘晓后，同意接受降价，并做出回复。

Dear Mandy,

Thank you for your letter of Dec.07, 2018 for women's leather shoes. We are pleased to inform you that we accept your counter-offer.

Please note, however, that we have specially accepted your request solely because we wish to make this the forerunner of many future orders from you.

We hope you will send us your formal order by return, which we will execute with our best attention.

Yours truly,

Carl Chan

Wenling Chan Shoes Co., Ltd.

亲爱的曼迪，

感谢你方 2018 年 12 月 07 日关于女士皮鞋的来函。我们很高兴地通知你方，我们接受你方的还盘。

请注意，我们接受你方的请求，是因为我们希望此行为可以成为你们未来许多订单的动力。

我们希望你们能将正式订单寄给我们，我们将以最好的方式予以执行。

真诚的，

卡尔

温岭陈氏鞋业有限公司

撰写接受函的目的是告诉对方愿意接受对方提出的条件，希望签合同或下订单。其主要内容包括：①直接表达接受意愿；②表明愿意接受的原因（可写可不写，视具体情况而定）；③希望尽快签合同或正式订单。

SimTrade 实操
撰写接受函

1. 实训要求

通过 SimTrade 系统，针对客户的还盘发送一封接受函。

2. 具体操作步骤

登录 SimTrade 系统，单击 "Mail" 按钮，进入邮件界面，回复一封接受函，如图 2-4 所示。

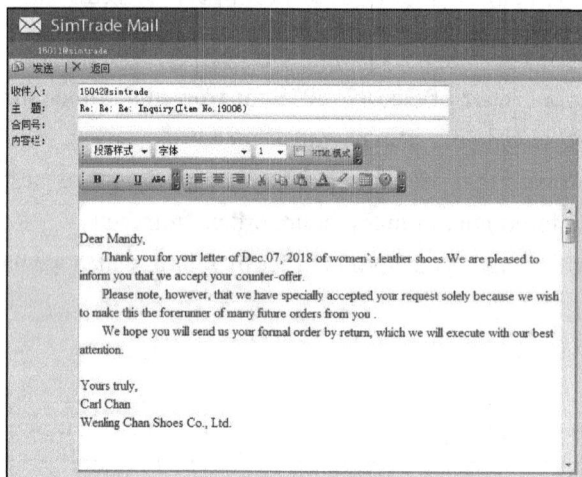

图 2-4　接受函

3. 实训小结

知识加油站

接受在法律上称为"承诺"，是买方或卖方无条件地同意对方在发盘中提出的各项交易条件，并按这些条件与对方达成交易、订立合同的一种肯定的表示。

1. 接受的构成条件

1) 接受必须由特定的受盘人做出。接受必须是发盘中指明的特定的受盘人做出的。如果是其他人向发盘人表示接受，该"接受"只是其他人向原发盘人做出一项发盘。

2) 接受必须表示出来。《公约》规定，"缄默或不行动本身不等于接受"，即不能构成接受。

受盘人表示接受的方式有两种：①用"声明"做出表示（包括口头形式和书面形式）；②用"做出行为"来表示。

我国在加入《公约》时，对《公约》承认合同中可以书面以外形式订立的规定声明保留，故以行为表示对发盘的接受对我国不适用。

3) 接受必须在发盘的有效期内传达到发盘人。

① 采用当面口头谈判或通过电话谈判能使接受立即被传送到发盘人。

② 采用信件或电报方式进行磋商及用行动表示接受时，《公约》采用"到达生效"原则："接受于到达发盘人时生效"。

4) 接受必须与发盘相符。如果达成交易、成立合同，受盘人必须无条件地、全部同意发盘的条件。即接受必须是绝对的、无保留的，必须与发盘人所做出的发盘条件完全相符。

实际业务中，接受时往往对发盘做某些添加、限制或其他更改。

① 实质性变更：对货物的价格、付款条件、质量和数量、交货地点和时间、赔偿责任范围或解决争端等的添加、限制或更改。表示接受但含有实质性变更，则构成还盘。发盘人对此还盘不予确认，合同不能成立。

② 非实质性变更：如要求提供重量单、装箱单、商检证等。附有此类非实质性变更的接受，除发盘人及时向受盘人表示反对其间的差异外，仍构成接受，合同得以成立。

5) 接受的传递方式应符合发盘的要求。

2. 逾期接受

逾期接受一般情况下无效，但在下列两种情况下仍然有效。

1) 如果发盘人于收到逾期接受后，毫不迟延地通知受盘人，确认其为有效，则该逾期接受仍有效。

2) 本来能及时送达但出现传递的不正常情况而造成了延误，则仍有效；除非发盘人毫不迟延地通知受盘人该逾期接受无效。

3. 接受的撤回

接受通知一经送达发盘人时即刻生效，即不能撤销。

接受的撤回应以撤回通知先于或与接受通知同时到达发盘人为限。（接受一经生效，合同即告成立，如要撤销接受，在实质上属毁约行为。）

👆 体验活动

1. 下面是甲乙双方往来的磋商函电，它们分别属于交易磋商中的哪个环节？试说明理由。

甲：（5月1日电）："兹有5000打运动衫，规格按3月15日样品，每打 CIF 纽约价 USD84.5，标准出口包装，5～6月装运，以不可撤销信用证支付，限20日复到。"

乙：（5月3日电）："你方5月1日电收悉，贸易条件对我方不合适，请重新报价。"

甲：（5月4日电）："4000打运动衫，规格按3月15日内衬 PP 装包装样品，每打 CIF 纽约价 USD80，新瓦楞纸箱，6月份装运，以不可撤销信用证支付，限10日复到有效。"

乙：（5月10日电）："你方来电我方基本同意，将每打 CIF 纽约价再降至 USD78，限5月20日复到我方有效。"

甲：（5月21日电）："你方交易条件我方完全同意。"

2. 中国某公司向外商询购某商品，不久我方收到对方8月15日发盘，有效期到8月22日。我方于8月20日向对方复电："若价格能降到50美元每件，我方可以接受。"对方未做答复。8月21日我方得知国际市场行情有变，于当日又向对方去电表示接受对方8月15日的发盘。我方的接受能否使合同成立？为什么？

3. 翻译下面这封信函，并判断其类型。

Dear Sir,

We are very glad to receive your letter of Mar. 18th. As you know, we are one of the leading importers for ××× in America, and we need a reliable supplier in China.

Your catalogue has been carefully studied and we are interested in your ×××. Can you give me your favorable price of CIFC5 NEW YORK if we order a 20'container?

Your early reply will be highly appreciated.

Truly Yours,

ABC Company Ltd.

4. 将本任务中童丹丹的函电交易磋商转变为交易会上的现场磋商，设计台词，现场情景模拟。

任务二 熟悉具体磋商内容

☆ 任务情境

童丹丹：刘老师，我跟客户在价格上已经达成一致，以 CIF CHIBA 成交，接下来我是不是应该就其他事项跟客户磋商一下？

刘晓：没错，除了价格之外，包装、装运等都需要你跟客户——确认。

童丹丹：谢谢刘老师，我明白了，我现在就开始准备。

刘晓：在磋商过程中，要注意把握尺度，不可一味地迁就客户，该争取的还是要争取。

童丹丹：明白。

刘晓：你知不知道具体要磋商些什么内容？

童丹丹：首先我应该再确认一下商品名称，看跟对方国家是不是有冲突或歧义，再跟对方确认要订购的商品数量……

刘晓：没错，每个细节都要落实好，否则合同履行时我们会很被动，甚至可能不能收汇。

童丹丹：明白，我会仔细的。

子任务一 制定商品品名、品质、数量、包装条款

☆ 任务目标

知识与能力目标	1. 了解商品品名的内容和订立时应注意的事项； 2. 能够清楚地说出商品品质的表示方法，并能根据商品选择合适的品质表示方法； 3. 理解和掌握商品数量和包装条款的内容和规定方法
过程与方法目标	1. 在制定条款过程中，提高分析、归纳的能力； 2. 通过小组合作，制定出正确的商品品名、品质、数量和包装条款
情感态度与价值观目标	1. 在学习过程中，养成主动参与、勤于动手、积极尝试的习惯； 2. 在小组活动中，学会团队合作； 3. 在学习过程中，逐渐树立商贸职业人的主人翁意识

☆ 任务流程

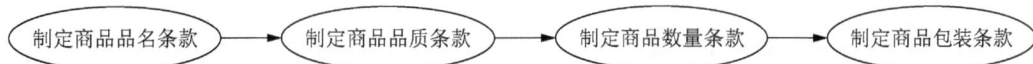

制定商品品名条款 → 制定商品品质条款 → 制定商品数量条款 → 制定商品包装条款

☆ **任务实施**

操作 1：制定商品品名条款

之前在跟客户沟通过程中，童丹丹使用的商品品名是女士皮鞋，并有具体型号加以区分，已经比较明确。

此外，童丹丹在查看品名制定条款要求时，了解到很多品名中也可增加能体现商品属性和特点的文字描述。于是，她尝试为这次贸易中的皮鞋重新制定一个品名。首先，双方交易的商品是鞋类，舒适度是最基本、最主要的特性，消费者在购买该类产品时，也会首先注意到这一点，如穿在脚上是不是透气、会不会硌脚、鞋底是不是柔软等。其次，美观度也是消费者关注的，如是时尚的，还是淑女的、大气的等。为了能让消费者从名字上就联想到商品的大致样式，决定在品名中直接加上时尚、舒适的特征点。

综上所述，童丹丹对本次商品进行如下命名：

19006 女士皮鞋（时尚、舒适）[women's leather shoes（fashionable and comfortable）]。

不过，在与刘晓沟通后，按照公司的惯例，刘晓建议她还是用回原来的品名，更为统一：

19006 女士皮鞋（19006 women's leather shoes）。

💡 **知识加油站**

商品的品名（name of commodity）又称商品的名称，在国际货物买卖合同中称作"标的物"。

规定品名条款的注意事项包括以下几点：

1）必须做到内容明确、具体，避免空泛、笼统；

2）必须实事求是，切实反映商品的实际情况；

3）尽可能使用国际通行的名称，对于一些新商品的定名及其译名，必须做到准确易懂，符合国际惯例；

4）注意有关国家的海关税则，从中择取有利于减低关税或方便进口的名称。

操作 2：制定商品品质条款

这款鞋的品质条款应该怎样制定呢？童丹丹思考后决定还是按照商品的特征进行梳理。

1. 本次交易商品的品质内容

鉴定鞋质量的好坏，需要从外观和内在指标两方面着眼。由于内在指标往往需要借助于检测仪器，对于普通消费者来讲，从外观上来鉴别鞋的质量更具有实际意义。从外观上，主要通过对鞋的材料（包括鞋面、鞋底、鞋里）质量和做工两方面来鉴别鞋的质量。尺码可以度量。工艺以目测及手摸、捏为主。

2. 选择用实物表示，还是用文字说明表示

本次交易商品属于鞋类制品，具有一定的特殊性，很难用简单的语言将其款式和颜色准确地描述出来。像这类商品，在实务中往往都是用样品来表明这些特性的，也就是用一小块皮革鞋面面料和耐磨橡胶鞋底来表明日后批量生产货物的材质和色泽。

鞋面：小山羊皮面　　surface: kidskin leather upper
鞋底：耐磨橡胶底　　sole: slip-resistant rubber sole

知识加油站

1. 商品的品质

商品的品质（quality of commodity）是商品内在素质和外表形态的综合。

质量＝外表形态＋内在素质

其中，外表形态是指人们通过感觉器官可以直接获得的商品的外形特征，如形状、构造、色、味、长度、硬度等。内在素质是指商品的物理性能、化学成分、机械性能等自然属性，一般需借助各种仪器、设备分析测试才能获得。

表示商品品质的方法包括以下几种。

（1）以实物表示商品的品质

1）看货成交：卖方须亲临现场，现场检验合格后达成交易，如珠宝、古董等。

2）看样成交：又称"凭样品买卖"，一般适用于在造型设计上有特殊要求或具有色、味等方面特征的商品，如工艺品、服装、轻工业品等。

注意：

① 凡凭样品买卖，如合同中无其他规定，则卖方所交的货物必须与样品一致。

② 凡对于"货""样"难以一致的商品，在凭样成交时为了减少双方在货物品质上的纠纷，一般按惯例都采用在合同中规定"交货品质与样品大体相符"。

3）参考样品：以介绍商品为目的，仅供参考。

（2）以文字说明表示商品的品质

1）凭规格买卖：如化学成分、含量、纯度、性能、长短、粗细、容量等。以大豆为例，规定水分最高为 14%，杂质不超过 2.5%。

2）凭等级买卖：把同一种商品，按规格的差异，分为品质优劣不同的若干等级，如一级、二级、三级；甲级、乙级、丙级。

3）凭标准买卖：标准是指统一化了的规格和等级及其检验方法。

4）凭说明书买卖：适用于机、电、仪等技术密集型产品，如计算机、大型机器设备。

5）凭商标或牌号买卖：商标是生产者或商号用来识别其所生产或出售的商品的标志。牌号是工商企业为其制造或销售的产品冠以的名称，如乐凯胶卷、万宝路香烟等。

6）凭产地名称买卖：某些产品的产地的自然条件、传统加工工艺具有独特风格或特色，如黄岩蜜橘、温岭麒麟瓜等。

注意：凡是能用一种方法表示商品品质的，就不要用两种或两种以上的方法。因为只要其中有一种品质要求卖方未达到，就会构成违约。表示商品品质的方法与适用货物的种类如表 2-1 所示。

表 2-1　表示商品品质的方法与适用货物的种类

表示品质的方法	适用货物的种类
凭样品买卖	适用于难以规格化和标准化的商品，如礼品、服装等
凭规格/等级/标准买卖	适用于能以科学指标表示品质的商品，如药品、建材等
凭说明书买卖	适用于性能复杂的机器或仪表，如汽车、机械设备等
凭商标或品牌买卖	适用于质量好的、有特色的名优产品，如家电、运动产品等
凭产地名称买卖	适用于地方特色风味产品，如云南普洱茶、法国香水等

2．品质公差及品质机动幅度条款的应用

订立合同时可在品质条款中规定一些灵活条款，卖方所交商品品质只要在灵活条款规定范围内，即可认为交货品质与合同相符，买方无权拒绝。

为避免交货品质与合同稍有不同而造成违约，一般在交易中订有品质公差条款或品质机动幅度条款。

1）品质公差：国际上公认的产品品质的误差。凡在品质公差范围内的货物，买方不得拒收或要求调整价格。

2）品质机动幅度：有些初级产品质量不稳定，为了交易的顺利进行，在规定其品质指标的同时还可以另订一定的品质机动幅度条款。

品质机动幅度条款主要有规定范围、规定极限、规定上下差异 3 种方法。

为了体现公平交易的原则，在规定品质机动幅度时，往往同时规定品质增减价条款。

品质公差和品质机动幅度的异同点如表 2-2 所示。

表 2-2　品质公差和品质机动幅度的异同点

类型	共同点	不同点
品质公差	均是品质条款中的灵活条款，为了避免交货品质与合同稍有不同而造成违约	针对工业制成品
品质机动幅度		针对初级产品

操作3：制定商品数量条款

1. 对商品进行数量描述

商品数量是国际货物买卖的主要交易条件之一，是买卖双方交接货物的数量依据；数量条款涉及合同的计价、成交金额、市场行情的变化及双方的责任划分等；买卖合同中商品数量的决定受多种因素的影响，需要正确把握。

在本次交易中，客户订购了 2000 双型号 19006 的女士皮鞋，数量单位为双，符合鞋类产品的计量特点，也符合国际惯例。

2. 订立合同中的数量条款

由于鞋类制品的数量单位为双，是可以按件来计算的，不属于散装货物，不能采用数量条款中的溢短装。

综上所述，童丹丹将本次交易的数量单位确定为双。

知识加油站

商品的数量（quantity of commodity）是指用一定的度量衡表示的商品的重量、长度、体积、面积及个数的量，卖方严格按照合同规定的数量交货，是应尽的义务。

1. 商品数量的计量单位（度量衡）

1）米制（The Metric System），又称公制。

2）英制（The British System）。

3）美制（The U.S. System）。

4）国际单位制（The International System of Unit, SI）。

我国于 1985 年 9 月 6 日通过《中华人民共和国标准计量法》，于 1986 年 7 月 1 日实施国际单位制。

数量的计量方法、计量单位、适用商品如表 2-3 所示。

表 2-3 数量的计量方法、计量单位、适用商品

数量的计量方法	计量单位	适用商品
按重量计量	重量单位：吨、千克、盎司等	农副产品及部分工业制品
按容积计量	容积单位：公升、加仑等	谷物和流动液体
按个数计量	个数单位：只、双、打、令等	适用于工业制成品、日用消费品、轻工业品、机械产品及部分土特产
按长度计量	长度单位：码、米、英尺等	布匹、塑料布、电线电缆、绳索、纺织品
按面积计量	面积单位：平方码、平方米、平方英尺等	木材、玻璃、地毯等
按体积计量	体积单位：立方码、立方米、立方英尺等	化学气体、木材

注意：

1）国际中使用最多的是重量单位。

2）各国使用度量衡制度不同，同一计量单位所代表的量值也各不相同。

公制：1 公吨＝1000 千克　　1 市担＝50 千克

英制：1 长吨＝1016.5 千克　1 英担≈50.80 千克

美制：1 短吨＝907.2 千克　　1 美担≈45.36 千克

2．商品数量的计量方法

1）毛重（gross weight）：商品本身的重量加包装的重量。

2）净重（net weight）：商品本身的实际重量，不包括包装的重量，是国际贸易中最常见的计重方法。有时采用以毛作净（如用麻袋包装的大米、蚕豆等农产品）。净重的计算公式为

$$净重＝毛重－皮重$$

在国际贸易中，以重量计算的货物，大部分都是按净重计价。

去除皮重的方法：

① 按实际皮重：整批商品包装逐一过秤。

② 按平均皮重：抽出若干样品后算出样品的平均皮重。

③ 按习惯皮重：已形成一定标准的规格化包装，用习惯包装的重量作为皮重。

④ 按约定皮重：事先约定。

3）公量（conditioned weight）：指用科学方法抽掉货物中的水分后，再加上标准含水量所求得的重量。适用于出口羊毛、生丝等价值较高且水分不稳定的商品。

公量是根据标准回潮率计算出来的，回潮率是水分与干量之比。标准回潮率是交易双方约定的货物中的水分与干量之比。计算公式为

$$公量＝商品干净重×（1＋公定回潮率）$$

$$公量＝实际重量×（1＋标准回潮率）/（1＋实际回潮率）$$

4）理论公量（theoretical weight）：根据每件商品的重量推出整批商品的重量。

5）法定重量（legal weight）和实物净重（net weight）：在征收从量税时，商品的重量是以法定重量计算的。

3．合同中数量条款的内容及规定方法

买卖合同中的数量条款，内容主要包括成交商品的数量和计量单位。

4．卖方交货数量与合同规定不符时买方的权利

根据《公约》规定，如果卖方交付货物的数量大于约定的数量，买方可以收取多交货物的全部或一部分，但必须按合同价格付款。但如果卖方少交，应在合同规定的届满期之前补交，但也不能使买方遭受不合理的不便，或承担不合理的开支，即便如此买方也有保留要求赔偿的权利。

5．《跟单信用证统一惯例（Uniform Customs and Practice for Documentary Credits，UCP 600）》关于伸缩性条款的规定

在信用证支付方式下：

① 合同中的数量及金额的约或大约（about），应理解为卖方可多交或少交 10%。

② 散装货物的付款金额不超过信用证总额。

6. 合理规定数量机动幅度

为了防止交货数量与合同稍有不同而造成违约，一般在交易中订有数量机动幅度/溢短装条款/数量增减条款。例如，粮食、砂矿、化肥和食糖等大宗商品交易散装货物。

（1）数量机动幅度

卖方可以按照合同规定的数量，多装或少装一定的百分比。只要卖方交货数量在约定的增减幅度范围内，买方就不得以交货数量不符合为由而拒收货物或提出索赔。

（2）制定数量机动幅度条款的注意事项

1）数量机动幅度的大小要适当。

2）机动幅度选择权的规定要合理（可根据不同情况由卖方行使，也可由买方行使，或船方行使）。

3）溢短装数量的计价方法要公平合理。

目前，对机动幅度范围内超出或低于合同数量的多装或少装部分，一般按合同价格计算。

为防止有权选择多装或少装的一方当事人利用行市变化，有意捞取额外好处，也可在合同中规定，多装或少装部分以装船时或货到时的市价计算。

操作 4：制定商品包装条款

为了方便运输，保护商品，童丹丹与客户就鞋的包装进行了磋商。

1. 根据产品的特性选择正确合理的包装材料、包装形式

商品在运输过程中，不一定都需要包装。随着运输包装装卸技术的进步，越来越多的大宗颗粒状或液态商品，如粮食、水泥、石油等，都采用散装方式，即直接装入运输工具内运送，配合机械化装卸，既降低了成本，又加快了速度。另外有一类可以自行成件的商品，在运输过程中，只需加以捆扎即可，这种方式称为裸装，如车辆、钢材、木材等。

在本次交易商品中，瓦楞纸质鞋盒更适合皮质鞋的运输。

2. 设计外包装上的唛头

为了方便货物运输、装卸及储存保管，便于识别货物和防止货物损坏，往往在商品外包装上刷写标志，其中应用最广泛的是运输标志，又被称为唛头。

为方便运输及客户提货，童丹丹设计唛头如下：

LEATHER

LS 19006(合同号)

CHIBA, JAPAN

C/NO.1-UP

3. 制定合同中的包装条款

综上，童丹丹制定包装条款如下：

一双装一只瓦楞鞋盒，20 双装一只纸箱。包装费用由卖方承担。

A pair in one corrugated box, 20 pairs packed in one carton. Packing charge is borne by the seller.

知识加油站

1. 包装种类

根据在流通过程中所起的作用，包装分为以下几种。

（1）运输包装

运输包装又称为外包装、大包装。保护货物在长时间和远距离的运输过程中不被损坏和散失；方便货物的搬运、储存和运输，如箱、捆、包、袋、桶等。

（2）销售包装

销售包装又称为内包装或小包装。保护商品的品质外，还有美化商品、宣传推广、陈列展销的作用，如挂式包装、堆叠式包装、便携式包装、喷雾包装等。

（3）衬垫物

商品的包装除运输包装和销售包装外，衬垫物也是包装的重要组成部分。衬垫物一般用纸屑、纸条、防潮纸和各种塑料衬垫物。我国规定，不准用报纸之类的物品做衬垫物。

另外，由于一些国家采取高关税和配额等保护主义的措施以限制别国的商品输入，为了突破某些国家高关税和配额限制或避免一些国家的歧视，一般采用一种双方都可接受的中性包装（即在商品上和内外包装上面既不注明生产国别、地点和厂商名称，也不标明商标或牌号的包装）。

1）无牌中性包装：包装上既无生产国别，也无商标牌号，俗称"白牌"。

2）定牌中性包装：包装上无生产国别，但有买方指定的商标或牌号。

我国出口业务中接受中性包装的注意事项包括：①应审查外商提供的图案、文字内容有无不妥之处，如若与我国社会主义精神文明标准相悖，则不应接受；②如若我们采用买方指定的商标、牌号，在国外市场上发生工业产权的争议或侵权行为，则一切责任由买方负责。

2. 包装的标志

按用途分类，分为以下几种标志包装。

（1）运输标志

运输标志又称唛头。通常是由一个简单的几何图形和一些字母、数字及简单的文字组成。

国际标准化组织制定了一套运输标志，包括以下几种：①收货人或买方名称的英文缩写字母或简称；②参考号（运单号码、订单号码、发票号码等）；③目的地；④件号。

（2）指示性标志

指示性标志即注意性标志，是提示人们在装卸、运输和保管过程中需要注意的事项，一般都是以简单、醒目的图形和文字在包装上标出，如图 2-5 所示。

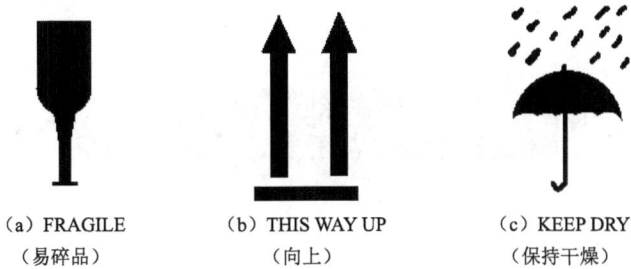

（a）FRAGILE　　　　（b）THIS WAY UP　　　　（c）KEEP DRY
（易碎品）　　　　　　（向上）　　　　　　　　（保持干燥）

图 2-5　指示性标志

（3）警告性标志

警告性标志即危险货物包装标志，是指在运输包装内装有爆炸品、易燃物品、有毒物品、腐蚀物品、氧化剂和放射性物资等危险货物时，都必须在运输包装上标打用于各种危险物品的标志，以示警告，使装卸、运输和保管人员按货物特性采取相应的防护措施，以保护物资和人身安全，如图 2-6 所示。

（a）EXPLOSIVE　　　　　　（b）POISON　　　　　　（c）INFLAMMABLE
（有爆炸品）　　　　　　　（有毒物品）　　　　　　（易燃物品）
（符号：黑色；底色：白色）　（符号：黑色或白色；底色：正红色）　（符号：黑色；底色：橙红色）

图 2-6　警告性标志

3. 合同中包装条款的内容及规定方法

（1）包装条款的内容

1）包装材料。

2）包装方式。

3）包装标志。

4）包装费用。

（2）订立包装条款应注意的问题

1）考虑商品的特点和不同运输方式的要求。

2）包装条款的规定要明确具体，不要笼统。

3）对包装费用要做出明确具体的规定。

SimTrade 实操
制定商品品名、品质、数量、包装条款

1. 实训要求

制定商品品名、品质、数量、包装条款。

2. 具体操作步骤

（1）根据商品的特性分别确定商品品名、品质、数量、包装内容

1）商品品名：时尚、舒适女士皮鞋。

2）商品品质：鞋面选用小山羊皮面，鞋底选用耐磨橡胶底。

3）商品数量：2000 双。

4）商品包装：一双装一只瓦楞鞋盒，20 双装一只纸箱。包装费用由卖方承担。

（2）给客户写一封确认函

给客户写一封确认函，具体内容如下。

Dear Mandy,

　　Please confirm the following contents:

　　1. Name of Commodity: 19006 women's leather shoes

　　2. Quality of Commodity:

　　　Surface: kidskin leather upper

　　　sole: slip-resistant rubber sole

　　3. Quantity of Commodity: 2000 pairs

　　4. Packing: A pair in one corrugated box, 20 pairs packed in one carton. Packing cost is borne by the seller.

Yours truly,

Carl Chan

Wenling Chan Shoes Co., Ltd.

---

3. 实训小结

体验活动

1. 举几个典型的商品命名的例子。
2. 对下列商品进行数量描述：

矿石、酒精、成衣、电缆、皮革、木材。

子任务二　制定商品价格条款

☆ 任务目标

知识与能力目标	1. 了解有关贸易术语； 2. 能够清楚地说出常用贸易术语中买卖双方的责任和义务； 3. 能够结合实际情况选择合适的贸易术语； 4. 能够清楚地计算商品价格的构成，并核算盈亏
过程与方法目标	1. 在制定条款过程中，提高分析、归纳的能力； 2. 通过小组合作，制定符合要求的商品价格条款
情感态度与价值观目标	1. 在学习过程中，养成主动参与、勤于动手、积极尝试的习惯； 2. 在小组活动中，学会团队合作； 3. 在学习过程中，逐渐树立商贸职业人的主人翁意识

☆ 任务流程

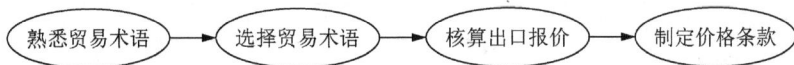

熟悉贸易术语 → 选择贸易术语 → 核算出口报价 → 制定价格条款

☆ 任务实施

　　国际合同中的价格条款包含贸易术语和具体的价格，能够熟悉并选用合适的贸易术语，以及正确计算商品价格在处理国际贸易事务中尤为重要。童丹丹通过查找相关资料，对贸易术语等相关知识有了一定的了解。

操作 1：熟悉贸易术语

1. 贸易术语

贸易术语又称价格术语、价格条件，是在长期的国际贸易实践中产生的，用来表明商品的价格构成，说明货物在交接过程中有关的风险、责任和费用划分问题的专门用语。

2. 贸易术语的作用

1）每种贸易术语都有特定的含义，运用贸易术语可以简化交易手续、缩短洽商的时间、节约交易费用。

2）贸易术语可以表示商品价格的构成，有利于交易双方进行比价和加强成本核算。

3）有利于解决贸易争端。

3. 有关贸易术语的国际惯例

（1）《1932 年华沙—牛津规则》
制定者：国际法协会。
内容：
1）对 CIF 买卖合同做了说明。
2）提出了卖方向买方交单就象征着交出货物的所有权。
（2）《1941 年美国对外贸易定义修订本》
制定者：美国九大商业团体。目前在美国、加拿大和一些拉美国家使用。
内容是以 FOB 为代表的 6 种术语。
只有其中的第 5 种 FOB vessel 与《2000 年国际贸易术语解释通则》（以下简称《2000 通则》）中的 FOB 含义大体一致，但仍有区别。
两者的区别如表 2-4 所示。

表 2-4　《1941 年美国对外贸易定义修订本》与《2000 通则》的区别

国际惯例	《2000 通则》	《1941 年美国对外贸易定义修订本》
表示方式	FOB（后接装运港名称）	FOB vessel（后接装运港名称）
风险划分	装运港船上	装运港船舱
出口清关手续费用	卖方	买方

（3）《2000 通则》
制定者：国际商会。
《2000 通则》由国际商会制定，于 1999 年 9 月公布，是国际商会第 560 号出版物，于 2000 年 1 月 1 日起生效。
历次修订《2000 通则》的原因：主要是考虑到运输技术变化的需要、日益广泛使用的电子数据交换的需要和无关税区的不断扩大。

相关贸易术语如表 2-5 所示。

表 2-5 相关贸易术语

适用对象	术语	解释
仅适用于水上运输方式	FAS	free alongside ship，船边交货（指定装运港）
	FOB	船上交货（指定装运港）
	CFR	成本加运费（指定目的港）
	CIF	cost，insurance and freight，成本、保险费加运费（指定目的港）
适用于任何运输方式	EXW	ex works，工厂交货（指定地点）
	FCA	free carrier，货交承运人（指定地点）
	CPT	carriage paid to，运费付至（指定目的地）
	CIP	carriage and insurance paid to，运费、保险费付至（指定目的地）
	DAT	delivered at terminal，目的地或目的港集散站交货
	DAP	delivered at place，目的地交货
	DDP	delivered duty paid，完税后交货（指定目的地）

（4）《2010 通则》

《2010 通则》是国际商会根据国际货物贸易的发展对《2000 通则》进行修订后的版本，于 2010 年 9 月 27 日公布，2011 年 1 月 1 日开始在全球范围内实施，《2010 通则》较《2000 通则》更准确地标明了各方承担货物运输风险和费用的责任条款，令船舶管理公司更易理解货物买卖双方支付各种费用时的角色，有助于避免现时经常出现的码头处理费（terminal handling charge，THC）纠纷。此外，新通则亦增加了大量指导性贸易解释和图示，以及电子交易程序的适用方式。

注意：虽然《2010 通则》于 2011 年 1 月 1 日正式生效，但并非《2010 通则》就自动作废。因为国际贸易惯例本身不是法律，对国际贸易当事人不产生必然的强制性约束力。国际贸易惯例在适用的时间效力上并不存在"新法取代旧法"的说法，即当事人在订立贸易合同时仍然可以选择使用《2010 通则》甚至《1990 通则》。

💡 **知识加油站**

1. FOB

FOB（…named port of shipment），即船上交货（……指定装运港），是指卖方必须在合同规定的日期或期间内在指定装运港将货物交至买方指定的船上，并负担货物交至买方指定船上之前的一切费用和货物灭失或损坏的风险。

（1）买卖双方承担的基本义务

1）卖方。

① 取得出口许可证或其他官方证件，办理出口报关手续。

② 在指定装运港按规定日期或在规定期限内，以港口惯常方式将与合同规定相符的货物装上买方指定的船舶，并通知卖方。

③ 提交商业发票，以及证明已按《2000 通则》履行交货义务的通常单据或相等的电子信息。

④ 货物在指定装运港越过船舷前的一切风险和费用。

2）买方。

① 取得进口许可证或其他官方证件，办理进口报关手续。

② 安排运输，订立从指定装运港到目的地的运输合同，并通知卖方。

③ 接受交货单据，受领货物，支付货款。

④ 货物在指定装运港越过船舷后的一切风险和费用。

⑤ 进口关税和需经另一国的过境捐税。

（2）采用 FOB 贸易术语应注意的问题

1）船货衔接。

① 买方负责租船、订舱，并将船名和装船时间通知卖方。

② 卖方负责在合同规定的装船期和装运港，将货物装上买方指定的船只。

2）装船费用由谁承担。

买方通常采用租船运输，由于船方通常多按不负担装卸条件出租船舶，买卖双方最容易产生装船费用、理舱费用、平舱费用由谁负担的问题。

3）贸易术语的变形。

① FOB 班轮条件。卖方只负责将货物交到码头，装卸、平舱及理舱费由买方负担。（唯一全部由买方负责）

② 船上交货并理舱（free on board stowed，FOBS）。卖方负责将货物装上船，并支付包括理舱费在内的装船费用。

③ 船上交货并平舱（free on board trimmed，FOBT）。卖方负责将货物装入船舱，并支付包括平舱费在内的装船费用。

④ FOB 包括理舱、平舱（free on board stowed and trimmed，FOBST）。卖方负责将货物装入船舱，并支付包括理舱费和平舱费在内的装船费用。

⑤ FOB 吊钩下交货。卖方负责将货物交到买方指定船只的吊钩所及之处，其他费用由买方负担。

上述贸易术语在风险、责任划分上和正常的 FOB 价格术语没有任何区别，只是在支付费用上有某些变化。

平舱指货物装船后，为了保持船舶承受压力均衡和航行安全，对成堆装入船舱的散装货物，如煤炭、粮谷等，需要进行调动和平整。

理舱指为了使船上装载的货物放置妥善和分布合理，在货物装船后，进行垫隔和整理的作业。

风险划分点与费用划分点是互相重合的。

（3）归纳总结

FOB 的相关知识如表 2-6 所示。

表 2-6　FOB 相关知识

风险划分点	装运港船上
办理运输	买方
出口清关	卖方
进口清关	买方
办理保险	买方

2. CFR

CFR（…named port of destination），即成本加运费（……指定目的港），指在装运港货物越过船上卖方即完成交货，卖方必须支付将货物运至指定的目的港所需的运费。但交货后货物灭失或损坏的风险，以及由于各种事件造成的任何额外费用，即由卖方转移到买方。

（1）买卖双方承担的义务

1）卖方。

① 取得出口许可证或其他官方证件，办理出口报关手续。

② 按通常条件订立运输合同，在规定日期或期限内，在装运港将符合合同规定的货物装上船，并通知买方。

③ 提交商业发票及买方可以在目的港提货或可以转让的运输单据，或相等的电子信息。

④ 货物在指定装运港越过船上前的一切风险和费用。

2）买方。

① 取得进口许可证或其他官方证件，办理进口报关手续。

② 接受符合合同规定的运输单据，支付货款。在指定目的港受领货物。

③ 货物在指定装运港越过船上后的一切风险和费用。

（2）采用 CFR 贸易术语应注意的问题

按国际贸易惯例，不论是 FOB、CIF 还是 CFR，合同的卖方都必须在货物装船后及时向买方发装船通知。

（3）卸货费用由谁承担——贸易术语的变形

1）CFR 班轮条件（CFR liner terms）：卸货费按班轮的办法处理，即买方不予负担，由卖方负担。

2）CFR 舱底交货（CFR ex ship's hold）：买方负担将货物从目的港船舱舱底起吊卸到码头的费用。

3）CFR 着陆费在内（CFR landed）：卖方负担到岸上为止的卸货费，包括从轮船到码头转运时可能发生的驳船费和码头捐税。

4）CFR 吊钩下交货（CFR ex tackle）：卖方负担货物从舱底吊至船边卸离吊钩为止

的费用。

CFR 贸易术语的变形是为了明确卸货费用的负担问题，而不改变风险点。

（4）归纳总结

CFR 的相关知识如表 2-7 所示。

表 2-7　CFR 相关知识

风险划分点	装运港船上
办理运输	卖方
出口清关	卖方
进口清关	买方
办理保险	买方

3.　CIF

CIF（…named port of destination），即成本、保险费加运费（……指定目的港），指在装运港当货物越过船上时卖方即完成交货。卖方必须支付将货物运至指定目的港所需的运费和约定的保险费，但交货后货物的灭失或损失的风险及由于各种事件造成的任何额外费用即由卖方转移到买方。但是，卖方还必须办理买方货物在运输途中灭失或损坏的海运保险。CIF 是凭单交货，即象征性交货，而不是实际交货。

卖方只要提交和转让提单和保险单等给买方，不管货物能否达到目的港或在途中是否遭受损失，买方均必须凭单付款。但是，卖方提供的单据不正确，即使货物完全符合合同规定，买方也可拒付货款，拒收货物。

（1）买卖双方承担的义务

1）卖方。

① 取得出口许可证或其他官方证件，办理出口报关手续。

② 按通常条件订立运输合同，在规定日期或期限内，在装运港将符合合同规定的货物装上船，并通知买方。

③ 提交商业发票及买方可以在目的港提货或可以转让的运输单据或相等的电子信息。

④ 货物在指定装运港越过船上前的一切风险和费用。

⑤ 就买方货物在运输途中灭失或损坏的风险办理保险。

2）买方。

① 取得进口许可证或其他官方证件，办理进口报关手续。

② 接受符合合同规定的运输单据，支付货款。在指定目的港受领货物。

③ 货物在指定装运港越过船上后的一切风险和费用。

（2）归纳总结

CIF 的相关知识如表 2-8 所示。

表 2-8 CIF 相关知识

风险划分点	装运港船上
办理运输	卖方
出口清关	卖方
进口清关	买方
办理保险	卖方

（3）比较 FOB、CFR、CIF 三者之间的关系

FOB、CFR、CIF 三者之间的关系如表 2-9 所示。

表 2-9 FOB、CFR、CIF 三者之间的关系

	卖方		买方	
相同点	1. 装货，通知对方		1. 接货	
	2. 出口手续，提供证件		2. 进口手续，提供证件	
	3. 交单		3. 受单，付款	
	4. 装运港交货，风险划分以船上为界			
	5. 都适用于海洋和内河运输，即运输方式相同			
不同点	贸易术语	卖方		买方
	FOB			租船订舱，支付运费 办理保险，支付保险费
	CFR	租船订舱，支付运费		办理保险，支付保险费
	CIF	租船订舱，支付运费 办理保险，支付保险费		

4. FCA

FCA（…named place），即货交承运人（……指定地点），是指卖方只要将货物在指定的地点交给由买方指定的承运人，并办理了出口清关手续，即完成交货。

《2000 通则》规定，若卖方在其所在地交货，则卖方应负责装货；若卖方在任何其他地点交货，卖方不负责卸货。

（1）买卖双方承担的义务

1）卖方。

① 取得出口许可证或其他官方证件，办理出口报关手续。

② 在指定日期或期限内，以约定方式或当地习惯方式，将与合同相符的货物交由买方指定的承运人并通知买方。

③ 提交商业发票及买方可以在目的港提货或可以转让的运输单据，或相等的电子信息。

④ 货物在指定地点交给承运人前的一切风险和费用。

2）买方。

① 取得进口许可证或其他官方证件，办理进口报关手续及必要时经另一国的过境

海关手续。

② 指定承运人，订立从指定地点承运货物的合同，并通知卖方。

③ 接受装运单据，交付货款，受领货物。

④ 货物在指定地点交给承运人后的一切风险和费用。

（2）比较 FOB 和 FCA

FOB 以货物在装运港越过船上为风险分界点，FCA 以货物在指定地点交给承运人为分界点。FCA 术语适用于任何运输方式，FOB 术语仅适用于海洋或内河运输。

（3）归纳总结

FCA 的相关知识如表 2-10 所示。

表 2-10　FCA 相关知识

风险划分点	货交承运人监管时
办理运输	买方
出口清关	卖方
进口清关	买方
办理保险	买方

5．CPT

CPT（…named place of destination），即运费付至（……指定目的地），是指卖方向其指定的承运人交货，但卖方还必须支付将货物运至目的地的运费。CPT 也是买方承担交货之后一切风险和其他费用。CPT 是 CFR 的替代物。

（1）买卖双方承担的义务

1）卖方。

① 取得出口许可证或其他官方证件，办理出口报关手续。

② 订立货物运至指定目的地的运输合同，在指定地点于约定日期或期限内，将与合同相符的货物交给第一承运人，并通知买方。

③ 提交商业发票及买方可以在目的港提货或可以转让的运输单据或相等的电子信息。

④ 货物在指定地点交给第一承运人前的一切风险和费用。

2）买方。

① 取得进口许可证或其他官方证件，办理进口报关手续及必要时经另一国的过境海关手续。

② 接受装运单据，交付货款，在目的地受领货物。

③ 货物在指定地点交给承运人后的一切风险和费用（从装运地到指定目的地的运费除外）。

（2）比较 CFR 和 CPT

CPT 是卖方承担将货物交给第一承运人前的风险。CFR 是卖方承担货物越过装运港船舷前的风险。CPT 术语适用于任何运输方式，CFR 术语仅适用于海洋或内河运输。

（3）归纳总结

CPT 的相关知识如表 2-11 所示。

表 2-11　CPT 相关知识

风险划分点	货交承运人监管时
办理运输	买方
出口清关	卖方
进口清关	买方
办理保险	买方

6. CIP

CIP（…named place of destination），即运费、保险费付至（……指定目的地），是指卖方向其指定的承运人交货，但卖方还必须支付将货物运至目的地的运费，亦即买方承担卖方交货之后的一切风险和额外的费用。但是，按照 CIP 术语，卖方还必须办理买方货物在运输中灭失或损坏风险的保险。CIP 是 CIF 的替代物。

（1）比较 CIF、CIP

CIF 和 CIP 的对比如表 2-12 所示。

表 2-12　CIF 和 CIP 的对比

贸易术语	CIF	CIP
运输方式	水运	任何
交货地点	装运港	双方约定
风险划分点	船上	货交承运人
运费	装运港—目的港（水运）	交货地点—指定目的地（全程）
保险险别	水运	各种运输险

（2）比较 FCA、CIP 和 CPT 三种贸易术语

FCA、CIP、CPT 三种贸易术语的对比如表 2-13 所示。

表 2-13　FCA、CIP、CPT 三种贸易术语的对比

相同点		1. 风险划分都以货交承运人为界
		2. 货物的交付与接收、单据的交付与接收、进出口手续办理都相同
		3. 适用的运输方式相同，都适用各种运输方式
不同点	FCA	卖方办理运输、保险，支付运费、保险费
	CIP	卖方办理运输、保险，支付运费、保险费
	CPT	卖方办理运输、支付运费，买方办理保险、支付保险费

操作 2：根据自身情况，选择贸易术语

由于本次是与客户之间的初次交易，其中涉及由哪方来办理运输和保险。童丹丹在咨询国内货运代理后，了解到国内完全有能力办理相应的运输和保险，因此，决定选择

CIF 贸易术语，也易于争取卖方主动权。恰好客户也选择了 CIF CHIBA，刚好符合。

📖 知识加油站

选用贸易术语需要考虑的因素如下。

1）体现平等互利和双方自愿的原则。

2）考虑运输条件。

3）考虑成交货物种类及成交量的大小。

4）考虑运费因素。

5）考虑运输途中的风险。

6）考虑办理进出口货物结关手续有无困难。

操作 3：核算出口报价

在这之前刘晓让童丹丹报的单价为 USD 41.00/PAIR，而这之后客户的还盘为 USD 40.00/PAIR，如此报价，到底是怎样计算的，能够获得多少预计的利润呢？童丹丹决定为了将来能够更好地把握价格，特意向刘晓请教了关于商品的报价计算和盈亏核算。刘晓给了她一张表格，让她按照表格逐步进行计算，如表 2-14 所示。

表 2-14　出口商报价计算步骤表

核算产品：＿＿＿＿＿＿＿＿型号：＿＿＿＿＿＿＿＿＿销往国家或地区：＿＿＿＿＿＿＿

查询得知：

① 工厂报价：

② 包装方式：

③ 订购数量：

④ 汇率：

⑤ 包装单位体积和毛重：

⑥ 集装箱装运情况：

本批货物总体积＿＿＿＿＿＿，总毛重＝＿＿＿＿＿＿，经货代咨询得知，

＿＿＿＿＿至＿＿＿＿＿海运费					
集装箱规格	基本运费	港口附加费	燃油附加费	载重体积	载重重量
20'					
40'					

分析可得，

出运方案选择（不超重、可容纳、节省费用）			
方案 （集装箱个数和规格）	是否超重	可否容纳	费用
方案一			
方案二			
……			
综上分析，采用方案＿＿＿＿＿＿			

续表

⑦ 报检费：经咨询商检得知，CNY＿＿＿/次

⑧ 报关费：经咨询海关得知，CNY＿＿＿/次

⑨ 保险事项：投保＿＿＿＿险（保险费率＿＿），保险加成率＿＿＿

⑩ 公司其他费用：公司综合费率＿＿＿、证明书费 CNY＿＿＿/份、邮费 USD＿＿＿/次

⑪ 增值税税率＿＿＿，出口退税税率＿＿＿，消费税税率＿＿＿

步骤	计算方法	计算结果
第一步	根据工厂报价预估出口人民币报价（外包装单位的单价）	1．在工厂报价基础上适当加价，预估一个出口人民币报价； 2．外销合同金额（卖给客户的金额） ＝①报价×数量	
第二步	计算各项费用	1．采购成本＝工厂报价×外包装数量 2．内陆运费＝出口货物总体积×60（每立方米 60 元人民币） 3．报检费（咨询国家出入境检验检疫局） 4．报关费（咨询海关） 5．海运费＝基本运费＋附加费 （咨询货代，20'和 40'价格不同） 6．保险费＝保险金额×保险费率 ＝CIF 价×（1＋保险加成率） ×保险费率 7．银行费用 8．其他费用（根据公司规定） 9．各项费用总和（1～8 的汇总）	
第三步	计算退税收入	退税收入 ＝应退增值税＋应退消费税 ＝采购成本/(1＋增值税税率)×出口退税税率 ＋采购成本/(1＋增值税税率)×消费税税率	
第四步	计算出口商利润	利润＝合同金额＋退税收入－各项费用	
第五步	根据利润定报价	1．通过利润率＝利润/合同金额的计算，判断是否符合预期值； 2．将人民币报价换算成相应币别报价，并做适当修正	

　　童丹丹根据刘晓所给的表格，逐项认真仔细地填写，并理解每步操作的作用和过程。填写内容如表 2-15 所示。

表 2-15　填写出口商报价计算步骤表

核算产品：＿女士皮鞋＿　型号：＿19006＿　销往国家或地区：＿日本千叶＿

查询得知：

① 工厂报价：200 元人民币/双

② 包装方式：1 双鞋装一个鞋盒，20 双鞋装一个纸箱

③ 订购数量：100 纸箱，共 2000 双

④ 汇率：按 1 美元＝6.1463 元人民币计算

⑤ 包装单位体积和毛重：0.23 立方米/纸箱，20 千克/纸箱

⑥ 集装箱装运情况：

本批货物总体积＝0.23×100＝23 立方米，总毛重＝2000 千克，经货代咨询得知，

福州至千叶海运费					
集装箱规格	基本运费	港口附加费	燃油附加费	载重体积	载重重
20'	USD 405.00	USD 16.00	USD 20.00	25 立方米	17 500 千克
40'	USD 650.00	USD 26.00	USD 32.00	55 立方米	24 500 千克

分析可得，

山运方案选择（不超重、可容纳、节省费用）			
方案	是否超重	可否容纳	费用
方案一 1 个 20'集装箱	载重重量 17 500 千克，大于 1000 千克，不超重	载重体积 25 立方米，大于 23 立方米，可容纳	＝（405＋16＋20）×1 ＝USD 441.00
方案二 1 个 40'集装箱	载重重量 24 500 千克，大于 1000 千克，不超重	载重体积 55 立方米，大于 23 立方米，可容纳	＝（650＋26＋32）×1 ＝USD 708.00
……	……	……	……
综上分析，采用方案一			

⑦ 报检费：经咨询商检得知，CNY 200.00/次

⑧ 报关费：经咨询海关得知，CNY 200.00/次

⑨ 保险事项：投保平安险（保险费率 0.5%），保险加成率 10%

⑩ 公司其他费用：公司综合费率 5%、证明书费 CNY 200.00/份、邮费 USD 28.00/次

⑪ 增值税税率 17%（由于 SimTrade 系统目前只能识别 17%的增值税税率，故本书案例中增值税税率均采用 17%进行计算），出口退税税率 15%，消费税税率 0

步骤		计算方法	计算结果
第一步	根据工厂报价预估出口人民币报价（外包装单位的单价）	1. 在工厂报价基础上适当加价，预估一个出口人民币报价； 2. 外销合同金额（卖给客户的金额）＝①报价×数量	1. 在工厂报价基础上每双加增 50 元人民币，即 250 元人民币/双 2. 外销合同金额（CIF 价）＝250×2000＝CNY 500 000.00
第二步	计算各项费用	1. 采购成本＝工厂报价×外包装数量 2. 内陆运费＝出口货物总体积×60 3. 报检费（咨询国家出入境检验检疫局） 4. 报关费（咨询海关） 5. 海运费＝基本运费＋附加费（咨询货代、20'和 40'价格不同） 6. 保险费＝保险金额×保险费率 　　＝CIF 价×（1＋保险加成率）×保险费率 7. 银行费用 8. 其他费用（根据公司规定） 9. 各项费用总和（1~8 的汇总）	1. 采购成本 ＝工厂报价×外包装数量 ＝200×2000＝CNY 400 000.00 2. 内陆运费 ＝出口货物总体积×60 ＝23×60＝CNY 1380.00 3. 报检费：CNY 200.00/次 4. 报关费：CNY 200.00/次 5. 海运费 ＝USD 441×6.1463 ＝CNY 2710.5183 6. 保险费 ＝500 000×110%×0.5% ＝CNY 2750.00 7. 银行费用：0 8. 其他费用 ＝500 000×5%＋200＋28×6.1463 ＝CNY 25 372.0964 9. 各项费用总和 ＝CNY 432 612.6147

步骤		计算方法	计算结果
第三步	计算退税收入	退税收入 ＝应退增值税＋应退消费税 ＝采购成本/（1＋增值税税率） ×出口退税税率＋采购成本 /（1＋增值税税率）×消费税税率	退税收入 ＝400 000/（1＋17%）×15% ＝CNY 51 282.0513
第四步	计算出口商利润	利润 ＝合同金额＋退税收入－各项费用	利润 ＝合同金额＋退税收入－各项费用 ＝500 000＋51 288.0513－432 612.6147 ＝CNY 118 669.4366
第五步	根据利润定报价	1.　通过利润率＝利润/合同金额的计算，判断是否符合预期值； 2.　将人民币报价换算成美元报价，并做适当修正	1.　利润率 ＝118 669.4366/500 000≈23.73% 符合预期值 2.　美元报价 ＝CNY 250（一双）/6.1463 ＝USD 40.67 取近似值 USD 41.00/双，方便报价

通过表格一步步地操作计算，童丹丹终于明白了当时报给客户的 USD 41.00/双是如何计算得出的了，这是已经保证了我方的利润预期值的报价。而当客户还盘 USD 40.00/双时，要以我方的利润值是否符合预期为标准考虑是否同意客户的还盘。因此，童丹丹决定针对 USD 40.00/双核算利润值。

如果一双女士皮鞋的售价为 USD 40.00/PAIR CIF CHIBA，则外销合同金额为 USD 80 000，即 491 704 元人民币，退税收入由于采购成本未发生改变，仍然为 51 282.0513 元人民币。在各项费用中，采购成本（400 000 元人民币）、内陆运费（1380 元人民币）、报检费（200 元人民币/次）、报关费（200 元人民币/次）、海运费（2710.5183 元人民币）、银行费用（0）不发生改变，而保险费和其他费用发生了改变，其中保险费＝491 704×110%×0.5%＝2704.372（元），其他费用＝491 704×5%＋200＋28×6.1463＝24 957.2964（元）。因此，各项费用之和＝400 000＋1380＋200＋200＋2710.5183＋2704.372＋24 957.2964＝432 152.1867（元）。所以，利润＝491 704＋51 282.0513－432 152.1867＝110 833.8646（元），利润率＝110 833.8646/491 704×100%≈22.54%，符合预期值，是可以接受还盘的。

经过计算，童丹丹明白了在接到客户还盘时，应该通过判断利润率来决定是否接受，而利润率的计算只是在原报价基础上外销合同金额、保险费、其他费用三者发生了改变，其他条件都是一样的。

知识加油站

1.　出口报价的核算

出口报价核算主要是 FOB、CFR、CIF 三种价格条件的核算。计算公式为

$$FOB＝成本＋国内费用＋预期利润$$
$$CFR＝成本＋国内费用＋出口运费＋预期利润＝FOB＋运费$$
$$CIF＝成本＋国内费用＋出口运费＋出口保险费＋预期利润$$

＝FOB＋运费＋保险费＝CFR＋保险费

2. 佣金与折扣

佣金是指中间商因介绍交易或代买代卖商品而索取的报酬。折扣是卖方按照原价给买方以一定的减让。相关计算公式为

$$含佣价＝净价/（1－佣金率）$$
$$佣金＝含佣价×佣金率$$
$$净价＝含佣价×（1－佣金率）$$

3. 换汇成本

换汇成本又称换汇率，是指定商品出口净收入 1 美元（外汇）所需的人民币成本，即用多少人民币换回一美元。

$$出口商品的换汇成本＝出口总成本（人民币）/FOB 出口外汇净收入（美元）$$
$$出口商品总成本（退税后）＝出口商品购进价（含增值税）＋定额费用$$
$$－出口退税收入$$

增值税是以商品生产流通和劳务服务各个环节的增值额为课税对象征收的一种流转税。

定额费用包括银行利息、工资支出、邮电通信费用等。

$$定额费用＝出口商品进价×费用定额率$$
$$出口退税收入＝出口商品购进价（含增值税）/（1＋增值税税率）×退税率$$

4. 出口盈亏率

出口盈亏率是指商品的出口盈亏额与出口总成本的比率。

出口盈亏额是指出口销售人民币净收入与出口总成本的差额，大于为盈，小于为亏。出口销售人民币净收入的计算公式为

$$出口销售人民币净收入＝FOB 出口外汇净收入×外汇牌价$$

出口总成本是指出口商品的进货成本加上出口前的一切费用和税金。

操作 4：制定价格条款

贸易合同中的价格条款一般包括两项内容，即单价和总值。单价由 4 个部分组成，即计量单位、单位价格金额、计价货币和价格术语。

根据制定价格条款的要求，童丹丹在合同中规定价格条款为"USD 40.00/PAIR CIF CHIBA"。

SimTrade 实操
制定商品价格条款

1. 实训要求

针对商品情况，制定商品价格条款。

2. 具体操作步骤

（1）查询下列内容，并按提示要求进行填制

1）工厂报价。提示：利用阿里巴巴和百度查找该款鞋的人民币报价。

2）包装方式。提示：1 双鞋装一个鞋盒，20 双鞋装一个纸箱（任务一已得）。

3）订购数量。提示：100 纸箱，共 2000 双（任务一已得）。

4）当日汇率。提示：汇率网查询。

5）包装单位体积和毛重。提示：0.23 立方米/纸箱，20 千克/纸箱（任务一已得）。

6）集装箱装运情况。本批货物总体积_____，总毛重_____，经货代咨询得知，

_____至_____海运费					
集装箱规格	基本运费	港口附加费	燃油附加费	载重体积	载重重量
20'					
40'					

出运方案选择（不超重、可容纳、节省费用）			
方案（集装箱个数和规格）	是否超重	可否容纳	费用
方案一			
方案二			
……			
综上分析，采用方案_____			

7）报检费。提示：咨询商检。

8）报关费。提示：咨询海关。

9）保险事项。提示：咨询保险公司。

10）公司其他费用。

11）增值税税率、出口退税税率、消费税税率。

（2）根据工厂报价预估出口人民币报价（外包装单位的单价）

1）在工厂报价基础上适当加价，预估一个出口人民币报价。

2）外销合同金额（卖给客户的金额）＝出口报价（人民币报价）×外包装数量

（3）计算各项费用

1）采购成本＝工厂报价×外包装数量。

2）内陆运费＝出口货物总体积×60。

3）报检费（咨询国家出入境检验检疫局）。

4）报关费（咨询海关）。

5）海运费＝基本运费＋附加费。

6）保险费＝保险金额×保险费率
　　　　　＝CIF 价×（1＋保险加成率）×保险费率

7）银行费用。

8）其他费用（根据公司规定）。

9）各项费用总和［1）～8）项的汇总］。

（4）计算退税收入

退税收入＝应退增值税＋应退消费税

＝采购成本/（1＋增值税税率）×出口退税税率

＋采购成本/（1＋增值税税率）×消费税税率

（5）计算出口商利润

利润＝合同金额＋退税收入－各项费用

（6）根据利润定报价

1）通过利润率＝利润/合同金额的计算，判断是否符合预期值。

2）将人民币报价换算成美元报价，并做适当修正。

（7）制定价格条款

贸易合同中的价格条款一般包括两项内容，即单价和总值。单价由4个部分组成，即计量单位、单位价格金额、计价货币和价格术语。

（8）给客户写一封确认函

给客户写一封确认函，具体内容如下。

Dear Mandy,

　　Please confirm the following contents:

　　Price:"USD 40.00/PAIR CIF CHIBA"

Yours truly,

Carl Chan

Wenling Chan Shoes Co., Ltd.

---

3. 实训小结

🖐**体验活动**

1. 判断 FOB、CFR、CIF 和 FCA、CPT、CIP 贸易术语的异同。

2. 了解 EXW、DAT、DAP 贸易术语下买卖双方的责任和义务。

子任务三　制定商品装运条款

☆ 任务目标

知识与能力目标	1. 了解常用运输方式及特点； 2. 能够清楚地说出班轮运输和租船运输的特点及运费规定； 3. 能够结合实际，选择合适的装运方式； 4. 能够清楚地计算商品的班轮运费
过程与方法目标	1. 在制定条款过程中，提高分析、归纳的能力； 2. 通过小组合作，制定出符合要求的商品装运条款
情感态度与价值观目标	1. 在学习过程中，养成主动参与、勤于动手、积极尝试的习惯； 2. 在小组活动中，学会团队合作； 3. 在学习过程中，逐渐树立商贸职业人的主人翁意识

☆ 任务流程

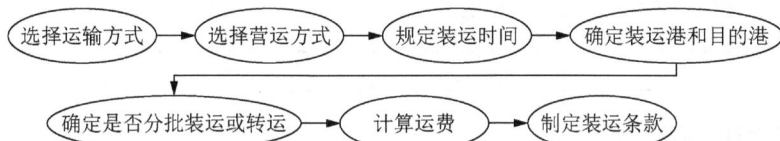

☆ 任务实施

装运条款也可以称为交货条款、交货条件等。所谓装运条款，就是在货物买卖及运输时，交易双方在合同中订立的有关货物运输和交付的规定。

装运条款是买卖合同中的一项主要条款，其主要内容包括装运期条款（即进出口合同中有关装运时间的规定）；装卸港条款（即进出口合同中关于装运港和目的港的规定）；装运通知（即卖方将货物装运完毕后向买方发出的有关货物已装妥的通知）；分批装运条款（即进出口合同中有关货物分批装运的规定）；转船条款（即进出口合同中有关允许或禁止转运的规定）；滞期和速遣条款（即在采用定程租船运输方式时，合同中关于货物装卸提前、滞期时的奖罚规定）等。在国际贸易中，切实掌握装运条款的有关规定，对于依法维护自身利益具有重要作用。

操作1：选择运输方式

在国际货物运输中，常见的传统运输方式有水路运输、航空运输、铁路运输、公路运输等单一形式。随着科学技术的发展，运输方式也在不断革新，产生了集装箱运输、大陆桥运输、国际多式联运等联合运输方式，极大地提高了运输效率，促进了国际贸易的发展。

本次交易商品为鞋类制品，单位价值不高，不适用航空运输。客户所在地日本千叶是本次商品的运输目的地，位于东京湾东北岸，是沿海城市，有装卸港口，适合水路运输。

综上考虑，童丹丹决定本次交易选择水路运输。

💡 知识加油站

常用运输方式及特点如表 2-16 所示。

表 2-16 常用运输方式及特点

运输方式	特点
水路运输	运输量大，通过能力大，运费低廉，但速度相对较慢，在国际中使用最多
航空运输	不受地形地貌的限制，速度快，较安全，但价格昂贵。适宜运送贵重、轻量、急需、鲜活的商品
铁路运输	仅次于水路运输，速度快，运量大，受气候条件影响小，但受地理条件限制，直接通达面较窄，主要用于陆地相连的两地间运输
公路运输	机动灵活、简捷方便，但运载量小，车辆运行振动较大，易造成货物损耗
邮政运输	手续简便、门到门特点，但对邮包重量和体积有严格限制，只适宜运送量小的商品
集装箱运输	安全准确、节约成本、高效迅速、适应面宽
大陆桥运输	要求使用集装箱作为运输设备
国际多式联运	以至少两种不同的运输方式进行

操作 2：选择营运方式

海洋运输是水路运输方式之一，按照海洋运输船舶营运方式的不同，可分为班轮运输和租船运输。租船运输通常适合大批量的散装货和裸装货，而班轮运输适合小批量的商品运输。本次交易商品为 2000 双鞋，20 双装一纸箱，共 100 箱，总体上来说，商品数量不多，而且在运输途中也不易变质。

另外，童丹丹咨询了公司长期合作的货运代理公司，得知发往日本千叶的船期还是比较多的，可以满足正常的运输要求。因此，童丹丹决定选用班轮运输。

💡 知识加油站

海洋运输是国际货物运输中使用最多的一种运输方式，其运量在国际贸易中占 80% 以上。海洋运输按照海洋运输船舶营运方式的不同，可分为班轮运输和租船运输。

班轮运输是指船舶在固定的航线上和港口间按事先公布的船期表航行，从事客、货运输业务并按事先公布的费率收取运费。

班轮运输的特点：

1）"四固定"：固定航线、固定港口、固定船期、相对固定费率。

2）"一负责"：承运人负责包括装卸费用在内的作业，装卸费用已包含在运费中，承运人和托运人双方不计滞期费和速遣费。

3）承运人和托运人双方的权利、义务、责任、豁免以船公司签发的提单条款为依据。

🎓 知识加油站

租船运输又称不定期船运输。船东和租船人双方签订租船合同，船东将船舶出租给租船人使用，以完成特定的货运任务，并按商定的运价收取运费。船舶所有权没有转移，只是使用权的转移，是一种无形贸易。

租船运输分为定程租船和定期租船。

1．定程租船（程租船）

定程租船是指船方必须按船舶约定的航程完成货物的运输任务，并负责船舶的运营管理及船舶在航行中的一切开支费用，租船人按约定支付运费。

定程租船可分为单程租船、来回程租船、连续单程租船、包运合同租船。

定程租船运输费用主要包括租船运费和装卸费，此外还有滞期费和速遣费。

（1）装卸费

装卸费用划分的办法有 4 种：

1）FIO（free in and out）：船东不负责装卸和费用。

2）FO（free out）：船东管装不管卸。

3）FI（free in）：船东管卸不管装。

4）Gross Terms/Liner Terms：船东负责装卸及费用。

（2）滞期费

滞期费是指租船人在许可时间内没有完成装卸任务，就要向船东支付一定金额的罚款。

（3）速遣费

速遣费是指在规定的装卸期限内，如果租船人提前完成装卸作业，船东要向租船人支付一定的奖金。通常为滞期费的一半。

2．定期租船（期租船）

定期租船是指在一定期限内租赁船只，在期限内由租船人自行调度和经营管理。

操作 3：规定装运时间

童丹丹根据准备货物所需要的时间，认为留有 3 个月的余地较为妥当，客户同意最晚装运时间为 2019 年 03 月 25 日，即 Shipment：on or before Mar.25,2019.

🎓 知识加油站

1．明确规定具体的期限

1）限于某月或几个月内装运。

2）限于某月某日前装运。

3）装运日规定为跨月装。

4）装运期由卖方选择，允许分批、转运。

2. 规定在收到信用证后若干天内装运

这种规定适用于：①根据买方来样加工的产品或定牌商品；②对外汇管制比较严格的国家的买主；③某些信用没有把握或信用较差的客户。

3. 签订装运期条款时应注意的问题

1）货源情况。

2）运输情况。

3）市场需求。

4）商品性质。

5）避免使用笼统表示时间期限的术语。

如"立即装运、即刻装运"应避免使用，在信用证中，如若使用，银行将不予置理。

操作 4：确定装运港和目的港

装卸地点是指装运港和目的港。装运港就是货物的发运港，目的港是货物最终的卸货港，装运港与目的港必须对双方都比较合适。

童丹丹经与客户协商确定装运港为福州港，目的港为千叶港。

知识加油站

装运港：一般由卖方指定。

目的港：一般由买方指定。

采用 CIF、CFR 出口时在选择目的港时应注意的问题：

1）要根据我国政策来选择港口。

2）目的港争取选择航线多、装卸条件好、费用低的直航港。

3）不能接受内陆城市作为目的港。

4）对运往偏僻港口的货物应争取允许转船。

5）对装卸港的规定要明确。

6）不能接受指定码头或泊位的装卸条款。

7）若对方不能确定目的港，应在合同中使用选择港。

8）对内陆国家的贸易，一般应选择最近的港口或传统的目的港。

操作 5：确定是否分批装运或转运

童丹丹认为虽然本次交易商品数量不多，且福州港至千叶港的航线直航班次也有，但是为了消除合同履行中的不确定因素，通过与客户协商，在合同中说明允许分批装运与转运，即 partial shipment and transhipment are allowed。

知识加油站

1）不同时间、不同地点上同一条船，到同一个目的港，不视为分批装运。

2）信用证条款中如未禁止分批装运，则视为允许分批装运。

3）在信用证有效期内，分批装运中任何一期未按期完成，信用证对该期及各期货物均告失效。

4）信用证条款中如未禁止转运，则视为允许转运。

操作6：计算运费

由于采用 CIF 贸易术语，童丹丹在报价时也涉及计算运费的问题，当时报给客户的报价是刘晓直接帮忙报的。作为专业的外贸业务员，计算运费是必须具备的技能之一。

知识加油站

1. 班轮运价

班轮运费是承运人为承运货物而收取的报酬。

1）运价中包括货物从装运港到目的港的运输费用和装卸费用。

2）运价一般以运价表的形式公布，比较固定。

3）运价是垄断性的价格。

4）运价由基本运费和各种附加费构成。

2. 班轮运价表

班轮运价表也称班轮费率表，是发货方支付运费、班轮公司收取运费的计算依据。在等级运价表中，一般将货物划分为 20 个等级，属于第一等级的商品，运费率最低，第二十级的运费率最高。（商品等级越高，运费率越高）

3. 班轮运费的计收标准

1）重量法：按毛重计收，"W"，即为每公吨（M/T，1M/T＝1000 千克）。

2）体积法：按体积计收，"M"，即为尺码吨（立方米，m^3）。

3）从价法：按价格计收，"A.V." 或 "ad.val"。

4）选择法："W/M" 按货物重量或体积从高计收；"W/M or ad.val" 按货物重量、体积或价格从高计收。

5）综合法："W/M plus ad.val" 货物重量或体积高者加上价格。

6）按件数计收。

7）临时议定。

4. 班轮运费的计算步骤

1）查出计费等级和标准（重量、体积等）。

2）查出基本运费率（基本运费率为××美元/运费吨。基本运费＝基本运费率×运费吨）。

3）查出附加费率。附加费通常以基本运费的一定百分比计收。

$$附加运费＝基本运费×附加费率$$

4）计算出总运费。计算公式为

$$总运费＝（基本运费＋附加运费）×计费数量$$
$$＝基本运费×（1＋附加费率）×计费数量$$
$$＝基本运费率×运费吨×（1＋附加费率）×计费数量$$

【例题】

上海运往肯尼亚蒙巴萨港口一批门锁，共计 100 箱，每箱体积为 20 厘米×30 厘米×40 厘米，毛重为 25 千克，当时燃油附加费为 30%，蒙巴萨港口拥挤费为 10%，门锁属于小五金类，计收标准 W/M，等级为 10 级，基本运费率为每运费吨 443.00 港元。试计算应付运费。

解析：

① 查出计费等级和标准（重量、体积等）。

计收标准 W/M。等级为 10 级。

因为 M＝0.2×0.3×0.4＝0.024 立方米＜W＝25 千克＝0.025M/T，所以选择 W 进行计算，即运费吨＝0.025。

② 查出基本运费率。

基本运费率为每运费吨 443.00 港元。

③ 查出附加费率。

附加费为"燃油附加费为 30%，蒙巴萨港口拥挤费为 10%"。

④ 计算出总运费。

$$总运费＝基本运费率×运费吨×（1＋附加费率）×计费数量$$
$$＝443×0.025×（1＋30%＋10%）×100＝1550.5（港元）$$

操作 7：制定装运条款

综上考虑，童丹丹将装运条款制定如下：

最晚装运期为 2019 年 03 月 25 日，从中国福州运至日本千叶，允许分批装运和转运。

Shipment: on or before Mar.25,2019 from Fuzhou China to Chiba Japan with partial shipment and transhipment allowed.

SimTrade 实操
制定商品装运条款

1. 实训要求

制定商品装运条款。

2. 具体操作步骤

（1）确定相关内容
根据商品交易情况分别确定好商品的装运时间、装运港和目的港、分批装运和转运
等内容。
（2）给客户写一封确认函
给客户写一封确认函，具体内容如下。

Dear Mandy,
　　Please confirm the following contents:
　　Shipment: on or before Mar.25,2019 from Fuzhou China to Chiba Japan with partial
shipment and transhipment allowed.
Yours truly,
Carl Chan
Wenling Chan Shoes Co., Ltd.

---

3. 实训小结

👆 体验活动

1. 具有"四固定"特点的运输方式是（　　　）。
A. 班轮运输　　　B. 定程租船　　　C. 定期租船　　　D. 光船租船
2. 如果卖方未按期装运货物，则买方的权利是（　　　）。
A. 只能要求卖方赔偿损失　　　　　B. 只能撤销合同
C. 只能要求卖方马上装运　　　　　D. 撤销合同并要求卖方赔偿损失

子任务四 制定商品保险条款

☆ **任务目标**

知识与能力目标	1. 了解海运货物保险的承保风险、损失和费用； 2. 能够清楚地说出 CIC 中 3 种基本险别及附加险别所承保的范围，并能根据合适的商品选择合适的保险； 3. 理解和掌握商品保险责任起讫
过程与方法目标	1. 在制定条款过程中，提高分析、归纳的能力； 2. 通过小组合作，制定出正确的商品保险条款
情感态度与价值观目标	1. 在学习过程中，养成主动参与、勤于动手、积极尝试的习惯； 2. 在小组活动中，学会团队合作； 3. 在学习过程中，逐渐树立商贸职业人的主人翁意识

☆ **任务流程**

```
确定投保方 ──▶ 选择保险条款 ──▶ 选择保险险别 ──▶ 制定保险条款
```

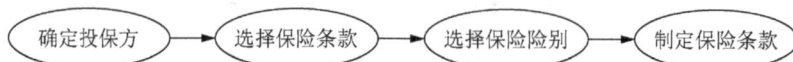

国际贸易货物在运输过程中，往往因遭遇各种风险导致货物受损。为了在货物受损后取得经济补偿，通常都要投保货物运输险。国际货物运输保险是指被保险人（买方或卖方）向保险人（保险公司）按一定的金额投保一定的险别，并根据一定的保险费率交纳保险费，保险人承保后，对于被保险货物在运输途中发生的承保范围内的损失给予经济补偿。货运保险实际上是一种经济补偿制度，属于财产保险的范畴。

☆ **任务实施**

操作 1：确定投保方

在出口货物买卖合同中，货运保险条款是一项重要的内容，如何订立，应取决于买卖双方在合同中所采用的贸易术语。以 FOB、CFR、FCA、CPT 术语成交，应由买方投保；以 CIF、CIP 等术语成交，货运保险条款内容要明确由卖方办理保险。

童丹丹在之前与客户的磋商中，已经明确按 CIF 贸易术语成交，因此，在合同中规定由卖方投保。

操作 2：选择保险条款

目前在我国外贸实务中普遍使用两种保险条款，一种是中国人民保险公司根据我国保险实际情况并参照国际保险市场的习惯做法制定的各种条款，总称为"中国保险条款"（China insurance clauses，CIC），其中包括《海洋运输货物保险条款》《海洋运输货物战争险条款》，以及其他专门条款，投保人可根据货物特点和航线与港口实际情况自行选择投保适当的险别。

还有一种是英国伦敦保险协会制定的"协会货物保险条款"（institute cargo clauses，ICC），该条款对世界各国有着广泛的影响，目前，世界上许多国家在海运保险业务中直接采用该条款，还有许多国家在制定本国保险条款时参考或采用该条款的内容。在我国，按CIF条件出口时，虽然一般以中国人民保险公司制定的保险条款为依据，但如果国外客户要求按英国伦敦保险协会制定的货物保险条款为准，也可酌情接受。

本次交易客户所在国为日本，并且客户未提出要求，因此，童丹丹决定还是按照中国保险条款投保。

💡 **知识加油站**

我国外贸实务中普遍使用的两种海运保险条款，如图2-7所示。

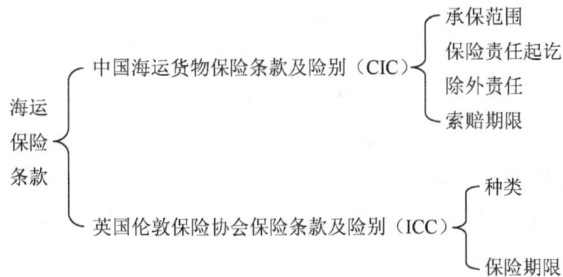

图 2-7　海运保险条款

操作3：选择保险险别

本次交易商品为鞋类制品，不属于易碎、易变质商品，并且目前日本无战事，局势比较稳定，而且客户未提出其他要求，因此，童丹丹决定投保平安险，既符合客户要求和运输要求，也可以节省保险费用。

💡 **知识加油站**

保险的分类如图2-8所示。

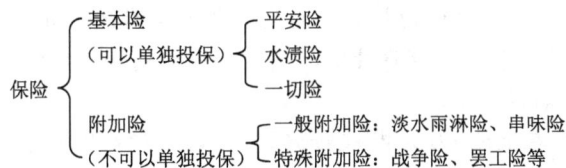

图 2-8　保险的分类

1. 平安险

平安险（free of particular average，FPA）的责任范围包括:

1）被保险货物在运输途中由于自然灾害造成整批货物的全部损失或推定全损。（自然灾害全损）

2）由于意外事故造成的全部或部分损失。（意外事故全损＋部损）

3）运输工具遭受意外事故后又遭受自然灾害造成的部分损失。

4）装卸或转运时货物落海造成的全部或部分损失。（意外事故全损＋部损）

5）"船舶互撞责任" 条款，由货方偿还船方的损失。（意外事故全损＋部损）

2. 水渍险

水渍险（with particular average，WPA）除包括平安险的各项责任外，还负责被保险货物由于自然灾害所造成的部分损失。

3. 一切险

一切险（all risks，AR）除包括水渍险的各项责任外，还负责因一般外来原因造成的损失，如战争险、罢工险、交货不到险、拒收险等。

1）按国际保险业惯例，已投保战争险后加保罢工险，不另增收保险费；但如仅要求加保罢工险，则按战争险费率收费。

2）被保险人不论已投保何种基本险，均可另行加保有关的特殊附加险。

知识加油站

保险范围：平安险＜水渍险＜一切险。

平安险是 3 种基本险别中保险人责任最小的一种，而一切险是责任最大的一种。

投保人可根据货物的特点、运输路线等情况选择投保 3 种险别中的任一种，但不得选两种或三种都选，以免重复。

1. 保险责任起讫

保险责任起讫，即保险期限，是指保险人对被保险货物承担保险责任的有效期限。

2. 基本险的责任起讫

（1）CIF 术语

CIF 术语下，基本险的责任起讫为 "仓至仓（warehouse to warehouse，W/W）"，即装运地仓库或储存处所——目的地收货人的最后仓库或储存处所。

1）如未运抵目的地仓库或储存处所，则保险公司的责任延续到被保险货物在最后卸载港全部卸离海轮后满 60 天。

2）若被保险货物在上述 60 天内被转运到非保险单载明目的地时，则保险公司的责任从该货物开始转运时终止。

（2）FOB/CFR 术语

FOB/CFR 术语下，基本险的责任起讫为 "港至仓"，即货物装上海轮后——抵达目的港收货人的最后仓库为止的风险。

保险货物卸离海轮后，运往保险单载明的收货人仓库之前，经常需要在卸货港区存放一段时间。保险公司的责任为自卸离目的地海轮后满 60 天。

3. 附加险——战争险

"港至港"即货物装上海轮开始到卸离海轮为止。

如果被保险货物不卸离海轮或驳船，保险责任最长期限以海轮到达目的港当日午夜起算，满 15 天保险责任自动终止。

4. 除外责任

1）被保险人故意或过失造成的损失；

2）属于发货人责任造成的损失；

3）被保险货物在货物投保前就已经存在的品质不良等问题所造成的损失；

4）被保险货物的自然损耗、本质缺陷及市价跌落所造成的损失；

5）属于战争险、罢工险条款规定的责任范围和除外责任。

5. 索赔期限

被保险货物运抵目的地后，收货人如发现整件短少或有明显残损，属保险责任，可填写索赔清单及其他函件在索赔有效期（一般为两年）内向保险公司提出并办理，否则不予理赔。

6. 保险条款

（1）《协会货物保险条款》

《协会货物保险条款》由英国伦敦保险协会制定，1992 年修订完成。

（2）ICC 条款及险别

1）协会货物保险条款（A）ICC（A）：类似一切险。

2）协会货物保险条款（B）ICC（B）：类似水渍险。

3）协会货物保险条款（C）ICC（C）：类似平安险。

4）协会战争险条款（货物）。

5）协会罢工险条款（货物）。

6）恶意损害险条款，不可独立投保。

表 2-17 为各类商品投保险别参考。

表 2-17 各类商品投保险别参考

商品名称	包装	投保险别
土、畜产类、废棉、麻类	麻布包	平安险或水渍险、偷窃提货不着险、淡水雨淋险、污染险、战争险
烟叶	箱装	平安险或水渍险、淡水雨淋险、污染险、发霉险、发酵险、战争险
核桃仁、山桃仁	箱装	平安险或水渍险、淡水雨淋险、变潮变热险、发霉险、生虫险、战争险

续表

商品名称	包装	投保险别
苦杏仁、黑白瓜子及其他干果	箱装	平安险或水渍险、淡水雨淋险、变潮变热险、战争险
淀粉	袋装	平安险或水渍险、包装破裂险、短量险、淡水雨淋险、受潮受热险、污染险、战争险
香料油	桶装	平安险或水渍险、渗漏险、短量险
木材	无包装	平安险、偷窃提货不着险、战争险
陶瓷器	箱装	平安险、偷窃提货不着险、碰损险
药材	箱装或捆装	平安险或水渍险、淡水雨淋险、受潮受热险、包装破裂险、战争险
成药	箱装	平安险或水渍险、破碎险、渗漏险、破碎险、战争险
湿肠衣	桶装	平安险或水渍险、渗漏险、短量险、战争险
活家禽		牲畜运输死亡险、战争险
羽毛、鬃类	箱装	平安险或水渍险、淡水雨淋险、受潮受热险、包装破裂险、战争险
地毯	箱装	平安险或水渍险、偷窃提货不着险、钩损险、污染险、战争险
各种毛皮及毛皮制品		平安险或水渍险、偷窃提货不着险、受潮受热险、钩损险、战争险
纺织、服装类棉布	麻布袋	平安险或水渍险、偷窃提货不着险、淡水雨淋险、污染险、战争险
针棉制品	箱装	平安险或水渍险、偷窃提货不着险、淡水雨淋险、污染险、战争险
生丝	包装	平安险或水渍险、偷窃提货不着险、淡水雨淋险、污染险、战争险（包装另加钩损险）
生丝复制品	箱装	平安险或水渍险、偷窃提货不着险、淡水雨淋险、污染险、战争险
绸缎	包装	平安险或水渍险、偷窃提货不着险、淡水雨淋险、污染险、战争险（包装另加钩损险）
服装	箱装	平安险或水渍险、偷窃提货不着险、淡水雨淋险、污染险、战争险
手工艺类珠宝、翠钻、木刻、牙刻，陶瓷器、珐琅器等	箱装	平安险或水渍险、偷窃提货不着险、碰损破碎险、战争险（如系邮包寄递应按邮包险投保）
泥人、石膏像、宫灯	箱装	平安险或水渍险、偷窃提货不着险、淡水雨淋险、碰损破碎险、战争险
草帽辫、草制品	箱装	平安险或水渍险、偷窃提货不着险、淡水雨淋险、污染险、战争险
台布、枕袋、印花餐巾	箱装	平安险或水渍险、偷窃提货不着险、淡水雨淋险、包装破裂险、战争险
纸制品、绒绢制品、香料及其他手工艺品	箱装	平安险或水渍险、偷窃提货不着险、淡水雨淋险、污染险、战争险

操作 4：制定保险条款

综上考虑，童丹丹制定了如下保险条款：

保险由卖方投保，保险金额为发票金额的 110%，投保平安险。根据 1981 年 1 月 1 日由中国人民保险公司制定的《海洋货物运输保险条款》。

Insurance is to be covered by the seller for 110% of total invoice value against FPA as per ocean marine cargo clauses of the people's insurance company of China dated Jan.1,1981.

SimTrade 实操
制定商品保险条款

1. 实训要求

制定商品保险条款。

2. 具体操作步骤

（1）确定投保方

分析各个贸易术语下分别由谁办理保险，并填入表 2-18。

表 2-18　投保方及相对应的贸易术语

投保方	贸易术语
卖方	
买方	

（2）选择保险条款

罗列两种不同保险条款包括的险别，并填入表 2-19。

表 2-19　两种不同保险条款包括的险别

保险条款	险别
CIC	
ICC	

（3）选择保险险别

参考给定商品投保险别参考表（表 2-17），选择保险险别。

（4）制定保险条款

根据保险条款中应具备的保险投保方、保险条款、保险险别制定保险条款。

例如：保险由卖方投保，保险金额为发票金额的 110%，投保平安险。根据 1981 年 1 月 1 日由中国人民保险公司制定的《海洋货物运输保险条款》。

Insurance is to be covered by the seller for 110% of total invoice value against FPA as per ocean marine cargo clauses of the people's insurance company of China dated Jan.1,1981.

（5）给客户写一封确认函

给客户写一封确认函，范例如下，具体根据公司实际情况予以处理。

Dear Mandy,

　　Please confirm the following contents:

　　Insurance: Insurance is to be covered by the seller for 110% of total invoice value against FPA as per ocean marine cargo clauses of the people's insurance company of China dated Jan.1,1981.

Yours truly,

Carl Chan

Wenling Chan Shoes Co.,Ltd.

3. 实训小结

体验活动

一、选择题

1. 水渍险的英文原意是指（　　）。

A. 单独海损不负责赔偿　　　　　　　B. 单独海损负责赔偿

C. 共同海损不负责赔偿　　　　　　　D. 共同海损负责赔偿

2. 一切险的责任范围是（　　）。

A. 大于平安险与水渍险责任范围之和

B. 等于平安险与水渍险责任范围之和

C. 小于平安险与水渍险责任范围之和

D. 不确定

3. 平安险的英文原意是指（　　）。

A. 单独海损不负责赔偿　　　　　　　B. 单独海损负责赔偿

C. 共同海损不负责赔偿　　　　　　　D. 共同海损负责赔偿

4. "仓至仓" 条款规定保险公司承担的保险责任是（   ）。

A. 从卖方工厂仓库起至买方目的地仓库止

B. 从装运港仓库起至买方目的港仓库止

C. 从装运港仓库起至买方目的地仓库止

D. 从被保险货物运离保险单所载明的装运港（地）发货人仓库起到保险单载明的目的地港（地）收货人的仓库止

5. 中国人民保险公司《海洋运输货物保险条款》规定保险索赔期限为（   ）。

A. 半年   B. 1 年   C. 2 年   D. 3 年

二、判断题

1. 海上保险业务的意外事故，仅局限于发生在海上的意外事故。   （   ）

2. 船舶失踪达半年以上可以推定全损处理。   （   ）

3. 共同海损是部分海损中的一种。   （   ）

4. "一切险" 的承保范围包括由自然灾害、意外事故及一切外来风险所造成的被保险货物的损失。   （   ）

子任务五 制定商品结算条款

☆ 任务目标

知识与能力目标	1. 掌握支付工具中汇票、本票、支票的概念与作用； 2. 能够清楚地说明汇付、托收、信用证等支付方式的具体操作流程，并能根据交易选择合适的方式； 3. 能够制定国际合同中的国际结算条款
过程与方法目标	1. 在制定条款过程中，提高分析、归纳的能力； 2. 通过小组合作，制定出正确的商品结算条款
情感态度与价值观目标	1. 在学习过程中，养成主动参与、勤于动手、积极尝试的态度； 2. 在小组活动中，学会团队合作； 3. 在学习过程中，逐渐树立商贸职业人的主人翁意识

☆ 任务流程

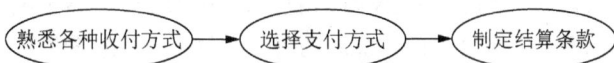

熟悉各种收付方式 ➝ 选择支付方式 ➝ 制定结算条款

☆ 任务实施

童丹丹通过查询相关资料，对各种收付方式及制定商品结算条款有了一定的了解。

操作 1：熟悉各种收付方式

国际货款的收付方式如图 2-9 所示。

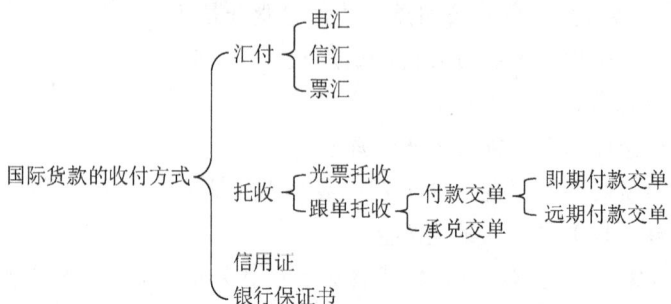

图 2-9 国际货款的收付方式

1. 汇付

汇付又称汇款，指付款人主动通过银行或其他支付方式将款项汇交收款人的方式。

（1）汇付的当事人

汇付的当事人包括汇款人、汇出行、汇入行、收款人。

（2）汇付的分类

根据不同的汇款方式，汇付可分为电汇、信汇、票汇。

1）电汇（telegraphic transfer，T/T）：应用电信手段（电报/传、环球银行间金融电信网络），使用最为广泛。

2）信汇（mail transfer，M/T）：使用信汇委托书或支付通知书（邮政航空信件方式）。

3）票汇（demand draft，D/D）：使用银行即期汇票（其出票人和付款人都是银行）。

注意：汇款速度：电汇＞信汇＞票汇。

汇款费用：电汇＞信汇＞票汇。

（3）汇付的性质

1）汇付是顺汇，即所使用的结算工具（委托通知或汇票）的传送方向与资金的传送方向相同。

2）灵活简便。汇付是付款人的主动行为，可预付与延付（随订单付款、记账）。

3）形式多样。预付货款：先收款后交货，对进口商最为不利。随后出现了有条件的汇付——凭单汇付。货到付款：先发货后收款，明显对出口商不利。

4）风险极大。没有任何直接的约束，在双方互相信任的条件下才采用：银行只提供清算服务而不提供信用，完全取决于买卖双方中的一方对另一方的信任，并在此基础上向对方提供信用和资金融通。据此，汇付方式属于商业信用性质。

（4）汇付的流程

电汇/信汇的业务程序如图 2-10 所示。票汇的业务程序如图 2-11 所示。

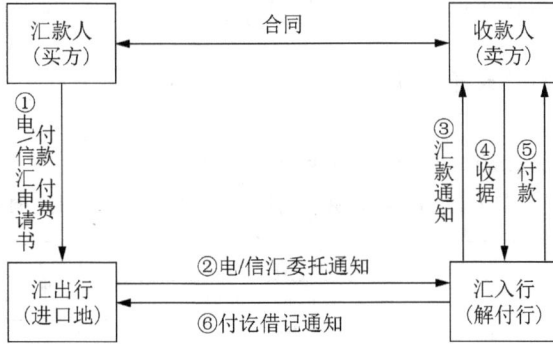

图 2-10 电汇/信汇的业务程序

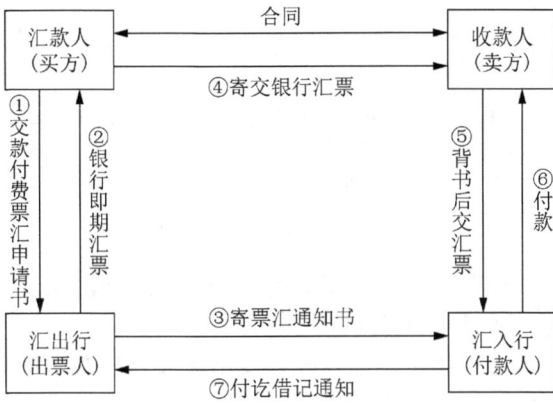

图 2-11 票汇的业务程序

注意：票汇与汇票的区别是票汇是结算方式，汇票是结算工具。

2. 托收

托收是出口人委托银行向进口人收款的一种方法，它是国际结算中常见的一种结算方式。

（1）托收的当事人

1）委托人：出口人（卖方）（出票人），是委托银行收取货款的人。

2）托收行：接受委托转托国外银行向国外付款人代为收款的银行，通常是出口地银行。

3）代收行：受托收行委托向付款人收款的进口地银行。

4）付款人：合同下的进口人（买方）（受票人）。

另外在托收业务中，可能出现的当事人还有提示行等。

（2）托收的分类

托收按出口人开具的汇票是否随附货运单据分为光票托收和跟单托收。

跟单托收按交单条件不同分为付款交单和承兑交单。付款交单又分为即期付款交单和远期付款交单。

注意：承兑交单风险大于付款交单。

（3）托收的程序

1）付款交单（documents against payment，D/P）。

① 即期付款交单（D/P sight）。即期付款交单程序如图 2-12 所示。

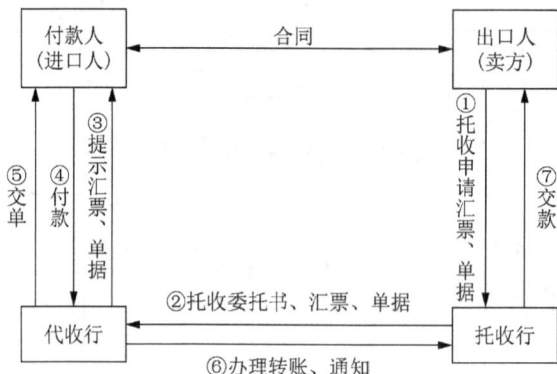

图 2-12　即期付款交单程序

a．出口人按照合同规定发货后取得货运单据，即连同汇票及发票等商业单据，填写托收申请书一并送交托收行，委托代收货款。

b．托收行根据出口人的指示，向代收行发出托收委托书，连同汇票、单据寄交代收行，要求按照申请书的指示代收贷款。

c．代收行收到汇票和单据后，应及时向进口人做付款或承兑提示。

d．代收行收到贷款后，应即刻将贷款拨付托收行。

e．托收行收到贷款后，应即刻转交出口人。

② 远期付款交单（D/P after sight or after date）。远期付款交单程序如图 2-13 所示。

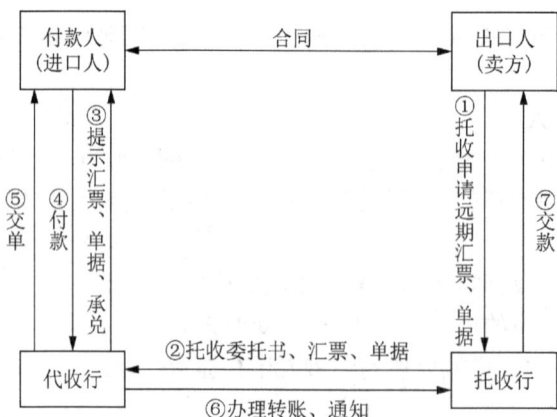

图 2-13　远期付款交单程序

2）承兑交单（documents against acceptance，D/A）。承兑交单程序如图 2-14 所示。

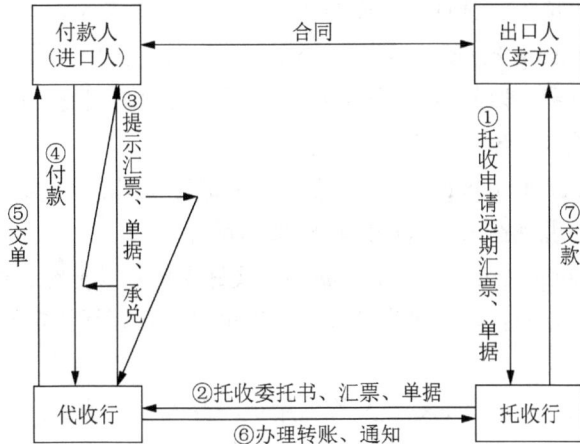

图 2-14 承兑交单的程序

（4）托收方式的主要特点

1）属于商业信用。

2）如遭到进口人拒绝付款，除非另有规定，银行无代管货物的义务。

3）对出口人来说风险较大。

4）对进口人来说风险较小。

5）可以促进交易达成，增强出口商品的竞争能力。

（5）采用托收方式应注意的问题

1）做好客户资信调查。

2）了解进口国家的有关政策法令和商业惯例。

3）争取以 CIF 价格条件成交。

4）严格按照合同规定办理出口和制作单据。

5）为避免风险和损失，出口人应投保卖方利益险或出口信用险。

3. 信用证

信用证（letter of credit，L/C）旧称信用状，指开证行应申请人的要求并按其指示，向第三者开具的载有一定金额、在一定期限内凭符合规定的单据付款的书面保证文件。

（1）信用证的当事人

1）开证申请人（applicant），又称开证人（opener），一般为进口人，即买方向银行提出申请开立信用证的人（是信用证交易的发起人）。

2）开证行（opening bank；issuing bank），一般是进口地银行，是接受委托、开立信用证的银行，承担保证付款的责任。

3）受益人（beneficiary），指有权使用该信用证的人，一般为出口人，即卖方信用证的收件人。开证申请人、开证行、受益人是 3 个基本当事人。

4）通知行（advising bank；notifying bank），一般为出口人所在地银行（为开证行的代理行）。通知行要合理谨慎地鉴别 L/C 的表面真实性，接受开证行的委托将 L/C 转交（或通知）给受益人（出口人）。

5）议付行（negotiation bank），一般为出口地银行（押汇、购票、贴现银行）。议付行是指愿意买入或贴现受益人交来的跟单汇票的银行。

6）付款行（paying bank；drawee bank），又称受票行（一经付款，即无追偿权），是信用证上指定的付款银行，一般为开证行，也可以是开证行指定的另一家银行——代付行。

7）偿付行（reimbursing bank），又称信用证清算银行，不审查单据，不负单证不符之责。偿付行是开证行的偿付代理人，有开证行的存款账户，是对有关代付行或议付行的索偿予以照付的银行，但偿付不视作开证行终局性的付款。

8）保兑行（confirming bank），是指应开证行请求在 L/C 上加具保兑的银行，具有与开证行相同的责任和地位，承担必须付款或议付的责任，且付款和议付后不能向受益人追索。

9）承兑行，指经审核单证相符时，在汇票正面签字承兑和到期支付的银行。承兑行在承兑后倒闭或丧失付款能力，则由开证行承担最后付款责任。承兑行可以为开证行本身或通知行或指定的其他银行。

（2）信用证的基本内容

信用证的基本内容包括本身的说明、种类、当事人、汇票条款、货物条款、支付货币和信用证金额、装运和保险条款、单据条款、特殊条款。

（3）信用证的作用

1）安全保证的作用：可缓解双方（买卖）互不信任的矛盾（状况），而且可以使本来彼此不熟悉或并不很了解的买卖双方，以及资力和声誉一般的中小企业，只要采用信用证方式结算货款，也能参加并顺利开展国际贸易。

2）资金融通作用。

① 对卖方：先拿到信用证再交货。

② 对银行：收取手续费及其他费用，在收到开证人交付的全部货款前掌握着单据，即货物所有权。

（4）信用证的支付程序

信用证的支付程序如图 2-15 所示。

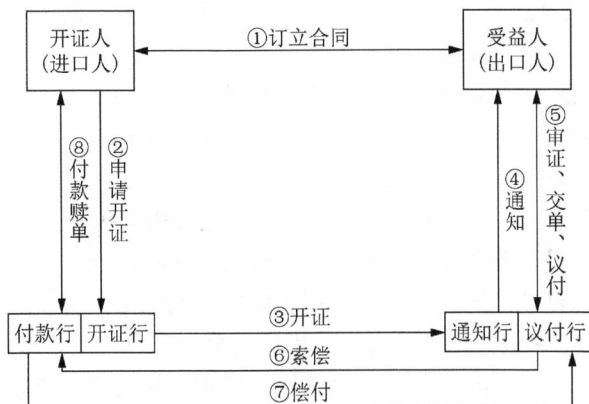

图 2-15　信用证支付程序

1）订立合同：开证人（进口人）→订立合同→受益人（出口人）明确规定买方以信用证方式支付货款。

2）申请开证：开证人向开证行申请开证。

3）开证：开证行接受开证人的开证申请书后按规定的内容向指定的受益人开立信用证，并寄交受益人所在地通知行。

4）通知：通知行在审核信用证后将信用证交付给受益人。

5）审证、交单、议付。受益人审证：审核信用证中所列的条款与买卖合同中所列的条款是否相符。受益人发运货物取得单据、开立支票与发票，连同信用证正本在信用证规定的交单期和信用证的有效期内递交议付行办理议付。议付行议付：由议付行向受益人购进由他处理的汇票及所付单据。

议付实际上是议付行在受益人向议付行提交符合信用证条款单据的前提下，对受益人的垫款，习惯上又称"买单"。

6）索偿：议付行办理议付后，根据信用证规定，凭单向开证行或其指定的银行（付款行或偿付行）请求偿付。

7）偿付：开证行或被指定的付款行向议付行进行付款。

8）付款赎单：开证行履行偿付责任后，应立即向开证人出示单据，开证人检验单据无误后，办理付款手续；开证人付款后，即可从开证行取得全套单据。

（5）信用证的分类

1）按付款凭证不同，信用证可分为跟单信用证和光票信用证。

① 跟单信用证：凭跟单汇票开出，或仅凭单据付款承兑、议付的信用证。

② 光票信用证：一般不使用，仅凭受益人开具的汇票或简单收据而无附带货运单据付款的信用证。

注意：在国际货款结算中主要使用跟单信用证。

2）按开证银行的保证性质、开证行的保证责任，即受益人所得到的保障，信用证可分为可撤销信用证和不可撤销信用证。

① 可撤销信用证（revocable L/C）：可不经过受益人同意也不必事先通知受益人而可随时修改或取消的 L/C，通常在证中表明"可撤销"字样或列有可取消或修改的文句使受益人缺乏足够的保证，在国际贸易中极少采用。

② 不可撤销信用证（irrevocable L/C）：一经通知受益人，在有效期内未经有关当事人的同意，既不能修改也不能取消的 L/C。对受益人收款较有保障，在国际贸易中基本上使用此信用证。注明"不可撤销"，即视为"不可撤销"；未注明亦视为不可撤销。

3）按是否有另一家银行保证兑付，信用证可分为保兑信用证和非保兑信用证。

① 保兑信用证（confirmed L/C）：保兑行对信用证的责任相当于本身开证，对受益人负独立、首要付款责任，且付款后对受益人无追偿权。

② 非保兑信用证（unconfirmed L/C）：一般的不可撤销信用证。

4）按兑付方式的不同，信用证可分为即期付款信用证、延期付款信用证、承兑信用证、议付信用证。

① 即期付款信用证（sight payment L/C）：付款行收到受益人提交的规定单据时即付款的信用证。

② 延期付款信用证（deferred payment L/C）：无承兑远期信用证（不用汇票、不作承兑、不能贴现）受益人不开具汇票，故无须开证行承兑汇票，在受益人交单一定时期后开证行保证付款。且仅凭受益人提交的单据，经审核单证相符。

③ 承兑信用证（acceptance L/C）：在信用证方式中，汇票的付款人将仅限于开证行或被指定的其他银行（付款行等）。付款行在远期汇票上履行承兑手续，等到汇票到期日在行付款。一般用于远期付款的交易，远期汇票可即期付款，所有贴现和承兑费用由买方负担，故又称"买方远期信用证""假远期信用证"。

④ 议付信用证（negotiation L/C）：又分为限制议付信用证和公开议付信用证。议付信用证允许受益人向某一指定银行或任何银行交单议付。在单据符合信用证条款的条件下，由议付银行扣去利息和手续费将票款付给受益人（贴现）（买单）（垫款）。

5）按付款时间，信用证可分为即期信用证和远期信用证。

① 即期信用证（sight L/C）：开证行或其指定的付款行在收到符合信用证条款的汇票或单据即予付款的信用证。买方也须立即付款赎单（而不能获得进一步的资金融通）。

② 远期信用证（time L/C，usance L/C）：指开证行或其指定的付款行在收到符合信用证条款的汇票及/或单据后，在规定的期限内保证付款的信用证（承兑信用证、延期付款信用证、远期议付信用证都是远期信用证）。

6）按受益人是否有权转让给其他人使用，信用证可分为可转让信用证和不可转让信用证。

① 可转让信用证（transferable L/C）：受益人有权将信用证的全部或部分金额转让给第三者，即第二受益人使用的信用证。"可分割、可转让、可转移"等词语不能使

信用证成为可转让，银行将不予置理。有明确注明"可转让"的信用证方能转让，且只能转让一次，但允许第二受益人将信用证重新转让给第一受益人（可转回）。允许分批装运/支款，在累计不超过信用证金额的前提下，可以分成几个部分分别转让，即可同时转让给几个受益人，各项转让金额的总和将视为信用证的一次转让。前提：达到累计次数；累计金额≤（不超过）总金额。进口人开立此信用证，意味着他同意出口人将交货单由出口人指定的其他人来履行，但不等于买卖合同也被转让，即如果第二受益人不能交货或交货不符合合同规定，单据不符合信用证和买卖合同的要求时，原出口人仍需承担买卖合同规定的卖方责任。

② 不可转让信用证（untransferable L/C）：凡未注明"可转让"字样的信用证，均为不可转让信用证。

7）其他类型信用证。

① 循环信用证（revolving L/C）：受益人在一定时间内和规定金额内，可重新恢复使用，直至达到该证规定次数或累计总金额用完为止的信用证。

按循环方式，循环信用证可分为以下几种。

a. 自动循环信用证：无须等待开证行通知即可自动恢复到原金额再次使用。

b. 半自动循环信用证：装货议付后若干天内，开证行未提出不能恢复原金额的通知，即自动恢复。

c. 非自动循环信用证：需经开证行通知才能恢复。

② 对开信用证（reciprocal L/C）：易货交易或来料来件加工装配业务中采用的一种结算方式。为避免垫付外汇，我方进口原料、配件时可开远期信用证，出口成交时对方开具即期信用证，以便用收到的加工出口货款来偿付应付到期配件的货款。对开信用证的特点是第一张信用证的受益人和开证申请人分别是第二张回头信用证的开证人和受益人。

③ 对背信用证：原证受益人要求以原证的通知行或其他银行的原证为基础，另行开立一张内容相似的信用证。

④ 预支信用证（anticipatory L/C）：允许受益人在货物装运单前预支货款的信用证，有全部预支和部分预支两种。

⑤ 当地信用证（local L/C）：又称本地信用证，指开证人、开证行与受益人都在同一国家的信用证。

（6）信用证的性质

1）开证银行负首要、独立的付款责任（银行信用）。开证行以自己的信用担保只要卖方按合同交货，提交的单据符合信用证条款，就能获得货款，开证行处于第一付款人地位（即指买方在开证后失去偿付能力，只要卖方提交单据合乎要求，开证行也要负责付款）。只有开证行破产时，买方处于第二付款人地位。

2）信用证是一项自足文件。

① 信用证是根据买卖合同开立的，其内容与合同规定一致，但它一经开立就与买

卖合同无关，成为独立的约定。

② 银行无义务审查信用证与买卖合同是否相符，只要严格按信用证规定办事，完全不受合同约束。

3）信用证方式是纯单据业务（单据买卖）。

① 只要受益人（卖方）提交了符合信用证规定的全套单据，开证行就应承担付款责任，进口人也应接受单据并向开证行付款赎单。事实上，就是卖方将单据转让给开证行，开证行再将单据转让给买方。

② 银行虽只根据表面上符合信用证条款的单据承担付款责任，但非常严格，信用证在表面上绝不能有任何差异、瑕疵。

严格符合原则：单证一致和单单一致。

📗 **知识加油站**

1. 银行保证书

银行保证书又称银行保函，是银行向受益人开立的保证文件。由银行作为担保人，以第三者的身份保证委托人如未向受益人履行某项义务时，由担保银行承担保证书中所规定的付款责任。银行保证书分为投标招标保证书、履约保证书、付款保证书。

2. 备用信用证

备用信用证又称担保信用证或保证信用证。

1）备用信用证是具有信用证形式和内容的银行保函，是开证行根据开证人要求授予受益人的一种银行信用。

2）如果开证申请人按期履行合同的义务，受益人即无须要求开证行在备用信用证项下支付任何货款或赔款。

3）备用信用证是一种用于开证行代申请人向受益人承担一定条件下付款、退款或赔偿责任的银行保证书（凭证），已被国际商会归为跟单信用证。

操作 2：选择支付方式

鉴于与客户是第一次交易，为了安全起见，童丹丹决定采用信用证的方式结算货款。但由于是初次接触信用证业务，童丹丹首先咨询刘晓和中国银行温岭市分行国际结算部的李经理关于信用证的操作流程及注意事项，了解信用证周转的过程，并就信用证中相关内容做了分析。

1. 确定开证日期

按照国际惯例，按时开立信用证是买方在买卖合同中的主要义务，如果合同中未规定开证时间，按一般惯例和法律规则，买方应在一个合理时间内开立，这个合理时间应从合同规定的装运期的第一天往回推算。但为了避免对合理时间理解不一致而引起纠纷，童丹丹决定在合同中直接加以规定。信用证能否及时开抵出口商，将直接影响到出口商能否及时安排运输、报关报检等事项，因此，童丹丹通过与客户协商，确定买方信用证应不迟于 2019 年 01 月 30 日开抵卖方。（The buyer's letter of credit should be not later than Jan. 30, 2019 reaching the sellers.）

2. 选择信用证种类

信用证根据其性质、期限、流通方式等特点，可以从不同的角度进行分类，但在国际结算中目前普遍使用不可撤销信用证，尤其在《跟单信用证统一惯例（UCP600）》实施后，明确规定信用证是一项不可撤销的安排，因此从根本上否定了可撤销信用证的存在。

童丹丹在与客户商讨过后，决定买方以不可撤销即期信用证支付货款。（Open an irrevocable sight letter of credit payment.）

3. 确认信用证付款时间

按付款时间而言，信用证可以分为即期信用证和远期信用证，远期信用证包括延期付款信用证、承兑信用证和远期议付信用证。根据资金及客户信誉等情况，双方选择相应的付款时间。通过沟通，童丹丹了解到客户目前资金较为充裕，因此双方明确采用即期信用证付款的方式。

4. 确认信用证的到期日和到期地点

信用证的到期日习惯称为信用证的有效期，是指开证银行承担到期即期付款、延期付款、承兑或议付责任的期限。信用证的到期日有 3 种情况，即议付到期、承兑到期和付款到期。信用证的到期日一般要与最晚装运期有一段时间间隔，以便卖方装船后有充足的时间制作单据，一般规定为装运日后 21 天。到期地点的规定有 3 种，即在出口国到期、在进口国到期和在第三国到期，一般比较合理的是在出口国到期。

经双方协商，确定到期日在装运完毕后 21 天，到期地点在中国。（Remain valid for negotiation in China within 21days after date of shipment.）

操作 3：制定结算条款

综上考虑，童丹丹制定如下结算条款：

即期不可撤销信用证，必须在 2019 年 01 月 30 日之前开抵卖方，装运日后 21 天内在中国议付有效。

By irrevocable Sight Letter of Credit to reach the seller not later than Jan.30,2019 and remain valid for negotiation in China within 21days after date of shipment.

SimTrade 实操 制定商品结算条款	

1. 实训要求

制定商品结算条款。

2. 具体操作步骤

（1）选择支付方式

结合表 2-20，选择合适的支付方式。

表 2-20　3 种支付方式的比较

方式	汇付	托收	信用证
性质	商业信用	商业信用	银行信用
卖方风险	汇付>托收>信用证		
买方风险	汇付>托收>信用证		

（2）确定相关信息

确定信用证开证日期，信用证的种类，信用证的付款时间、到期日和到期地点。

1）信用证开证日期：最迟装运期往回推算，留出一段空余的时间处理运输、报关等事项。

2）信用证的种类：普遍使用不可撤销信用证。

3）信用证的付款时间：尽可能地选择即期，提前收回货款。

4）到期日：最迟装运日后 15～21 天。

5）到期地点：尽可能选择在出口国。

（3）制定结算条款

结算条款应包括支付方式、开立时间、具体种类、付款方式、到期时间和到期地点。（要留出富余的时间以应对紧急情况。）

（4）给客户写一封确认函

给客户写一封确认函，范例如下，具体根据公司实际情况予以处理。

Dear Mandy, 　Please confirm the following contents: 　Payment: By irrevocable sight letter of credit to reach the seller not later than Jan.30, 2019 and remain valid for negotiation in China within 21days after date of shipment. Yours truly, Carl Chan Wenling Chan Shoes Co., Ltd.

3. 实训小结

子任务六　制定商品辅助条款

☆ **任务目标**

知识与能力目标	1. 掌握索赔条款的规定方法； 2. 能够清楚地说明商品检验的规定，能够准确判断交易商品需进行何种检验，制定检验条款； 3. 掌握不可抗力、仲裁条款的规定方法
过程与方法目标	1. 在制定条款过程中，提高分析、归纳的能力； 2. 通过小组合作，制定出正确的商品结算条款
情感态度与价值观目标	1. 在学习过程中，养成主动参与、勤于动手、积极尝试的习惯； 2. 在小组活动中，学会团队合作； 3. 在学习过程中，逐渐树立商贸职业人的主人翁意识

☆ **任务流程**

制定检验检疫条款 → 制定争议与索赔条款 → 制定不可抗力条款 → 制定仲裁条款

　　在国际货物买卖合同执行过程中，买卖双方交易的商品一般都要进行检验，以确定卖方交付的货物是否符合合同的规定，是否符合进口方国家或出口方国家的有关规定。在履行合同的过程中，合同当事人一方有可能违约，给另一方造成损失；合同签订后，也有可能发生不可抗力事件，致使合同不能履行或不能按期履行；买卖双方在履行合同过程中也可能出现争议，并可能产生索赔、仲裁、诉讼等问题。为了避免争议，妥善处理和解决可能发生的冲突，合同中应对违约后的索赔、免责事项及仲裁的方式做出明确的规定。

☆ **任务实施**

操作 1：制定检验检疫条款

1. 确定商品检验检疫时间与地点

童丹丹与客户不断磋商，已经初步制定了买卖合同的各个主要条款。为了进一步规定买卖双方的义务和责任，减少违约的发生及合理、规范地处理违约，在与客户商量后，她决定采用目前用得最多的、对双方也都相对公平的"出口国检验、进口国复检"的方法，即以装运港的检验证书为收付货款的依据，货到目的港后，允许买方对货物进行复验。

💡 知识加油站

1. 交接货物的过程

交付货物→报关报检→接收货物。

2. 商品检验方法

（1）在出口国检验

在出口国检验，只承认出口国的检验证书。

卖方只负责货物离开产地或离开装运港（地）之前的风险。对运输途中品质的变化和重量的短少，均不负责。货物运抵目的港（地）后，买方复验发现问题，也无权再表示拒收或提出索赔。

该检验方法对卖方有利，对买方有弊。

（2）在进口国检验

在进口国检验，只承认进口国的检验证书。

卖方须负责货物离开到达目的地或营业处所（最终所在地）之前的所有风险。对运输途中品质的变化和重量的短少，均负责。买方有权表示拒收或提出索赔。

该检验方法对买方有利，对卖方有弊。

（3）在出口国检验、进口国复检

在出口国检验、进口国复检，既承认出口国的检验证书，又承认进口国的检验证书。

卖方在出口国检验检疫结果作为要求买方支付货款、提交单据的依据，明确自身责任。

买方在进口国复验后的结果可区分卖方和承运人或保险公司的责任。

该检验方法对买卖双方均公平，我国通常使用。

离岸重量和到岸品质：在装运港检验重量和在目的港检验品质，以装运港检验检疫机构检验货物出具的重量证书和目的港检验检疫机构验货后出具的质量证书为最后依据，多用于大宗商品交易的检验。

3. 确定商品检验机构

在我国，目前中华人民共和国国家质量监督检验检疫总局（Administration of Quality Supervision, Inspection and Quarantine AQSIQ）简称国家质检总局，是主管全国出入境卫生检疫、动植物检疫、商品检验、鉴定、认证和监督管理的行政执法机构。因此，童丹丹决定本次商品的检验机构为福州检验检疫局。

知识加油站

1. 商品检验检疫机构

官方的：国家或地方政府设置的商品检验检疫机构（如美国的食品药品监督管理局）。

非官方的：具备专业技术的社团法人或私人商品检验检疫机构（如瑞士日内瓦的瑞士通用公证行）。

半官方的：权威的或国家政府授权的民间商品检验检疫机构（如日本海事检定协会）。

除此之外还包括生产制造厂商或卖方、用货单位或买方。

2. 商品检验检疫证书

在我国，法定检验商品的检验证书由国家出入境检验检疫局及其设在各地的分支机构签发。法定检验以外的商品，如合同或信用证中无相应规定，也可由中国对外贸易促进委员会或中国进出口商品检验总公司或生产企业出具。本次交易产品鞋类属于法定检验，因此，以出入境检验检疫局出具的检验证书为准。

商品检验检疫证书包括以下几种。

1）品质检验证书：证明商品质量、规格。

2）重量或数量检验证书：证明商品重量或数量。

3）包装检验证书：证明商品包装及标志情况。

4）兽医检验证书：证明冻肉、毛皮等出口商品经检疫合格。

5）卫生检验证书：证明可供人类食用或使用的出口动物商品、食品经检疫合格。

6）消毒检验证书：证明马尾、毛皮等出口动物商品已经消毒处理，保证卫生安全。

7）熏蒸检验证书：证明使用的药物和熏蒸的时间等。

8）温度检验证书：证明出口冷冻商品的温度。

9）残损检验证书：证明进口商品的残损情况。

10）船舱检验证书：证明承运出口商品的船舱的装运条件是否符合商品的运输要求和安全要求。

11）货载衡量检验证书：证明进出口商品的重量、体积、吨位。

12）价值检验证书：证明发票所列商品的价值真实正确。

13）产地检验证书：证明出口商品的原产地。

商品检验检疫证书的作用如下。

1）作为买卖双方交接货物、结算货款的依据之一。

2）发生争议时进行索赔和理赔的依据之一。

3）通关、征收关税和优惠减免关税、阶段运费等的有效凭证。

4）在信用证方式下，向银行议付货款和出口结汇的重要依据。

2. 制定检验条款

童丹丹与客户协商后订立如下检验条款。

买卖双方同意以国家出入境检验检疫局出具的检验证书作为信用证项下付款所提交的单据的一部分，货到目的港卸货后，在 7 天内经瑞士通用鉴定公司复验，如发现与本合同不符，除属保险公司或承运人负责外，买方凭瑞士通用鉴定公司出具的证书，向卖方提出退货或索赔。

It is mutually agreed that the certificate issued by the commodity inspection bureau shall be part of the documents for payment under the relevant L/C. In case the goods be found not in conformity with those stipulated in this contract after reinspection by the SGS with 7 days after discharge of the goods at the port of destination, the buyer shall return the goods to or lodge claim against the seller for compensation of losses upon the strength of inspection certificate issued by the said company, with the expectation of those claims for which the insurers or the carriers are liable.

操作 2：制定争议与索赔条款

1. 规定索赔的依据

索赔条款一般规定提出索赔应出具的证据和出证机构，童丹丹与客户约定：货到目的港卸货后，若发现品质或数量与合同规定不符，除应由保险公司或船公司负责外，买方凭双方约定的中国国家出入境检验检疫局出具的检验证明向卖方提出索赔。

2. 规定索赔期限

童丹丹与客户就索赔期限也做了具体的规定，约定索赔期限为货物到达目的港后 30 天内。

3. 规定索赔方法

鉴于索赔是一项复杂而又重要的工作，故处理索赔时，应弄清事实，分清责任，并区别不同情况，有理有据地提出索赔。至于索赔金额因订约时难以预计，只能事后本着实事求是的原则酌情处理，故在合同中一般不做具体规定。因此，童丹丹认为具体索赔金额不在合同中做出规定，一旦有索赔产生，双方应本着实事求是的原则进行处理。

4. 制定索赔条款

童丹丹与客户协商后订立如下索赔条款。

买方对于装运货物的任何索赔，必须于货物到达提单所订的目的港之日起 30 天内提出，并须提供瑞士通用鉴定公司出具的检验证书。属于保险公司和船公司责任范围内的索赔，卖方不予受理。

Any claim by the buyer regarding the goods shipped should be filed within 30 days after the arrival of the goods at the port of destination specified in the relative bill of lading and supported by a inspection certificate issued by SGS. Claims in respect of matters within responsibility of insurance company, shipping company will not be considered or entertained by the seller.

知识加油站

1. 异议与索赔条款

异议与索赔条款一般是针对卖方交货数量、质量或包装不符合合同规定而订立的。一般包括索赔依据、索赔期限、索赔方法和金额等。

（1）索赔依据

1）事实依据：违约的事实、情节及其书面证明。

2）法律依据：合同和法律的相关规定。

（2）索赔期限

1）法定索赔期限：法律或国际惯例中规定的索赔期限。

2）约定索赔期限：合同中规定的索赔期限。

2. 罚金条款

罚金条款一般用于卖方延期交货或买方延期接货或买方迟开信用证延期付款的场合。它的特点是预先在合同中规定罚金的数额或罚金占合同金额的百分比。

罚金具有惩罚性和补偿性的双重性质。

操作3：制定不可抗力条款

1. 规定不可抗力的范围

童丹丹与客户商谈后决定采用最广泛的不可抗力范围的规定方法，即综合规定法。

2. 规定不可抗力发生后处理的方法

发生不可抗力事件后，应按约定的处理原则和办法及时进行处理，不可抗力的后果有两种：一是解除合同；二是延期履行合同。究竟如何处理，应视事故的原因、性质、规模及其对履行合同所产生的实际影响程度而定。

童丹丹与客户协商后，在合同中规定，根据事件性质的不同，采用解除合同或延期履行合同的方式来进行处理。

3. 规定不可抗力发生通知及证明书

不可抗力事件发生后如影响合同履行时，发生事件的一方当事人，应按约定的通知期限和通知方式，将事件情况如实通知对方。对方在接到通知后，应及时答复，如有异议也应及时提出，否则，将视为默认，以发出通知一方所提的条件为准。此外，发生事件的一方当事人还应按约定办法出具证明文件，作为发生不可抗力事件的证据。在国外，这种证明文件一般由当地的商会或法定公证机构出具。在我国，由中国国际贸易促进委员会出具。

童丹丹与客户在合同中明确规定，发生不可抗力后应及时通知对方，并出具由中国国际贸易促进委员会签发的证明文件。

4. 订立不可抗力条款

童丹丹与客户协商后订立如下不可抗力条款。

如由于战争、地震、水灾、暴风雨、雪灾或其他不可抗力原因，致使卖方不能全部或部分装运货物或延迟装运合同货物，卖方可不负责任。但卖方应用传真立即通知买方，并按买方的要求，将由中国国际贸易促进委员会出具的事件证明书用挂号信邮寄给买方。

The seller shall not be held responsible for failure or delay to perform all or any part of this contract due to war, earthquake, flood, fire, storm, heavy snow or other cause of Force. However, in such a case the seller shall inform the buyer immediately by fax. The seller shall send to the buyer by registered letter at the request of the buyer a certificate attesting the existence of such a cause or causes issued by China Council for the Promotion of International Trade.

知识加油站

1. 不可抗力的含义及认定条件

1）事件是在合同成立以后发生的。

2）不是由于任何一方当事人的故意或过失造成的。

3）事件的发生及其造成的后果是当事人无法预见、无法控制、无法避免和不可克服的。（含义）

2. 不可抗力产生的原因

1）自然原因：重大的、人类无法控制的自然灾害，如地震、火山爆发、洪水、飓风等。

2）社会原因：重大的人为事故，如战争、罢工、政府禁令等。

3. 合同中不可抗力条款的规定

不可抗力条款是指合同中规定如当事人一方因不可抗力不能履行合同的全部或部

分义务的，免除其全部或部分的责任。

内容：不可抗力事件的范围；对不可抗力事件的处理原则和方法；不可抗力事件发生后通知对方的期限和方法；出具证明文件的机构。

4. 规定方法

1）概括式：如由于不可抗力原因……

2）列举式：如由于战争、地震、水灾、火灾、暴风雨、雪灾等原因……

3）综合式（使用的最多）：如由于战争、地震、水灾、火灾或其他不可抗力的原因……

5. 不可抗力事件发生后果

一般发生不可抗力事件后，负有履行义务的一方应尽力维护合同，尽力不扩大损失。然后书面通知对方并提供发生不可抗力事件证据。双方经协商后确定解除合同或继续履行合同或变更合同。

操作 4：制定仲裁条款

1. 明确仲裁地点

仲裁地点与仲裁时所适用的仲裁规则和法律有密切关系，所以确定仲裁地点是个很重要的问题，应尽量争取在我国仲裁。经过争取，童丹丹将仲裁地点选在中国。

2. 选择仲裁机构

国际贸易中的仲裁，可由双方当事人约定在常设的仲裁机构进行，也可由双方当事人共同指定仲裁员组成临时仲裁庭进行仲裁。一般情况下都选择常设仲裁机构进行仲裁，童丹丹与客户确定在中国国际经济贸易仲裁委员会进行仲裁。

3. 确定仲裁规则

虽然仲裁地点与仲裁机构都在我国，但为了避免争议，童丹丹还是明确要求在合同中规定，适用的仲裁规则为《中国国际经济贸易仲裁委员会仲裁规则》。

4. 制定仲裁条款

童丹丹与客户协商后订立如下仲裁条款。

凡因本合同引起的或与本合同有关的任何争议，均应提交中国国际经济贸易仲裁委员会，按照仲裁时该会现行的仲裁规则进行仲裁。仲裁的裁决是终局的，对双方均有约束力。

Any dispute arising from or in connection with this contract shall be submitted to China International Economic and Trade Arbitration Commission for arbitration which shall be conducted in accordance with the commission's arbitration rules in effect at the time of applying for arbitration. The arbitral award is final and binding upon both parties.

知识加油站

仲裁是指买卖双方达成协议，自愿将有关争议交给双方都同意的仲裁机构进行裁决，而这个裁决是终局的，对双方都有约束力，双方必须遵照执行。

1. 仲裁的特点（与诉讼相比）

1）仲裁必须是双方自愿的。

2）仲裁机构获得的管辖权是排他性的。

3）仲裁机构的裁决是终局的。

4）仲裁的当事人对适用的法律有选择权。

5）仲裁更适于处理贸易纠纷。

2. 仲裁形式

（1）临时仲裁

临时仲裁是指由争议双方共同指定的仲裁员自行组织成临时仲裁庭所进行的仲裁。案件审理完毕后，仲裁庭即自动解散。

（2）机构仲裁

机构仲裁指向双方约定的常设仲裁机构提出申请，并按其仲裁规则或双方选定的仲裁规则进行的仲裁。

常设仲裁机构有固定名称、地址、仲裁员设置和仲裁规则。

3. 仲裁协议

仲裁协议是双方当事人表示愿意将他们之间已经发生的或可能发生的争议交付仲裁解决的一种书面协议。

4. 仲裁协议的作用

1）表明双方当事人在发生争议时自愿提交仲裁。

2）使仲裁机构取得对争议案件的管辖权。

3）可排除法院对于争议案件的管辖权。

5. 仲裁程序

（1）仲裁申请

提交仲裁协议并提交仲裁申请书，同时附具请求所依据的事实的证明文件，并预缴规定的仲裁费。

仲裁程序自仲裁机构发出仲裁通知之日起开始。

（2）仲裁庭的组成

1）3名仲裁员：买卖双方各指定一名仲裁员，双方再共同指定一名首席仲裁员。

2）1名仲裁员：双方共同指定一名仲裁员。

（3）仲裁审理

仲裁审理包括开庭、调解、收集、审定证据、采取保全措施等。

保全措施指仲裁程序开始后、做出裁决前对争议的标的或有关当事人的财产采取临时性强制措施，故又称临时性保护措施。

（4）仲裁裁决

仲裁裁决是仲裁程序的最后一个步骤，裁决做出后，审理程序即告终结。

仲裁裁决必须采用书面形式。仲裁裁决书做出的日期即为仲裁裁决失效的日期。

仲裁实行一裁终局的制度，即关于仲裁裁决的效力规定：仲裁裁决是终局的，对双方当事人均有约束力。

SimTrade 实操
制定商品辅助条款

1. 实训要求

制定商品辅助条款。

2. 具体操作步骤

（1）查询相关信息

上网查询进出口合同中辅助条款的范例，填写表 2-21。

表 2-21 进出口合同中辅助条款的范例

条款	范例
检验检疫条款	
索赔条款	
不可抗力条款	
仲裁条款	

（2）制定条款

结合自己公司实际情况，制定商品辅助条款。

（3）给客户写一封确认函

针对制定好的商品辅助条款，给客户写一封确认函，范例如下。

Dear Mandy,

Please confirm the following contents:

1. It is mutually agreed that the certificate issued by the commodity inspection bureau shall be part of the documents for payment under the relevant L/C. In case the goods be found not in conformity with those stipulated in this contract after reinspection by the SGS with 7 days after discharge of the goods at the port of destination, the buyer shall return the goods to or lodge claim against the seller for compensation of losses upon the strength of inspection certificate issued by the said company, with the expectation of those claims for

---

which the insurers or the carriers are liable.

2. Any claim by the buyer regarding the goods shipped should be filed within 30 days after the arrival of the goods at the port of destination specified in the relative bill of lading and supported by a inspection certificate issued by SGS. Claims in respect of matters within responsibility of insurance company, shipping company will not be considered or entertained by the seller.

3. The seller shall not be held responsible for failure or delay to perform all or any part of this contract due to war, earthquake, flood, fire, storm, heavy snow or other cause of Force. However, in such a case the seller shall inform the buyer immediately by fax. The seller shall send to the buyer by registered letter at the request of the buyer a certificate attesting the existence of such a cause or causes issued by China Council for the Promotion of International Trade.

4. Any dispute arising from or in connection with this contract shall be submitted to China International Economic and Trade Arbitration Commission for arbitration which shall be conducted in accordance with the commission's arbitration rules in effect at the time of applying for arbitration. The arbitral award is final and binding upon both parties.

Yours truly,

Carl Chan

Wenling Chan Shoes Co., Ltd.

3. 实训小结

任务三　掌握谈判磋商策略

☆ 任务目标

知识与能力目标	了解在国际商务谈判磋商中需要注意的策略及其应用
过程与方法目标	通过小组合作，共同商议磋商策略及应用
情感态度与价值观目标	1. 在学习过程中，养成主动参与、勤于动手、积极尝试的习惯； 2. 在小组活动中，学会团队合作； 3. 在学习过程中，逐渐树立商贸职业人的主人翁意识

☆ **任务情境**

刘晓：小童，你在跟客户沟通时，一定要注意方式方法，配合合适的谈判磋商策略，尽可能地争取主动权。

童丹丹：好的，刘老师，我会注意的。

☆ **任务流程**

报价 → 讨价还价 → 让步

☆ **任务实施**

在谈判磋商过程中，常常涉及报价策略、讨价还价策略、让步策略。为了更好地与客户沟通，童丹丹通过查阅相关资料逐渐掌握了在国际商务谈判磋商中需要注意的相关策略。

操作 1：报价

报价，并不仅指双方在谈判中提出的价格条件，而是泛指谈判一方主动或根据另一方要求向对方提出自己的所有要求。当然在所有这些要求中，价格条款最为显著、地位最为重要。报价标志着商务谈判进入实质性阶段，也标志着双方的物质性要求在谈判桌上"亮相"。

1. 报价原则

1）对卖方来讲，报价起点要高，即"可能的最高价"；相应地，对买方来讲，报价起点要低，即"可能的最低价"，这是报价的首要原则。

① 卖方的开盘价实际上是确定了价格谈判区间的一个上限。

② 开盘价会影响对方对我方提供的商品或劳务的印象和评价。

③ 开盘价高，能为以后的讨价还价留下充分的回旋余地，使己方在谈判中更富于弹性。

④ 经验证明，开盘价对最终成交水平具有实质性的影响。

2）开盘价必须有根有据，合乎情理。

3）报价的表达应该坚定、明确、完整，不加解释和说明。

4）报价的解释应坚持不问不答、有问必答、避虚就实、能言不书的原则。

2. 报价的情况分析

先报价的利：为谈判划定了一个范围。

先报价的弊：报价比对方掌握的低会失去利益；报价比对方掌握的高会促使对方疯

狂杀价。

后报价的利弊正好相反。

知识加油站

1. 注意事项

1）在高度竞争或冲突的场合，先报价有利；

2）在友好合作的背景下，无区别；

3）如对方不是行家，先报价好；

4）如对方是行家，自己不是，后报价好；

5）双方都是行家，无区别。

2. 惯例

1）发起谈判者先报价；

2）投标者报价；

3）卖方先报价。

操作 2：讨价还价

（1）讨价还价阶段前期的策略运用

1）故布疑阵。故布疑阵策略是指通过不露痕迹地向对方提供虚假信息或大量无用信息而使对方上当，从而取得有利的谈判条件。

本策略的应对：不能轻信对方不应出现的失误，对自己轻易得来的材料持怀疑态度。

2）投石问路。投石问路是指利用一些对对方具有吸引力或突发性的话题同对方交谈，或通过所谓的谣言，或有意泄密等手段，借此琢磨和探测对方的态度和反应。

注意：运用该策略时一般提问要多，且要做到虚虚实实，然有其事；争取让对方难以摸清你的真实意图。

本策略的应对：只对部分问题做简单必要的回答，不要过早暴露本方的价格目标和真实意图；向对方进行反提问，或直截了当地向对方询问他交易的真实需要及期望的交易条件。

3）抛砖引玉。这一策略的基本做法是在对方询价时，本方先不开价，而是举一两个近期达成交易的案例，给出其成交价，进行价格暗示，反过来提请对方出价。

此策略一般是在本方不愿意先出价而对方又期望本方先出价的情形下使用。

本策略的应对：千方百计找出对方所提供案例的漏洞或不可比性，坚持要对方先出价。

4）吹毛求疵。买方通常会利用吹毛求疵的策略来和卖方讨价还价。买方会对产品和对方的提议尽可能地挑毛病。

注意：在向对方提出要求时，不能过于苛刻，漫无边际；要有针对性，恰如其分，要把握分寸，不能与通行做法和惯例相距太远。否则，对方会觉得我方缺乏诚意，以致中断谈判。

本策略的应对：充分了解信息，尽可能掌握对方的真实意图；并可采取相同的策略战胜对方。对于某些问题和要求，要能避重就轻或不予理睬；当对方在浪费时间、无中生有、鸡蛋里面挑骨头时，一定要正面解释；向买主建议一个具体而又彻底的解决办法。

5）价格诱惑。价格诱惑的实质就是利用买方担心市场价格上涨的心理，把谈判对手的注意力吸引到价格问题上来，使其忽略对其他重要合同条款的讨价还价，进而在这些方面争得让步与优惠。

本策略的应对：买方要根据实际需要确定订货单，不要被卖方在价格上的诱惑所迷惑；谈判前要做好充分的市场调研，准确把握市场竞争态势和价格走势；推敲各种项目合同条款，充分考虑各种利弊关系。

6）润滑策略。谈判人员在相互交往过程中，经常会馈赠礼品，以表示友好和联络感情，这被西方谈判专家称为润滑策略。

注意：要注意由文化造成的爱好上的差异；要考虑礼品价值的大小；要注意送礼的场合。

7）"请君入瓮"。谈判一开始就拿出一份有利于本方（往往是卖方所为）的完整的合同文本，要求对方按照此合同文本的内容讨论每项条款，并最终在此基础上签约。

本策略的应对：坚决拒绝接受对方提出的合同文本和谈判方式，由本方提出（或由双方协商议后定出）新的谈判方式与程序，并按此方式与程序展开谈判，并另行拟写合同文本。

（2）讨价还价阶段中期的策略运用

1）"步步为营"。"步步为营"策略是指谈判者在谈判过程中步步设防，试探着前进，不断地巩固阵地，不动声色地推行自己的方案让人难以察觉，自己的每一微小让步都要让对方付出相当代价。

此策略一般是在谈判时间充裕，谈判议题较少，或是各项议题的谈判均比较艰难的情形下使用。

本策略的应对：①寻找并抓住对方的一两个破绽，全盘或大部分地否定对方的要价理由。②坚持本方的要价与让步策略和行动计划，不跟随对方的步调行事，不做对等让步，坚持要求对方做出大的让步，本方其后才做出让步。③以其人之道，还治其人之身，即向对方学习，也步步为营。

2）疲劳轰炸。疲劳轰炸策略是指通过疲劳战术来干扰对方的注意力，瓦解其意志并抓住有利时机达成协议。

在商务谈判中，如果一方的谈判者表现出居高临下、先声夺人的姿态，那么，另一方可以采用疲劳战术。

本策略的应对：谈判小组的领导者尽量使谈判在正常的工作时间内进行；到外地进行谈判的小组应制定相应的规章制度，谈判以外时间由自己安排；对对方的过度安排，要学会说"不"。

3)"以林遮木"。"以林遮木"是指在谈判中故意搅乱正常的谈判秩序,许多问题一起摊在桌面上,使人疲于应付,难以做出正确选择,进而达到使对方慌乱失误的目的。

注意:问题的提出让人感到真实可信;将所有谈判议题进行整体谈判;所提供的证据应该有利于支持本方的观点。

本策略的应对:忽视对方抛出的资料,反而向对方给出本方要价的证据资料;坚持自己的意见,用自己的意识和能力影响谈判的进程和变化;坚持将各项议题分开磋商,不给对方施展计谋的机会;拒绝节外生枝的讨论,对不清楚的问题要敢于说不了解情况。

4)软硬兼施。软硬兼施策略又称"黑脸白脸策略""好人坏人策略""鸽派鹰派策略"。

该策略是通过"先兵后礼"的举措来感化或压迫对方转变立场,从而打破僵局促成交易。软硬兼施策略往往在对手缺乏经验,很希望与你达成协议的情境下使用。

本策略的应对:面对"老鹰"的表演不予理睬,相信必定会换上"鸽子"调和。

5)车轮战术。在谈判桌上的一方遇到关键性问题或与对方有无法解决的分歧时,以自己不能决定或其他理由为借口,转由他人再进行谈判。此策略的核心是更换谈判主体。

实施该策略应注意:选择攻击目标,以便所有参与人员协同作战,目标一致;选择参与人员,使之与目标相匹配,更有利于谈判。

本策略的应对:无论对方是否准备采用该策略,都要做好充分的心理准备,以便有备无患;新手上场后不重复过去的争论,如果新的对手否定其前任做出的让步,自己也借此否定过去的让步,一切从头开始;用正当的借口使谈判搁浅,直到把原先的对手再换回来。

6)休会策略。休会策略是谈判人员为控制、调节谈判进程,缓和谈判气氛,打破谈判僵局而经常采用的一种基本策略。

运用该策略应注意:要把握好时机,讲清楚休会时间;要委婉讲明需要,但也要让对方明白无误地知道;提出休会建议后,不要再提出其他新问题来谈,先把眼前的问题解决好再说。

(3)讨价还价阶段后期的策略运用

1)最后通牒。在谈判双方争执不下,对方不愿做出让步来接受我方交易条件时,为了逼迫对方让步,我方可以向对方发出最后通牒。

通常做法是:给谈判规定最后的期限,如果对方在这个期限内不接受我方的交易条件达成协议,我方就宣布谈判破裂而退出谈判。

该策略的应对:

① 分析和判断对方的最后通牒是真还是假。

② 继续谈判,对此根本不予理睬。

③ 尽力找出一个圆满的解释去反驳对方的解释,从而使对方的通牒陷入不攻自破

的局面。

④ 摆出准备退出谈判的样子，以此来探知对方的真实意图。

⑤ 转换话题或改变交易的条件。

⑥ 暗示还有其他货主和顾客，使对方感觉激烈竞争的压力，并适当指出谈判破裂对对方的损失。

⑦ 提醒对方注意该策略的后果，然后暂时休会让双方都能静心思考是否要继续谈下去。

2）场外交易。场外交易策略是指谈判双方将最后遗留的个别问题的分歧意见放下，离开谈判桌，东道主一方安排一些旅游、酒宴、娱乐项目，以缓解谈判气氛，争取达成协议。

运用该策略时应注意：一定要注意谈判对手的不同习惯。有些国家的商人忌讳在酒席上谈生意，必须事先弄清，以防弄巧成拙。

3）私下接触。在谈判过程中，谈判人员有意识地同对手私下接触，一起去娱乐游玩，以期增加双方的了解，增进友谊，促进谈判的顺利开展，称为私下接触策略。这种策略尤其适用于各方的首席代表。

4）授权有限。授权有限指当双方人员就某些问题进行协商，一方要求对方做出某些让步时，另一方可以向对方宣称，在这个问题上，他无权向对方做出这样的让步，或无法更改既定的事实。

此策略一般是在对方要求条件过高或本方需要对方在后期做出更大让步的情形下使用。运用该策略应注意：①授权有限是一种对抗对手的盾牌；②不要使对方感到你没有决策权，不具备谈判能力；③不要让对方失去与你谈判的诚意和兴趣。

该策略的应对：在正式谈判开始就迂回地询问对方是否有拍板定案的权力；要求对方尽快通过电话、电传等同其领导联系，尽快解决授权有限的问题。

5）"坐收渔利"。"坐收渔利"策略是指买主把所有可能的卖主请来，同他们讨论成交的条件，利用卖者之间的竞争，各个击破，为自己创造有利的条件。

本策略的应对：对于利用招标进行的秘密竞争，要制定周密、合理的竞标方案，要积极参加竞标；对于背靠背的竞争应尽早退出。对于面对面的竞争，采取相反的两种对策：一种是参加这种会议，但只倾听而不表态，不答应对方提出的任何条件，仍按自己的既定条件办事；另一种是不参加这种会议，不听别人的观点，因为在会议上容易受到买方所提条件的影响。

操作 3：让步

以卖方的让步方式为例。假设卖方在原来报价的基础上，总体让步数额为 80 元，分四次让出，比较典型的让步方式如表 2-22 所示。

表 2-22　让步方式

方式	让步幅度			
	第一次让步	第二次让步	第三次让步	第四次让步
1	0	0	0	80
2	20	20	20	20
3	10	17	24	29
4	29	24	17	10
5	35	26	15	4
6	60	15	0	5
7	50	30	−10	10
8	80	0	0	0

1）冒险型让步方式（0、0、0、80）。该方式在让步的最后阶段一步让出全部可让利益。买卖双方都要冒形成僵局的危险。

2）等额型让步方式（20、20、20、20）。等额平均地让步，是鼓励对手继续期待的一种让步。

3）诱发型让步方式（10、17、24、29）。递增的让步类型，也是一种不明智的让步行为。这种让步类型往往会造成卖主重大的损失。

4）小幅递减型让步方式（29、24、17、10）。不利于向对手施加成交压力。很容易让对手产生应该还能再让一次的判断。

5）强势递减型让步方式（35、26、15、4）。这种让步类型表示出较强的妥协意愿，不过同时也告诉买主卖方所能做出的让步已经达到底线了。

6）不定式让步方式（60、15、0、5）。大幅度递减的让步类型较冒险，一旦运用成功，会有收获。

7）反弹式让步方式（50、30、−10、10）。大幅度递减但又有价值反弹的让步类型。

8）危险型让步方式（80、0、0、0）。这是一种一次性让步的类型，即一次让到位。

上述让步方式中采用比较多的是第四种和第五种。步步为营，使买方的期望值逐步降低，较适应一般人的心理，因此比较容易使对方接受。第六种、第七种让步类型，其采用需要有较高的艺术技巧和冒险精神。

迫使对方让步的方式有以下几种。

1. 温和式

（1）"戴高帽"

"戴高帽"是以切合实际有时甚至是不切实际的好话颂扬对方，软化对方的谈判立场，从而使己方目标得以实现的做法。

注意：恭维应该恰到好处、不露声色。

（2）磨时间

磨时间是以时间做论战工具，即在一段时间里表示同一观点，等对方改变。对于异地或异国谈判的人来说压力很大。

（3）恻隐术

恻隐术即通过装扮可怜相、为难状，唤起对方同情心，从而达到迫使对方让步的做法。

注意：恻隐术的运用要注意人格；在用词与扮相上不宜太过分；还应看谈判对象。

（4）发抱怨

发抱怨即在商务谈判中数落抱怨。分为两类：一类是真正的不满；另一类则是隐藏性的拒绝。

2. 强硬式

（1）情绪爆发

谈判中利用人们在冲突的巨大压力下退却，以逃避冲突和压力的特点，从而产生了情绪爆发策略，作为逼迫对方让步的手段。

注意：必须把握住时机和烈度。

（2）激将法

激将法是以话语刺激对方的主谈人或其重要助手，使其动摇或改变其所持的态度和条件。

注意：首先，要善于运用话题，而不是态度。其次，话语应掌握分寸，不应过分牵扯说话人本身，以防激怒对手并迁怒于己。

（3）竞争法

谈判时意会或明确地告知对方他们有很强大的竞争对手，很多时候谈判方得知己方存在竞争对手时，其谈判实力就会大为削弱，处于劣势。

项目三 签订合同阶段

■ **工作情境**

童丹丹：刘老师，我已经跟客户在邮件上确定了合同中的相应条款，我现在是不是可以正式起草一份合同了？

刘晓：如果都确认好的话，你要抓紧时间起草合同，发给对方会签，好让他们尽早开立信用证，我们也好及早做好备货准备。

童丹丹：好的，我明白了，谢谢刘老师，我现在就去起草合同，抓紧让对方会签。

■ **工作任务**

```
                        ┌──────────────────┐
                   ┌───→│   起草签订合同    │
   ┌─────┐        │    └──────────────────┘
   │ 签  │        │
   │ 订  │────────┤
   │ 合  │        │
   │ 同  │        │    ┌──────────────────┐
   │ 阶  │        └───→│   落实信用证      │
   │ 段  │             └──────────────────┘
   └─────┘
```

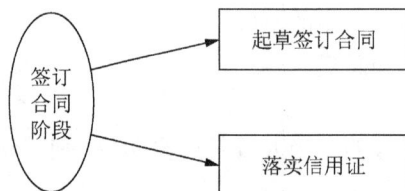

任务一 起草签订合同

☆ **任务目标**

知识与能力目标	1. 能够清楚地说出合同必备的内容； 2. 了解合同常用的几种形式； 3. 能够制作一份完整的、符合要求的合同； 4. 能够完成合同的会签及存档
过程与方法目标	通过小组合作，模仿其他合同，结合磋商内容，完成合同的缮制
情感态度与价值观目标	1. 在学习过程中，养成主动参与、勤于动手、积极尝试的习惯； 2. 在小组活动中，学会团队合作； 3. 在学习过程中，逐渐树立商贸职业人的主人翁意识

☆ **任务情境**

童丹丹：刘老师，我跟客户已经确认好了合同中的条款，不过我不知道具体呈现在合同中应该是怎样的，是不是有什么固定格式？

刘晓：小童，没事的，不用紧张，合同只是将你与客户之间磋商的内容以法律形式确定下来，使其具有一定的法律效力，并无固定的格式。如果你不放心的话，可以参考别人做好的合同格式。

童丹丹：好的，刘老师。

☆ 任务流程

学习合同知识 —→ 尝试合同缮制 —→ 完成合同会签

☆ 任务实施

操作1：学习合同知识

童丹丹第一次起草合同，并无十足把握，于是她上网查找关于合同的信息，知道了合同并无固定格式，但通常包括合同标示、买卖双方名称地址、合同日期、合同号码、货物品名规格数量、单价和总金额、货物装运港和目的港、装运时间、货物包装、货款支付方式与时间、保险、索赔、仲裁、不可抗力等相关内容。合同可以是书面形式，也可以是口头形式，或者是其他形式。

📖 知识加油站

1. 合同有效成立的条件

一方的发盘经对方有效接受，合同即告成立，但使合同具有法律效力、受到法律保护，需具备以下几个条件。

1）合同当事人必须具有订立合同的行为能力。

2）合同必须有对价或约因，即合同当事人之间相互给付、互为有偿。

3）合同的内容必须合法。

4）合同的形式必须符合法律规定。

5）合同当事人的意思表示必须真实。

2. 合同的形式

1）书面合同：是指合同书、信件和数据电文等可以有形地表现所载内容的形式。

2）口头合同：依法以口头方式成立的合同，与书面合同具有同等的法律效力。

3）其他形式合同：我国一般不认同口头合同和其他形式的合同。

3. 合同的内容

1）约首：合同的首部，包括合同名称、合同编号、买卖双方的名称和地址，以及序言等内容。

2）本文：合同的主要组成部分，是对多项交易条件的具体规定。

3）约尾：合同的尾部，主要载明合同文字的效力、份数、订约的时间和地点及生效的时间、附件的效力以及双方签字等。

4. 合同的意义

合同的签订，在于使所有的商务合作者在履行合作期间，都能规范地履行合作的过程，从而使合作的结果完美化和合法化。

5. 合同范例

以销售确认书为例，其范例如图 3-1 所示。

LIDA

Shanghai Lida Trading Company Limited

SALES CONFIRMATION

To Messrs. DRAGON TOY CO., LTD.
158 EAST 43RD STREET, SUITE 1052, NEW YORK,
NY 10017, U.S.A.

S/C No.: LD-DRG-SC0330
Date: MARCH 30, 2010

We hereby confirm having sold to you the following goods on terms and conditions as specified below:

Art. No.	Name of Commodity & Specifications	Quantity	Unit Price	Amount
	RADIO CONTROL CARS		CIF NEW YORK	
18812	1:24 R/C RACE CAR	1296 PCS	US$17.10	US$22161.60
18814	1:24 R/C SPORTS CAR	1296 PCS	US$17.10	US$22161.60
18817	1:18 R/C SEDAN	1224 PCS	US$18.60	US$22766.40
18819	1:18 R/C MONSTER TRUCK	1224 PCS	US$18.60	US$22766.40
			Total:	US$89856.00
Total Amount in Words:	SAY US DOLLARS EIGHTY NINE THOUSAND EIGHT HUNDRED FIFTY SIX ONLY			

Packing: 18812 / 18814: 1 PC / BOX, 18 PCS / CARTON, 72 CARONS FOR EACH ART. NO.
18817 / 18819: 1 PC / BOX, 12 PCS / CARTON, 102 CARTONS FOR EACH ART. NO.
18812 AND 18814 TO BE TRANSPORTED IN ONE CONTAINER
18817 AND 18819 TO BE TRANSPORTED IN ANOTHER CONTAINER
TOTAL 348 CARTONS IN TWO 20 FEET CONTAINERS.

Shipment: FROM SHANGHAI, CHINA TO NEW YORK, U.S.A. BY THE END OF MAY 2010
WITH PARTIAL SHIPMENTS AND TRANSSHIPMENT ALLOWED.

Payment: THE BUYER SHOULD OPEN THROUGH A BANK ACCEPTABLE TO THE SELLER AN IRREVOCABLE LETTER OF CREDIT PAYABLE AT 30 DAYS AFTER SIGHT FOR 100% OF THE CONTRACT VALUE TO REACH THE SELLER BY APRIL 15 AND VALID FOR NEGOTIATION IN CHINA UNTIL THE 15th DAY AFTER THE DATE OF SHIPMENT.

Insurance: TO BE COVERED BY THE SELLER FOR 110% OF THE CIF VALUE AGAINST ALL RISKS AND WAR RISKS AS PER THE OCEAN MARINE CARGO CLAUSES OF PICC DATED 1/1/1981.

Confirmed by:

THE SELLER	THE BUYER
SHANGHAI LIDA TRADING CO., LTD.	DRAGON TOY CO., LTD
易明阳	Logan Campbell
(signature)	(signature)

图 3-1 销售确认书范例

操作 2：尝试合同缮制

童丹丹在学习了别人的合同之后，再结合之前跟客户的磋商内容，尝试自己缮制合同。具体内容如图 3-2 所示。

Wenling Chan Shoes Co., Ltd.

No.88, Renmin Road, Wenling City, Zhejiang Province, China

SALES CONFIRMATION

销售确认书

Messrs：Leather Shoes Import Co., Ltd.　　　　　　No.　LS19006

收货人 P.O.Box8935, Chiba Prefecture, Japan　　　合同号码

　　　　　　　　　　　　　　　　　　　　　　　Date：2018-12-18

　　　　　　　　　　　　　　　　　　　　　　　合同日期

Dear Sirs，

We are pleased to confirm our sale of the following goods on the terms and conditions set forth below:

我们很高兴确认以下货物的销售条件：

Product No. 型号	Description 货描（品名+品质）	Quantity 数量	Unit 单位	Unit Price 单价	Amount 总价
				CIF CHIBA	
19006	WOMEN'S LEATHER SHOES SURFACE: KIDSKIN LEATHER UPPER SOLE: SLIP-RESISTANT RUBBER SOLE PACKING: 20PAIRS/CARTON	2000	PAIR	USD40.00	USD80 000.00
	TOTAL:	2000	PAIR	USD40.00	USD80 000.00

Say Total: SAY US DOLLARS EIGHT HUNDRED THOUSAND ONLY.

大写金额

Payment:　BY IRREVOCABLE LETTER OF CREDIT AT SIGHT TO REACH THE SELLER NOT LATER THAN

支付方式　JAN.30, 2019, REMAINING VALID FOR NEGOTIATION IN CHINA WITHIN 21DAYS AFTER THE DATE OF SHIPMENT.

Packing:　A PAIR IN ONE CORRUGATED BOX EACH, 20 PAIRS IN ONE CARTON EACH.

包装方式　PACKING CHARGE IS BORNE BY THE SELLER.

Port of Shipment:　FUZHOU, CHINA

装运港

Port of Destination: CHIBA, JAPAN

图 3-2　销售确认书

目的港

Shipment: ON OR BEFORE MAR.25, 2019 WITH PARTIAL SHIPMENT AND TRANSSHIPMENT ALLOWED.

装运方式

Shipping Mark: LEATHER/ LS19006/CHIBA, JAPAN/C/NO.1-UP

唛头

Quantity: AS PER SAMPLE SUBMITTED BY THE SELLER.

品质

Insurance: INSURANCE IS TO BE COVERED BY THE SELLER FOR 110% OF TOTAL INVOICE VALUE

保险方式　AGAINST FPA AS PER OCEAN MARINE CARGO CLAUSES OF THE PEOPLE'S INSURANCE

COMPANY OF CHINA DATED JAN.1, 1981.

Remarks:

备注

• INSPECTION: It is mutually agreed that the certificate issued by the commodity inspection bureau shall be part of the documents for payment under the relevant L/C. In case the goods be found not in conformity with those stipulated in this contract after reinspection by the SGS with 7 days after discharge of the goods at the port of destination, the buyer shall return the goods to or lodge claim against the seller for compensation of losses upon the strength of inspection certificate issued by the said company, with the expectation of those claims for which the insurers or the carriers are liable.

检验：买卖双方同意以国家出入境检验检疫局出具的检验证书作为信用证项下付款所提交的单据的一部分，货到目的港卸货后，在 7 天内经瑞士通用鉴定公司复验，如发现与本合同不符，除属保险公司或承运人负责外，买方凭瑞士通用鉴定公司出具的证书，向卖方提出退货或索赔。

• DISCREPANCY AND CLAIM: Any claim by the buyer regarding the goods shipped should be filed within 30 days after the arrival of the goods at the port of destination specified in the relative bill of lading and supported by a inspection certificate issued by SGS. Claims in respect of matters within responsibility of insurance company, shipping company will not be considered or entertained by the seller.

异议索赔：买方对于装运货物的任何索赔，必须于货物到达提单所订的目的港之日起 30 天内提出，并须提供瑞士通用鉴定公司出具的检验证书。属于保险公司和船公司责任范围内的索赔，卖方不予受理。

• FORCE MAJEURE: The seller shall not be held responsible for failure or delay to perform all or any part of this contract due to war, earthquake, flood, fire, storm, heavy snow or other cause of Force. However, in such a case the seller shall inform the buyer immediately by fax. The seller shall send to the buyer by registered letter at the request of the buyer a certificate attesting the existence of such a cause or causes issued by China Council for the Promotion of International Trade.

不可抗力：如由于战争、地震、水灾、暴风雨、雪灾或其他不可抗力原因，致使卖方不能全部或部分装运货物或延迟装运合同货物，卖方可不负责任。但卖方应用传真立即通知买方，并按买方的要求，将由中国国际贸易促进委员会出具的事件证明书用挂号信邮寄给买方。

• ARBITRATION: Any dispute arising from or in connection with this contract shall be submitted to China International Economic and Trade Arbitration Commission for arbitration which shall be conducted in accordance with the commission's arbitration rules in effect at the time of applying for arbitration. The arbitral award is final and binding upon both parties.

仲裁：凡因本合同引起的或与本合同有关的任何争议，均应提交中国国际经济贸易仲裁委员会，按照仲裁时该会现行的仲裁规则进行仲裁。仲裁的裁决是终局的，对双方均有约束力。

THE BUYERS:	THE SELLERS:
Leather Shoes Import Co., Ltd.	Wenling Chan Shoes Co., Ltd.
Mandy	Carl Chan
买方：	卖方：

图 3-2（续）

操作 3：完成合同会签

童丹丹在完成合同的缮制后，经刘晓审核无误后，将函电发给客户，要求客户会签后发传真于我方。第二天，客户传真一份已经签章的正式合同。

知识加油站

合同会签指的是当制定合同一方制作完成合同后，加盖公司法人章并签字，然后通过信函、电子邮件、传真或是当面交予对方，要求对方加盖公司法人章并签字，通常需签章两份正式合同，双方各留一份。

> **SimTrade 实操**
> **起草签订合同**

1. 实训要求

在 SimTrade 系统中起草合同，做好出口预算表，发送给客户，完成合同会签。

2. 具体操作步骤

（1）打开"进口商"界面

单击"Business"按钮，进入 Business（业务中心）主界面，如图 1-4 所示。单击标志为"进口商"的建筑物，进入"进口商"界面。

（2）填写合同信息

在"进口商"界面单击"起草合同"按钮，完成合同号、交易对象编号、银行编号的填写。选中"设置为主合同"复选框，单击"确定"按钮，如图 3-3 所示。

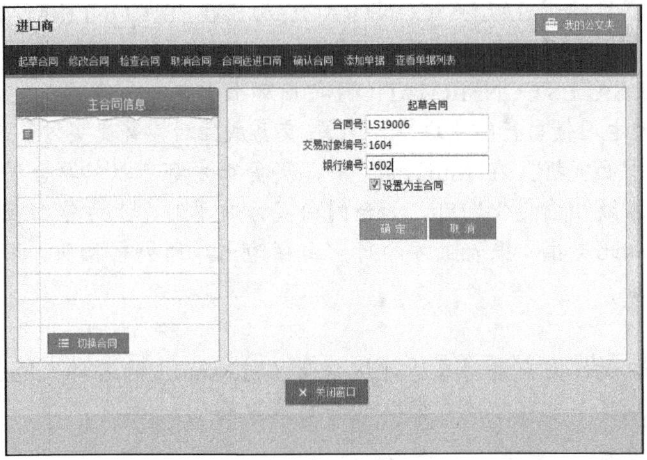

图 3-3 填写合同信息

（合同号：一般由出口商自行编设。交易对象编号：买方的系统登录用户名。银行编号：出口地银行系统登录用户名。）

3. 起草合同

在打开的"用户主合同管理"界面，选择相应的合同按钮，如图 3-4 所示。

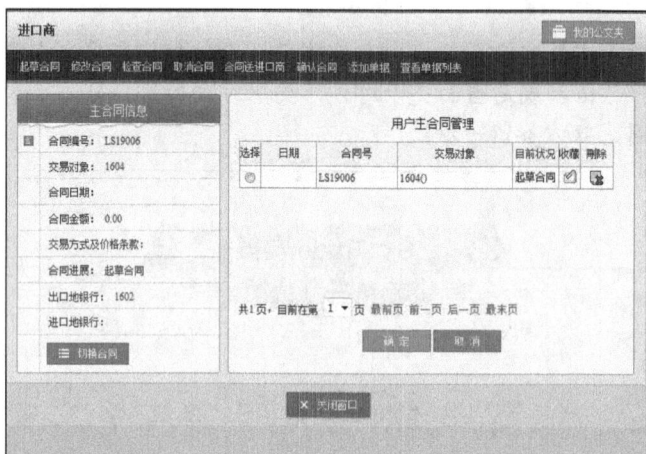

图 3-4　起草合同

4. 填写销售合同

在弹出的销售合同中，按要求一一填写，如图 3-5 所示。保存后单击"检查合同"按钮。

具体注意事项如下。

（1）合同抬头

合同抬头应醒目注明 SALES CONTRACT 或 SALES CONFIRMATION（对销售合同或确认书而言）等字样。一般来说出口合同的格式都是由我方（出口公司）事先印制好的，因此有时在 SALES CONFIRMATION 之前加上出口公司名称或是公司的标志等（我国外贸公司进口时也习惯自行印制进口合同）。交易成立后，寄交买方签署（countersign），作为交易成立的书面凭据。在 SimTrade 中，买卖双方都可以起草合同，填写时只需将名称、地址等内容做相应变化即可。如合同由买方起草时，上方空白栏则填入进口商公司名称及地址，以此类推。报表上方两行空白栏为出口商公司抬头，须分别填写出口商的英文名称及地址。

（2）进口商

进口商栏应详细填写交易对象［即进口商（Messrs）］的名称及地址。在 SimTrade 中，进口商的详细资料可在"淘金网"的公司库里查询。

（3）合同编号

合同编号（No.）由卖方自行编设，以便存储归档管理之用。在 SimTrade 中，该编号已由卖方在起草合同时填入，单据中不能再更改。

Wenling Chan Shoes Co., Ltd.

No.88, Renmin Road, Wenling City, Zhejiang Province, China

SALES CONFIRMATION

Messrs:	Leather Shoes Import Co., Ltd. P.O.Box8935, Chiba Prefecture, Japan				**No.**	LS19006
					Date:	2018-12-18

Dear Sirs,

We are pleased to confirm our sale of the following goods on the terms and conditions set forth below:

Choice	Product No.	Description	Quantity	Unit	Unit Price [CIF] [CHIBA]	Amount
○	19006	WOMEN'S LEATHER SHOES SURFACE: KIDSKIN LEATHER UPPER SOLE: SLIP-RESISTANT RUBBER SOLE PACKING: 20PAIRS/CARTON	2000	PAIR	USD40.00	USD80000.00
						[添加] [修改] [删除]
		Total:	2000	PAIR		[USD] [0000.00]

Say Total:	
Payment:	L/C ▼ [BY IRREVOCABLE LETTER OF CREDIT AT SIGHT]
Packing:	A PAIR IN ONE CORRUGATED BOX EACH, 20 PAIRS IN ONE CARTON EACH. PACKING CHARGE IS BORNE BY THE SELLER.
Port of Shipment:	FUZHOU, CHINA
Port of Destination:	CHIBA, JAPAN
Shipment:	ON OR BEFORE MAR.25,2019 WITH PARTIAL SHIPMENT AND TRANSSHIPMENT ALLOWED.
Shipping Mark:	LEATHER LS19006 CHIBA, JAPAN C/NO.1-UP
Quality:	AS PER SAMPLE SUBMITTED BY THE SELLER.
Insurance:	INSURANCE IS TO BE COVERED BY THE SELLER FOR 110% OF TOTAL INVOICE VALUE AGAINST FPA AS PER OCEAN MARINE CARGO CLAUSES OF THE PEOPLE'S INSURANCE COMPANY OF CHINA DATED
Remarks:	

BUYERS	SELLERS
	Wenling Chan Shoes Co., Ltd.
	Carl Chan
(Manager Signature)	(Manager Signature)

[打印预览][保存][退出]

图 3-5 填写销售合同

（4）合同日期

合同日期（Date）即填写销售合同制作日期。如 2018 年 2 月 18 日，可以有以下几种日期格式填法：①2018-02-18 或 02-18-2018；②2018/02/18 或 02/18/2018；③180218（信用证电文上的日期格式）；④February 18, 2018 或 Feb 18, 2018。（在 SimTrade 中，填以上第①、②种格式都可以。）

（5）产品编号

单击"添加"按钮，弹出"产品资料填写表"。填写货号，销售合同上应记明各种货物编号［即产品编号（Product No.）］。在 SimTrade 中，货号必须选择"淘金网"中"产品展示"里已有的商品编号。

（6）货物描述

货物描述（Description）栏应详细填明各项商品的英文名称及规格，这是买卖双方进行交易的物质基础和前提。对商品的具体描述说明是合同的主要条款之一，如果卖方交付的货物不符合合同规定，买方有权拒收货物、撤销合同并提出损害赔偿。

在 SimTrade 中，商品的详细资料可在"淘金网"的"产品展示"里查找，此栏填写"淘金网"商品详细资料里商品的"英文名称"＋"英文描述"。例如：

产品 01005 的商品描述：CANNED SWEET CORN 3060Gx6TINS/CTN

产品 04001 的商品描述：WOODEN TEA SERVICE

PACKING:1SET/BOX, 5SETS/CARTON

（7）数量

数量（Quantity）栏用于填写交易的货物数量，这是买卖双方交接货物及处理数量争议时的依据。不明确卖方应交付多少货物，不仅无法确定买方应支付多少货款，而且，不同的量有时也会影响到单价以及其他交易条件。

数量在交易磋商时双方已商定好，为便于装运并节省运费，通常以一个 20'或 40'集装箱的可装数量作为最低交易数量。在 SimTrade 中，整箱货物交易数量的计算方法请参考在线帮助中"预算表的填写"里的基本计算部分。

（8）计量单位

货物数量的计量单位（Unit），应以适合该货物计量的单位为准。

在 SimTrade 中，此栏应填写销售单位而非包装单位，应在"淘金网"产品展示页面的商品详细资料里查找。不同类别的产品，销售单位和包装单位不同，例如，食品类的销售单位是 CARTON，钟表类的销售单位则是 PC。

（9）单价

价格条款是买卖合同中必不可缺的重要组成部分，不仅直接关系到买卖双方的利益，而且与合同中的其他条款也有密切联系。在国际贸易中，通常由出口商根据成本通过往来函电报价给进口商，双方经过协商后确定此交易价格。

货物的价格，通常指货物的单价（Unit Price），是针对一个销售单位的货物而言，进出口双方应在交易磋商时商定好。单价一般包括贸易术语、计价货币与单价金额等内容，如 CIF CANADA（或 CIF TORONTO）USD 18.75。分别就其填写说明如下：

1）贸易术语：填于上方空白栏中，填写格式为 FOB 后加"装运港"或"出口国家名称"；CFR 或 CIF 加"目的港"或"进口国家名称"。

2）计价货币与单价金额：依双方约定填写。其中选择计价货币时需参考 SimTrade 中"淘金网"里银行页面的外汇币种与汇率。

（10）商品金额

商品金额（Amount），即列明币种及各项商品总金额（总金额＝单价×数量）。此栏应与每一项商品相对应。

（11）货物总计

货物总计（Total）即分别填入所有货物累计的总数量和总金额（包括相应的计量单位与币种）。

在 SimTrade 中，如交易两种或两种以上销售单位不同的商品时，此总计处单位统一表示为"PACKAGE"。

（12）英文大写金额

英文大写金额（Say Total）指以英文（大写）写出该笔交易的总金额，必须与货物总价数字表示的金额一致。例如：USD 89 600 表示为 U.S.DOLLARS EIGHTY NINE THOUSAND SIX HUNDRED ONLY。

带小数的英文表示方法：

例如，USD3000.25 表示为 U.S.DOLLARS THREE THOUSAND CENTS TWENTY FIVE。4 种币别表示方法：①美元（小数：CENTS）；②日元（小数：CENTS）；③欧元（小数：CENTS）；④英镑（小数：NEW PENNY）。

（13）支付

支付（Payment）条款规定了货款及其从属费用的支付工具、支付方式等内容，与价格条款一样是买卖双方在交易磋商时的焦点。支付方式有许多种，SimTrade 中选用了其中 4 种最常用的方式：信用证、付款交单、承兑交单及电汇。请首先选择其中一种，再将支付条款的具体要求写在后面。如：

By a prime bankers irrevocable sight letter of credit in sellers favor for 100% of invoice value.（全部凭银行所开不可撤销即期信用证付款，以卖方为受益人。）

（14）包装

包装（Packing）条款一般包括包装材料、包装方式和每件包装中所含物品的数量或重量等内容，是合同的必要组成部分。在 SimTrade 中，可参考商品详细资料里的包装说明。如：

Each of the carton should be indicated with Product No., G. W., and C/No.（每箱应显示型号、毛重和箱号）

（15）装运港

填写装运港（Port of Shipment）名称。在 SimTrade"淘金网"的"运费查询"页面中，单击"国内港口"，即可查询国内各港口名称，任选一个即可。

（16）目的港

填写目的港（Port of Destination）名称，通常已由买方在双方签订合约之前的往来磋商函电中告知卖方。在 SimTrade 中，目的港必须为进口商所属国家的港口之一。进口商所属国家可在"淘金网"的"公司库"进口商基本资料里查看，这是系统自动分配的；港口可到"淘金网"的"运费查询"页面中，输入国家名称，在"国外港口"里查找该国的所有港口，并从中选择一个港口作为该笔交易的目的港。

（17）装运

装运（Shipment）条款包括装运时间、装运港或装运地、目的港或目的地，以及分批装运和转运等内容，有的还规定卖方应予交付的单据和有关装运通知的条款。如：

All of the goods will be shipped from Shanghai to Toronto before July 20, 2018 subject to L/C reaching the SELLER by the early of June, 2018. Partial shipments and transhipment are not allowed. （所有货物 2018 年 7 月 20 日前装运，从上海港运往多伦多港，但以信用证 6 月初以前送达卖方为条件。不许分批装运，不许转运。）

（18）运输标志

运输标志（Shipping Mark），也称装运唛头，可以是图案、文字或号码。如果没有唛头应填"No Mark"或"N/M"。

例如：CHAB（货品名称）；ABU DHABI（进口商所在国家）；C/NO. 1-100（集装箱顺序号和总件数）；MADE IN CHINA（货物原产地）。

（19）质量

质量（Quality）条款是对商品的质量、等级、规格等的具体规定，是买卖双方交接货物时的品质依据，同时也是商检部门在进行检验、仲裁机构或法院在解决品质纠纷时的依据。例如：

As per samples No.MBS/006 and CBS/002 submitted by seller on April 12, 2018.（如同卖方于 2018 年 4 月 12 日所提供，编号 MBS/006 及 CBS/002 的样品。）

（20）保险

写明保险（Insurance）条款。在 FOB、CFR 条件下，由买方投保，此栏可写"Insurance effected by buyer"。在 CIF 条件下，由卖方投保，应具体载明投保的险别、保险金额、保单类别、适用条款、索赔地点及币种等事项。在 SimTrade 中，保险条款可在"淘金网"的"保险费"页面查询。例如：

The seller shall arrange marine insurance covering all risks bearing institute cargo clauses (all risks) plus institute war clause (cargo) for 110% of CIF value and provide of claim, if any, payable in U.A.E. with U.S. currency.[卖方应投保协会货物险条款（全险）并加保协会战争险条款（货物），保险金额按 CIF 金额的 110% 计算，索赔时在阿拉伯联合酋长国以美元支付。]

（21）备注

备注（Remarks）指外贸公司多使用格式化的合同，难免有需要改动和补充之处，有特殊规定或其他条款可在此栏说明。例如：

Unless otherwise specified in this sales confirmation, all matters not mentioned here are subject to the agreement of the general terms and conditions of business No. CD-101 concluded between both parties.（除非本销售确认书另有规定，本合同未尽事宜，以双方订立的 CD-101 号一般业务条款为准。）

（22）签名

进口商公司负责人签名（Manager Signature）：上方空白栏填写公司英文名称，下方则填写公司法人英文名称。

出口商公司负责人签名：上方空白栏填写公司英文名称，下方则填写公司法人英文名称。

5. 添加出口预算表

1）单击“添加单据”按钮，选中“出口预算表”单选按钮，如图 3-6 所示，单击“确定”按钮，打开出口预算表。

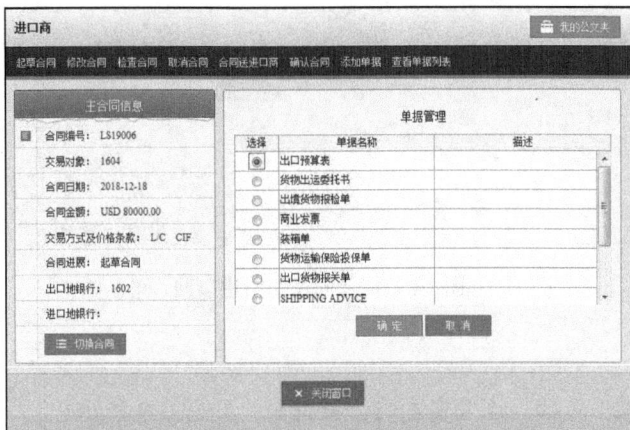

图 3-6　添加出口预算表

2）单击出口预算表下的“编号”，完成出口预算表的填写，如图 3-7 所示。

出口预算表

合同号：LS19006
预算表编号：STEBG000269　　（注：本预算表填入的位数全部为本位币）

项目	预算金额	实际发生金额
合同金额	500000	0.00
采购成本	400000	0.00
FOB总价	494539.4817	0.00
内陆运费	1380	0.00
报检费	200	0.00
报关费	200	0.00
海运费	2710.5183	0.00
保险费	2750	0.00
银行费用	0	0.00
其他费用	25372.0964	0.00
退税收入	51282.0513	0.00
利润	118669.4366	0.00

[打印] [保存] [退出]

图 3-7　填写出口预算表

6. 发送合同

单击“合同送进口商”按钮，将合同发送给进口商，如图 3-8 所示。

7. 发送合同确认函

给客户发合同确认函（系统自发）。

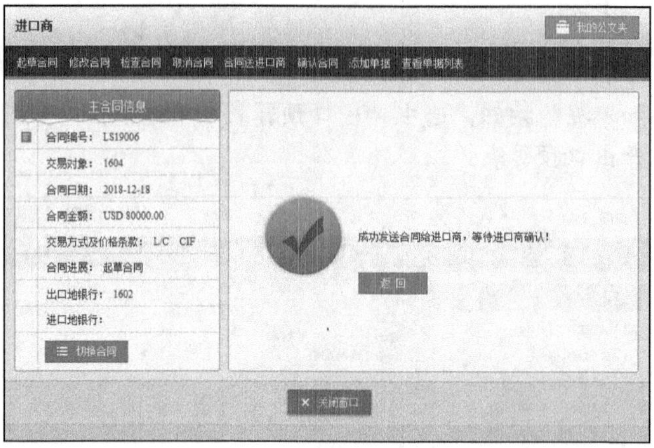

图 3-8　将合同发送给进口商

8. 检查确认

客户会签确认合同后，检查客户的会签情况，如图 3-9 所示。

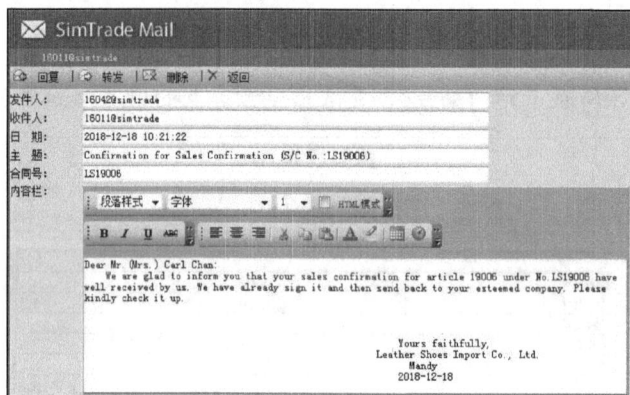

图 3-9　检查合同会签情况

任务二　落实信用证

☆ 任务目标

知识与能力目标	1. 能够清楚地说出审核信用证的项目； 2. 了解催证的内容及必要性； 3. 熟练掌握修改信用证的流程及方法
过程与方法目标	通过小组合作，审核信用证，完成信用证的审核分析单
情感态度与价值观目标	1. 在学习过程中，养成主动参与、勤于动手、积极尝试的习惯； 2. 在小组活动中，学会团队合作； 3. 在学习过程中，逐渐树立商贸职业人的主人翁意识

☆ 任务情境

童丹丹：刘老师，这是我收到的客户会签传真件，接下来我是不是可以要求车间开始备货了？

刘晓：小童，为了保险起见，你还是先催一下客户的信用证。当然，你也可以先和车间打声招呼，等信用证到了，让他们及时安排一下。

童丹丹：好的，刘老师。

刘晓：小童，如果信用证到了，记住一定要结合合同仔细审核，这关系到我们收汇的安全。

☆ 任务流程

函电催证 → 审核信用证 → 分析信用证

☆ 任务实施

操作1：函电催证

收到合同会签传真件快一个星期了，童丹丹仍未收到客户的信用证，她不禁感到担心，怕到时候来不及交货。在征询刘晓的意见后，她决定写封催证函给对方，以保障我方利益。

催证函内容如下：

Dear Mandy,

　　Re: S/C No. LS19006

　　As the women's leather shoes 19006 now are attracting more and more orders, so the materials are in short supply, but your L/C haven't reached us leading to the late shipment. We should request you to take immediate action to have the L/C established.

Yours truly,

Carl Chan

Wenling Chan Shoes Co.,Ltd.

亲爱的曼迪：

　　关于销售合同 LS 19006 的回复：

　　19006 型号的女士皮鞋最近非常畅销，导致原材料紧缺，但是你方的信用证还未开抵我方，将导致我方延迟装运。我方要求你方立即关注信用证的开立。

真诚的，

卡尔

温岭陈氏鞋业有限公司

📖 知识加油站

一般情况下，当买卖合同规定按不可撤销信用证付款方式成交时，买方按约定时间主动开证并尽快送达受益人是卖方履行合同的前提条件，以便卖方及时安排生产、组织货源、租船订舱及安排装运。在正常情况下，买方信用证最迟应在货物装运前 15 天或 30 天开到卖方手里，但在实际业务中，买方由于多种原因往往不能按时开立信用证。如果买方在合同规定的期限内未开立信用证，卖方应予以高度重视，做好催证工作。催证实质上是一种法律步骤，如经催证对方仍不履行，应向对方提出"保留索赔权"的声明；反之，如不及时催证，则事后对方可借此推卸责任。

一般以下 4 种情况下需要催证：

1）装运期限较长（催请），买方未及时开立信用证。

2）在合同规定期限内未开信用证者（买方应开而未开），可催证或同时向买方要求损害赔偿。

3）可提前装运时商请买方提前开证。

4）发现对方资信不好或市场有变时催促对方开证。

操作 2：审核信用证

经过童丹丹催促，客户于 2018 年 12 月 24 日开来了信用证。童丹丹仔细对照合同认真审核信用证。收到的信用证内容如图 3-10 所示。

```
2018DEC24 15:10:38                                           LOGICAL TERMINAL TX02
MT S700            ISSUE OF A DOCUMENTARY CREDIT                  PAGE 00001
                                                                 FUNC JSSWPR3
                                                                 UMR 56937962
MSGACK DWS7651 AUTH OK,KEY 800608209623F015, BKCHCNBJ ARIBEGCX RECORD
BASIC HEADER       F 01 BKCHCNBJA940 1484 205537
APPLICATION HEADER O 700 0924 070312 ARIBEGCXA006 8949 866292 070312 1524 N
                                                    * CITI BANK,JAPAN
                                                    * PORT CHIBA
                                                    * (PORT CHIBA BRANCH)

USER HEADER        SERVICE CODE   103:
                   BANK. PRIORITY 113:
                   MSG USER REF.  108:
                   INFO. FROM CI  115:
SEQUENCE OF TOTAL        :27:  1/1
FORM OF DOC.CREDIT       :40A: IRREVOCABLE
DOC.CREDIT NUMBER        :20:  STLCN000137
DATE OF ISSUE            :31C: 181224
APPLICABLE RULES         :40E: UCP LATEST VERSION
DATE AND PLACE OF EXPIRY :31D: 190530 IN THE BENEFICIARY'S COUNTRY
APPLICANT BANK           :51A: CITI BANK,JAPAN
                               P.O.Box99,JAPAN
APPLICANT               :50:   Leather Shoes Import Co., Ltd.
                               P.O.Box8935, Chiba Prefecture, Japan
BENEFICIARY             :59:   Wenling Chan Shoes Co.,Ltd.
                               No.88, Renmin Road, Wenling City, Zhejiang Province, China
CURRENCY CODE, AMOUNT   :32B: [USD        ] [ 80000                    ]
AVAILABLE WITH BY       :41D: ANY BANK BY NEGOTIATION

DRAFTS AT               :42C: SIGHT
```

图 3-10　信用证

DRAFTS AT	:42C:	SIGHT
DRAWEE	:42A:	ISSUE BANK
PARTIAL SHIPMENTS	:43P:	ALLOWED
TRANSHIPMENT	:43T:	ALLOWED
PORT OF LOADING/AIRPORT OF DEPARTURE	:44E:	FUZHOU
PORT OF DISCHARGE/AIRPORT OF DESTINATION	:44F:	CHIBA
LATEST DATE OF SHIPMENT	:44C:	190325
DESCRIPTION OF GOODS AND/OR SERVICES	:45A:	WOMEN'S LEATHER SHOES SURFACE:KIDSKIN LEATHER UPPER SOLE:SLIP-RESISTANT RUBBER SOLE PACKING: 20 PAIRS/CARTON PRICE: USD40.00/PAIR CIF CHIBA
DOCUMENTS REQUIRED	:46A:	+SIGNED COMMERCIAL INVOICE IN 3 COPIES INDICATING CONTRACR NO.LS19006. + FULL SET OF CLEAN ON BOARD BILLS OF LADING MADE OUT OT ORDER AND BLANK ENDORSED,MARKED"FREIGHT PREPAID"NOTIFY THE APLLICANT. +INSURANCE POLICY/CERTIFICATE IN 3 COPIES FOR 110% OF THE INVOICE VALUE SHOWING CLAIMS PAYABLE IN JAPAN IN CURRENCY OF THE DRAFT,BLANK ENDORSED, COVERING FPA. +PACKING LIST/WEIGHT MEMO IN 3 COPIES INDICATING QUANTITY, GROSS AND WEIGHTS OF EACH PACKAGE. +CERTIFICATE OF ORIGIN IN 3 COPIES ISSUED BY MANUFACTURER.
ADDITIONAL CONDITIONS	:47A:	THIRD PARTY AS SHIPPER IS NOT ACCEPTABLE ,SHORT FORM/BLANK B/L IS NOT ACCEPTABLE.
CHARGES	:71B:	ALL BANKING CHARGES OUTSIDE THE OPENING BANK ARE FOR BENEFICIARY'S ACCOUNT.
PERIOD FOR PRESENTATION	:48:	DOCUMENTS MUST BE PRESENTED WITHIN 21 DAYS AFTER DATE OF ISSUANCE OF THE TRANSPORT DOCUMENTS BUT WITHIN THE VALIDITY OF THIS CREDIT.
CONFIRMATION INSTRUCTIONS	:49:	WITHOUT
ADVISE THROUGH BANK	:57D:	Wenling Commercial Bank

图 3-10（续）

💡 知识加油站

1. 审证的职责

（1）审核信用证主体

1）银行负责：开证行资信、付款责任、索汇路线审核。

2）出口企业：①审核信用证的条款是否与买卖合同的规定一致；②审核收到信用证的途径。

（2）审核信用证条款的依据

审核信用证条款的依据是买卖合同和《UCP600》。

2. 审证的项目

（1）总的审核

1）从政策上审核：必须贯彻外贸政策。

2）对开证银行资信情况的审核（出口企业应加强与银行联系）。

3）对信用证是否已经失效、有无保留或限制性条款的审核：必须收到有效信用证文件后才能发货并向银行办理交单付款、承兑或议付手续，即凭有效信用证文件经审核无误后方可发货，否则只能备货；对信用证中规定有保留或限制性条款的内容应提高警惕、认真对待。

4）对信用证不可撤销的审核：信用证必须是不可撤销的，如信用证上附有与之相矛盾的条款应要求改证。

（2）专项审核项目

1）支付货币：应与合同规定相符。

2）信用证金额。

① 金额总值的阿拉伯数字与大写文字必须一致。

② 在金额前有"约""近似""大约"或类似意义的文字，应解释为10%的增减幅度。

③ 发票或汇票金额不能超过信用证金额，否则将被全部拒收。

3）多种日期审核（主要包括到期日、交单期和最迟装运日期）。

① 未规定（交单）到期日的信用证是无效的信用证。晚于到期日提交的单据银行有权拒收（以合同中规定的最迟应向何地银行交单的日期为准）。

② 交单期：装运日期（运输单据的出单日期）后必须提交符合信用证条款单据的特定期间。

③ 最迟装运日期：货方将货物装上运输工具或交付给承运人接管的最迟日期。

④ 审核时应注意：

a. 表述时不应用"迅速""立即""尽可能快"及类似词语，否则银行将不予置理。

b. 如果使用"于或约于"之类的词语，银行将解释为规定"于"所述日期前后五天之内装运，起讫日包括在内。

c. 未规定的应以信用证的最后有效到期日作为最后装运期。此称"双到期"，应提早装运。

4）转运和分批装运：信用证如未规定不准转运和不准分批装运，视为允许。

5）申请开证人和受益人：分别为买方和卖方，应审核当事人地址、名称等项目。

6）付款期限：不得迟于合同规定付款期限。

7）保险条款：审核时应注意：①险别应一致；②保险金额应一致；③保险单据出具日应早于运输单据出具日。

3. 信用证修改函例文

Dear Annie,

We are glad to receive you L/C No.××× issued by Bank of ×××, but when we check it with the S/C, we are sorry to find some discrepancies as follows:

1）Payment is to be made by L/C at sight, instead of at 30 days's sight.

2）Delete "transsshipment and partial shipment not allowed", and replace them by "transshipment and partial shipment allowed".

We want your earliest amendment advice.

Yours truly,

×××

出口商有时审核信用证后发现有需要修改的，需及时进入改证程序。

1. 改证的程序

开证申请人提出修改：由开证申请人向开证行提出，由开证行向受益人发出修改通知书，由受益人最后表示是否同意修改。

受益人提出修改：受益人向开证申请人提出，由开证申请人向开证行提出，由开证行向受益人发出修改通知书，由受益人最后表示是否同意修改。

2. 改证应注意的问题

1）所有当事人都同意后修改才能生效。

2）已经修改的内容不得撤销。

3）原证的条款在受益人向开证行发出接受修改的通知之前，仍对受益人有效。

4）对同一修改通知书中的修改内容允许部分接受。

5）出口企业审核后发现问题时通常应区别问题的性质进行处理：不符合我国外贸政策的，必须修改，可改可不改的应灵活掌握。

6）在收到开证行发来的修改通知书后，应及时、认真地进行审核，以便确定予以接受还是拒绝。

受益人接受或拒绝修改的通知可延至向指定银行或开证行交单时做出。

7）一份信用证中有多处条款需修改时，应做到一次向开证人提出。为防止弄虚作假，L/C的修改通知书应通过原证的通知行传递。

8）对于可接受或可以表示接受的信用证修改通知书，应立即将其与原证附在一起并注明修改次数。

9）对于须经修改方能使用的信用证，原则上应在收到修改通知书并认可后才可发货。

3. 撰写修改函

修改函的内容包括以下几个方面。

1）感谢对方开来信用证。例如：

Thank you for your L/C No. ××× issued by ××× dated×××.

We are pleased to receive L/C No. ××× established by××× dated ××× against S/C No. ×××.

2）列明修改点并说明如何修改。例如：

However, we are sorry to find it contains the following discrepancies:

Please add the word… before…

Please amend the…to…

3）希望早日收到信用证修改书。例如：

Thank you for your kind cooperation. Please see to it that the L/C amendment reach us before ×××(date), failing which we shall not be able to effect punctual shipment.

操作 3：分析信用证

童丹丹收到信用证后，经过仔细核对后，发现并无不符之处，于是接受信用证，并填制好信用证分析单，如表 3-1 所示。

表 3-1　信用证分析单

信用证号	STLCN000137	合约号	LS19006		受益人	Wenling Chan Shoes Co., Ltd. No.88, Renmin Road, Wenling City, Zhejiang Province, China
开证银行	CITI BANK, JAPAN P.O.Box99, JAPAN			开证申请人		Leather Shoes Import Co., Ltd. P.O.Box8935, Chiba Prefecture, Japan
开证日期	DEC.24,2018	兑付方式	L/C BY NEGOTIATION	装运口岸	FUZHOU	目的地　CHIBA
金额	USD80000.00			可否转运	ALLOWED	成交方式 CIF CHIBA
汇票付款人	CITI BANK,JAPAN P.O.Box99,JAPAN			可否分批	ALLOWED	
汇票期限	见票___***___天期			装运期限	MAR.25,2019	唛头 LEATHER LS19006 CHIBA, JAPAN C/NO.1-UP
				有效期	MAY 30,2019	
				有效地点	中国	
				提单日_21_天内议付	___天内寄单	

128

续表

单证名称	提单	副本提单	商业发票	海关发票	装箱单	重量数量单	尺码单	保险单	产地证	普惠制产地证	中国国际贸易促进委员会产地证	出口许可证	装船通知书	投保通知	寄投保通知邮据	寄单证明	寄样证明	品质证明书
提交银行	3		3					3	3									
提交客户																		

注：在"提交银行"或"提交客户"对应的栏目中填写应提交的单据份数，信用证要求提交的单据没有注明份数的，默认为1份。

提单	抬头	TO ORDER	保险	险种：平安险			
	通知	Leather Shoes Import Co., Ltd. P.O.Box8935, Chiba Prefecture, Japan					
运费支付方式（预付或到付） 运费预付				投保加成（%）	110%	赔款地点	CHIBA,JAPAN

SimTrade 实操
落实信用证

1. 实训要求

在 SimTrade 系统落实信用证相关环节。

2. 具体操作步骤

（1）进入"出口地银行"界面

单击"Business"按钮，进入业务中心主界面，如图 1-4 所示。单击标志为"出口地银行"的建筑物，进入"出口地银行"界面，如图 3-11 所示。

（2）接受信用证

单击"信用证业务"按钮，查看信用证通知书，审核信用证，无误后，单击"接受"按钮，如图 3-12 和图 3-13 所示。

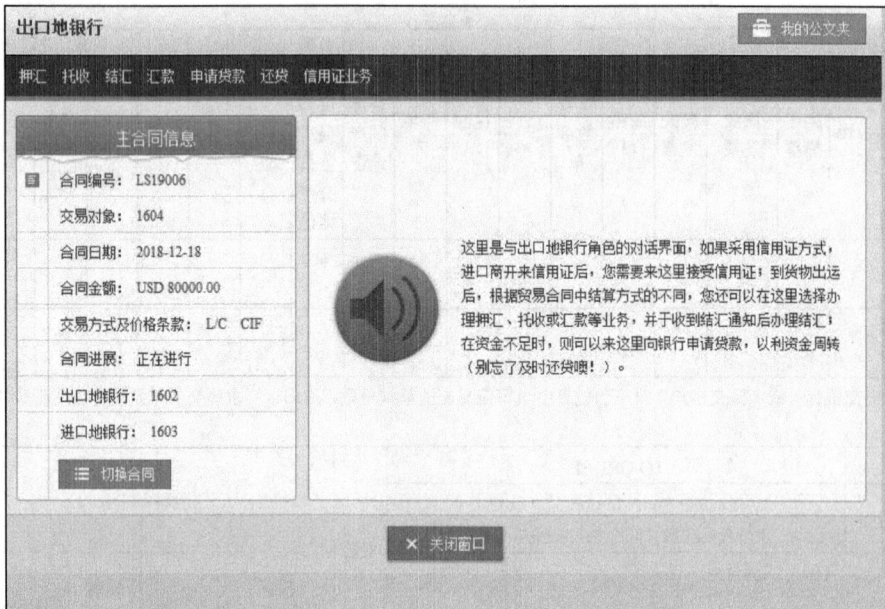

图 3-11　"出口地银行"界面

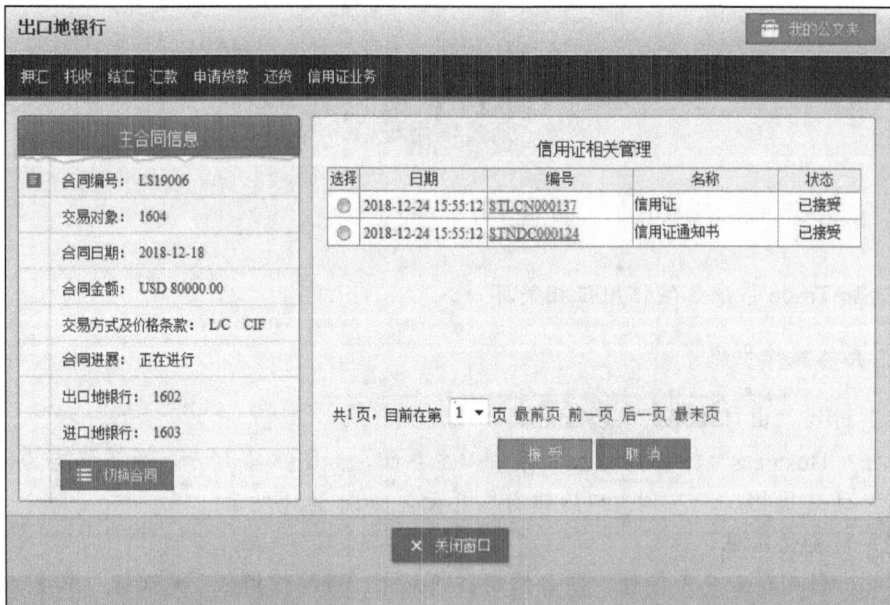

图 3-12　信用证通知书

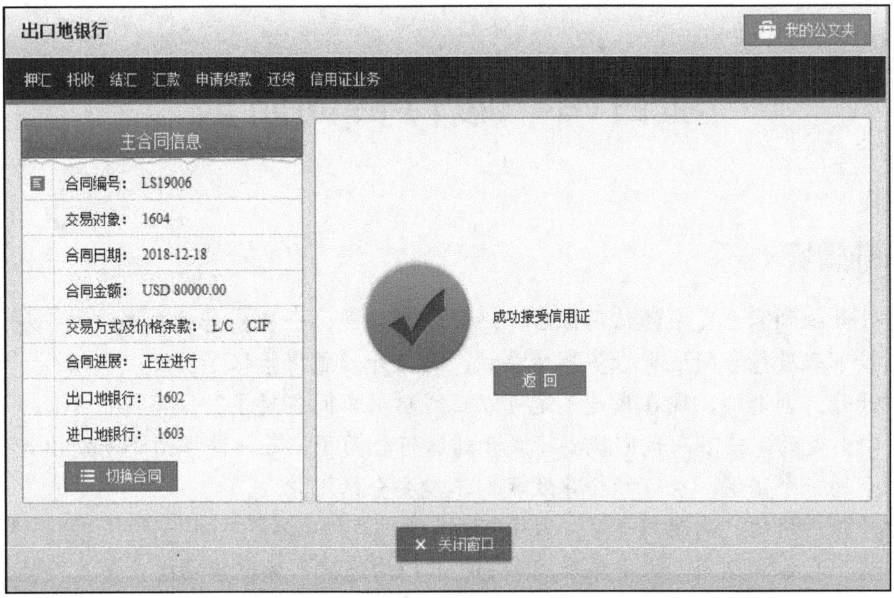

图 3-13　成功接受信用证

3. 实训小结

项目四　履行合同阶段

工作情境

　　童丹丹收到客户发来的信用证后，终于松了口气，一直悬着的心也稍微平稳了些，但想到接下来履行合同还有很多事情要做，她又开始觉得紧张了。

　　童丹丹：刘老师，现在我是不是可以正式要求车间备货了？

　　刘晓：是的，接下来我们就要正式开始履行合同了，每一件事情都不能出差错，即使是很小的一个错误，也可能会导致我们不能安全结汇。

　　童丹丹：好的，谢谢刘老师，我会仔细的。

　　刘晓：在备货期间，你要跟车间和 QC 部门沟通好，保证货物生产是正确的，你自己也要多加关注。还有，就是租船订舱、出口检验、出口报关……这些你要提早做好准备。

　　童丹丹：好的，谢谢刘老师，我会努力的。

工作任务

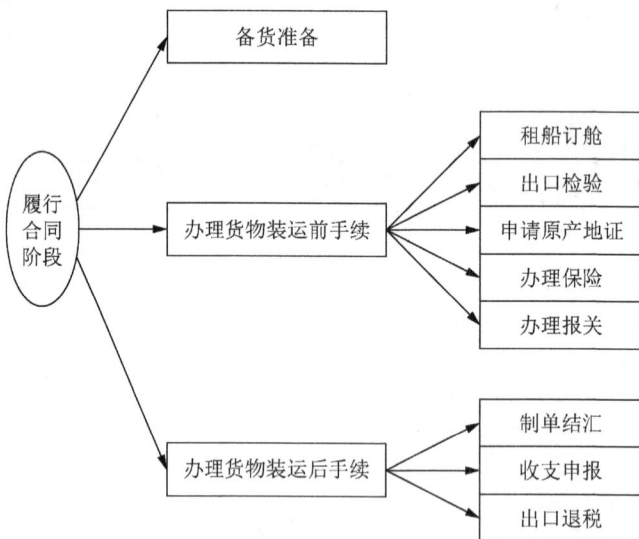

任务一 备货准备

☆ 任务目标

知识与能力目标	1. 了解备货应注意的问题； 2. 能够将外销合同转化为国内采购合同
过程与方法目标	通过小组合作，将外销合同转化为具有操作性的国内采购合同
情感态度与价值观目标	1. 在学习过程中，养成主动参与、勤于动手、积极尝试的习惯； 2. 在小组活动中，学会团队合作； 3. 在学习过程中，逐渐树立商贸职业人的主人翁意识

☆ 任务情境

童丹丹：刘老师，车间说让我下一份正式的生产合同，应该怎么准备？

刘晓：我们公司由于有自己的生产车间，所以只需下达正式的生产合同，车间就会开始着手准备。

童丹丹：我明白了。那如果单单是外贸公司，该怎么操作呢？

刘晓：其实也是一样的，只是需要在前期先找好可以合作的生产厂家，再将外销合同转化为国内采购合同。这可能比在自己公司的车间生产的监控性会稍差些，不过有合同保障，一般问题也不大。

童丹丹：我明白了。

☆ 任务流程

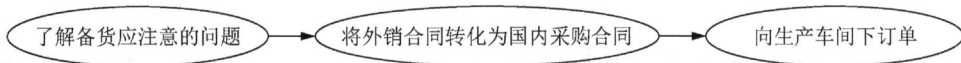

了解备货应注意的问题 → 将外销合同转化为国内采购合同 → 向生产车间下订单

☆ 任务实施

操作 1：了解备货应注意的问题

由于是第一次准备货物，童丹丹不是很了解，在虚心请教了车间主任之后，她明白在备货中必须要做到按时、按质、按量，当然还需要留出一定的富余时间以防备特殊情况的发生。

知识加油站

备货是进出口企业根据合同或信用证规定，向有关企业或部门采购和准备货物的过程。

目前在我国有两种情况：一是生产型企业备货；二是贸易型企业备货。

生产型企业备货是向生产部门或仓储部门下达联系单（在有些企业称其为加工通知单或信用证分析单等），要求该部门按联系单的要求，对应交的货物进行清点、加工整理、包装、刷制运输标志，以及办理申报检验和领取检验合格证等工作。联系单是进出口企业内部各个部门进行备货、出运、制单结汇的共同依据。对于贸易型企业，如果该企业没有固定的生产加工部门，那么就要向国内有关生产企业联系货源，订立国内采购合同。

无论是哪种类型的企业，在备货工作中，都应注意以下几个问题。

1. 有关货物问题

1）货物的品质、规格。应按合同的要求核实，必要时应进行加工整理，以保证货物的品质、规格与合同或信用证规定一致。

2）货物的数量。应保证满足合同或信用证对数量的要求，备货的数量应适当留有余地，万一装运时发生意外或损失，以备调换和适应舱容之用。

3）备货时间。应根据信用证规定，结合船期安排，以利于船货衔接。

2. 有关货物的包装问题

出口货物要经过各个环节的长途运输，中途还要经过多次搬运和装卸，甚至多次转换运输工具。为了最大限度地使货物保持完好无损，应注意如下出口包装问题。

1）尽量将货物装入集装箱或牢固地固定在托盘上。

2）必须将货物装满集装箱并做好铅封工作。

3）集装箱中的货物应均匀放置且均匀受力。

4）为了防止货物被盗窃，货物的外包装上不应注明能识别货物的标签或货物的品牌。

5）由于运输公司按重量或体积计算运费，出口企业应尽量选择重量轻的小体积包装，以节省运输费用。

对于海运货物的包装，应着重注意运输途中冷热环境变化出现的潮湿和冷凝现象。即使有些船舱有空调设备，但仍可能会导致货物受损。采用集装箱运输通常可以避免绝大多数货物的受潮现象。对于空运货物的包装，应着重注意货物被偷窃和被野蛮装卸的情况。特别是易损货物，应用牢固的箱子包装并做好箱内衬垫。鉴于飞机的舱位有限，对于包装尺寸的要求，应与有关运输部门及时联系。随着技术进步，自动仓储环境处理的货物越来越多，货物在运输仓储过程中，通常由传送带根据条形码自动扫描分拣。因此，应注意根据仓储要求，严格按统一尺寸对货物进行包装或将货物放置于标准尺寸的牢固托盘上，并预先正确印制和贴放条形码。

3. 有关货物外包装的运输标志问题

正确刷制运输标志的重要性主要反映在以下 4 个方面：一是符合运输和有关国家的规定；二是保证货物被适当放置；三是说明包装内货物的性质；四是帮助收货人识别货物。因此，在运输标志的准备上应注意以下内容。

1）刷制运输标志应符合有关进出口国家的规定。

2）包装上的运输标志应与所有出口单据上对运输标志的描述一致。

3）运输标志应既简洁又能提供充分的运输信息。

4）所有包装上的运输标志必须用防水墨汁刷写。

5）有些国家海关要求所有的包装箱必须单独注明重量和尺寸，甚至用公制，并用英语或目的国的语言注明。为此，应注意有关国家的海关规定。

6）在运输包装上的运输标志应大小适中，使相关人员在一定距离内能够看清楚。根据国外的通行做法，就一般标准箱包装，刷制的运输包装字母的尺寸至少为 4 厘米高。

7）运输标志应至少在包装箱的四面都刷制，以防货物丢失。

8）除了在外包装上刷制运输标志之外，应尽量在所有的货运单据上标注相同的运输标志。这些单据包括内陆运输提单、海运提单或空运提单、码头收据、装箱单、商业发票、报关单等。

4. 备货的注意事项

1）应按合同要求核实，切实保证货物的品质、规格与合同规定一致。必要时应进行加工整理。

2）应保证货物的数量满足合同和信用证的要求，在备货时要注意留有余地，以备调换和适应舱容之用。

3）货物包装必须符合合同规定和运输要求，运输标志应按合同规定式样刷制，并注意运输标志的图形、字迹清楚，位置醒目，大小适当。

4）备货时间应根据合同和信用证规定的装船期进行安排，保证按时装运。

操作 2：将外销合同转化为国内采购合同

童丹丹了解了关于备货的相关注意事项，结合之前与外商签订的外销合同，草拟了一份国内采购合同（图 4-1）交与刘晓审核。

采 购 合 同

卖方：温岭盛达皮鞋厂 　　　　　　　　　　　　合同编号：SDCH
买方：温岭陈氏鞋业有限公司 　　　　　　　　　　签订时间：2019-01-01
　　　　　　　　　　　　　　　　　　　　　　　　签订地点：温岭

一、产品名称、品种规格、数量、金额、供货时间：

选择	产品编号	品名规格	计量单位	数量	单价（元）	总金额（元）	交（提）货时间及数量
	19006	鞋面：小山羊皮面 鞋底：耐磨橡胶底 包装：每箱 20 双	PAIR	2000	200	400 000	2019 年 01 月 30 日前工厂交货
		合计：	PAIR	2000		400 000	

合计人民币（大写）	肆拾万元整
备注：	

二、质量要求、技术标准、卖方对质量负责的条件和期限：
符合 ISO9002 质量体系认证，如因品质问题引起的一切损失及索赔由供方承担，质量异议以本合同有效期为限。
三、交（提）货地点、方式：
工厂交货。
四、交（提）货地点、运输方式及费用负担：
买方指定地点，集装箱门到门交货，费用由需方承担。
五、包装标准、包装物的供应与回收和费用负担：
纸箱包装，符合出口标准，商标由需方无偿提供。
六、验收标准、方法及提出异议期限：
需方代表按出口优级品检验内在品质及外包装，同时供方提供商检放行单或商检换证凭单。
七、结算方式及期限：
需方凭供方提供的增值税发票及相应的税收（出口货物专用）缴款书在供方工厂交货后七个工作日内付款。如果供方未将有关票证备齐，需方扣除 17%税款支付给供方，等有关票证齐全后结清余款。
八、违约责任：
违约方支付合同金额的 15%违约金。
九、解决合同纠纷的方式：
按《中华人民共和国经济合同法》中的相关内容来解决合同纠纷。
十、本合同一式两份，双方各执一份，效力相同。未尽事宜由双方另行友好协商。

卖　方	买　方
单位名称：温岭盛达皮鞋厂	单位名称：温岭陈氏鞋业有限公司
单位地址：温岭市坞根镇坑潘村 245 号	单位地址：中国浙江省温岭市人民路 88 号
法人代表或委托人：陈盛	法人代表或委托人：陈笑健
电话：0576-86676666	电话：0576-86666209
税务登记号：000000000000647	税务登记号：000000000000617
开户银行：温岭商业银行	开户银行：温岭商业银行
账号：SIM-16053	账号：SIM-16011
邮政编码：317500	邮政编码：317500

图 4-1　采购合同

操作 3：向生产车间下订单

采购合同经过刘晓审核后没有问题，童丹丹将该采购合同下发给车间。

SimTrade 实操
备货准备

1. 实训要求

在 SimTrade 系统中草拟一份给工厂的采购合同，并发送给工厂。

2. 具体操作步骤

（1）起草合同

单击"Business"按钮，进入 Business（业务中心）主界面，如图 1-4 所示。单击标志为"工厂"的建筑物，进入"工厂"界面。在"工厂"界面单击"起草合同"按钮，输入相应的合同号，输入对应的交易对象编号，选中"设置为主合同"复选框，单击"确定"按钮，如图 4-2 所示。

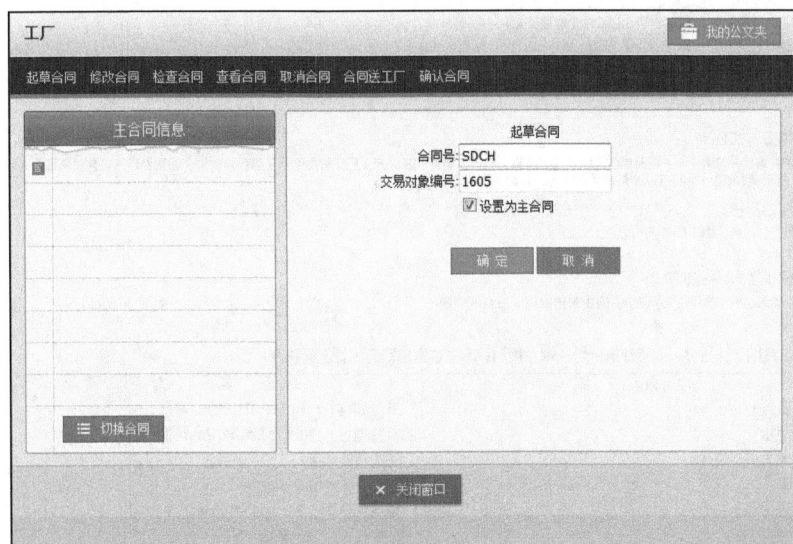

图 4-2　起草合同

（2）填写合同

填写合同（图 4-3）中各项内容，完成后单击"保存"按钮。

采 购 合 同

卖方： 温岭盛达皮鞋厂 _____
买方： 温岭陈氏鞋业有限公司 _____

合同编号：SDCH _____
签订时间：2019-01-01
签订地点：温岭

一、产品名称、品种规格、数量、金额、供货时间：

选择	产品编号	品名规格	计量单位	数量	单价(元)	总金额(元)	交(提)货时间及数量
◎	19006	鞋面：小山羊皮面 鞋底：耐磨橡胶底 包装：每箱20双	PAIR	2000	200	400000	2019年01月30日前工厂交货
		合计：	PAIR	2000		400000	

[添加] [修改] [删除]

合计人民币(大写)	肆拾万元整
备注：	

二、质量要求、技术标准、卖方对质量负责的条件和期限：
质量符合国标出口优级品，如因品质问题引起的一切损失及索赔由供方承担，质量异议以本合同有效期为限。

三、交(提)货地点、方式：
工厂交货

四、交 (提) 货地点、运输方式及费用负担：
买方指定地点，集装箱门到门交货费用由需方承担。

五、包装标准、包装物的供应与回收和费用负担：
纸箱包装，符合出口标准，商标由需方无偿提供。

六、验收标准、方法及提出异议期限：
需方代表按出口优级品检验内在品质及外包装，同时供方提供商检放行单或商检换证凭单。

七、结算方式及期限：
需方凭供方提供的增值税发票及相应的税收（出口货物专用）缴款书在供方工厂交货后七个工作日内付款。如果供方未将有关票证备齐，需方扣除17%税款支付给供方，等有关票证齐全后结清余款。

八、违约责任：
违约方支付合同金额的15%违约金。

九、解决合同纠纷的方式：
按《中华人民共和国经济合同法》中的相关内容来解决合同纠纷。

十、本合同一式两份，双方各执一份，效力相同。未尽事宜由双方另行友好协商。

卖　　　方	买　　　方
单位名称：	单位名称： 温岭陈氏鞋业有限公司
单位地址：	单位地址： 中国浙江省温岭市人民路88号
法人代表或委托人：	法人代表或委托人： 陈笑健
电话：	电话： 0576-86666209
税务登记号：	税务登记号： 000000000000617
开户银行：	开户银行： 温岭商业银行
账号：	账号： SIM-16011
邮政编码：	邮政编码： 317500

[打印预览][保存][退出]

图 4-3　采购合同样本

采购合同填写说明如下。

通常情况下，订立国际货物销售合同之后的第一步就是根据合同和信用证的规定按时、按质、按量地准备好应交的货物。

对于大的有出口经营权的集团公司，通常由出口部向生产加工及仓储部门下达联系单，而无实体的出口公司则向国内的工厂签订国内的采购合同。无论是哪一类，有关部门都要以联系单或国内的采购合同为依据，对应交的货物进行清点、加工整理、刷制运输标志（刷唛），以及办理申请报验和领证等工作。所以该单据同时也是国内进出口公司内部之间或与内地工厂进行制单结汇的依据。

此类单据在缮制时要与原合同相符，并且清楚、完整。应主要列明货物的品质、规格、数量，货物的包装和唛头及其备货时间。

国内采购合同与国际合同内容大致相同，较简单，用中文填写。它是出口公司与国内厂家相互之间权利和义务的法律文件。

1）卖方。

填写工厂中文名称。

2）买方。

填写出口商公司中文名称。

3）合同编号。

采购合同编号，由卖方或买方自行编设，以便存储归档管理之用。

在 SimTrade 中，该编号已由卖方或买方在起草合同时填入，单据中不能再更改。

4）签订时间、地点。

填写采购合同，签订日期、地点。

如 2018 年 2 月 18 日，可以有以下几种日期格式填法：

① 2018-02-18 或 02-18-2018。

② 2018/02/18 或 02/18/2018。

③ 180218（信用证电文上的日期格式）。

④ February 18, 2018 或 Feb 18, 2018。

5）产品编号。

采购合同上应记明各种产品编号，以求联系沟通方便。

在 SimTrade 中，产品编号必须选择"淘金网"的"产品展示"里已有的商品编号。

6）品名规格。

此栏应详细填明各项商品的中文名称及规格，这是买卖双方进行交易的前提。对商品的具体描述说明是合同的主要条款之一，如果卖方交付的货物不符合合同规定的品名或说明，买方有权拒收货物撤销合同并提出损害赔偿。

在 SimTrade 中，商品的详细资料可在"产品展示"里查找，填写"中文名称"＋"中文描述"。例如，甜玉米罐头，每箱 6 罐，每罐 3060 克。

7）数量。

此栏用于填写交易的货物数量，这是买卖双方交接货物及处理数量争议时的依据。

8）计量单位。

货物数量的计量单位，应以适合该货物计量的单位为准。

在 SimTrade 中，货物的计量单位在商品详细资料里已经注明，需要注意的是，此栏应填写销售单位而非包装单位。不同类别的产品，销售单位和包装单位不同，例如，食品类的销售单位是 CARTON，钟表类的销售单位则是 PC。

9）单价。

价格条款。这是采购合同中必不可缺的重要组成部分，不仅直接关系到买卖双方的利益，而且与合同中的其他条款也有密切联系。通常由工厂根据成本通过往来函电报价给出口商，双方经过协商后确定交易价格。

10）总金额。

列明币种及各项商品总金额（总金额＝单价×数量）。

注意：此栏应与每一项商品相对应。

11）交（提）货时间及数量。

例如，2018 年 2 月 20 日前，1000CARTON。

12）合计。

货物总计，分别填入所有货物累计的总数量（包括相应的计量单位）和总金额。

13）合计人民币（大写）。

① 以文字（大写）写出该笔交易的总金额，必须与货物总价数字表示的金额一致。例如，52 000 元表示为伍万贰仟元整。

② 带小数的大写金额标示方法：

例如，360.6 元表示为叁佰陆拾元陆角零分。

14）备注。

公司多使用格式化的合同，难免有需要改动和补充之处，有特殊规定或其他条款可在此栏说明。例如：

① 需方凭供方提供的增值税发票及相应的税收（出口货物专用）缴款书在供方工厂交货后七个工作日内付款。如果供方未将有关票证备齐，需方扣除 17% 税款支付给供方，等有关票证齐全后结清余款。

② 所有生产的罐码采用暗码打字方式，不得在罐盖上显示生产日期。

③ 本合同经双方传真签字盖章后即生效。

15）质量要求技术标准、卖方对质量负责的条件和期限。

例如，质量符合国标出口优级品，如因品质问题引起的一切损失及索赔由供方承担，质量异议以本合同有效期为限。

16）交（提）货地点、方式。

例如，工厂交货。

17）交（提）货地点、运输方式及费用负担。

例如，买方指定地点，集装箱门到门交货，费用由需方承担。

18）包装标准、包装物的供应与回收和费用负担。

例如，纸箱包装，符合出口标准，商标由需方无偿提供。

19）验收标准、方法及提出异议期限。

例如，需方代表按出口优级品检验内在品质及外包装，同时供方提供商检放行单或商检换证凭单。

20）结算方式及期限。

例如，需方凭供方提供的增值税发票及相应的税收（出口货物专用）缴款书在供方工厂交货后七个工作日内付款。如果供方未将有关票证备齐，需方扣除 17% 税款支付给供方，等有关票证齐全后结清余款。

21）违约责任。

例如，违约方支付合同金额的 15% 违约金。

22）解决合同纠纷的方式。

例如，按照《中华人民共和国经济合同法》中的相关内容来解决合同纠纷。

23）买方。

出口商公司相关信息及负责人签名，应与公司基本资料中的信息一一对应，包括税务登记号、账号等，都可在公司资料中找到。

24）卖方。

工厂相关信息及负责人签名，应与公司基本资料中的信息一一对应，包括税务登记号、账号等，都可在公司资料中找到。

（3）发送合同

回到"工厂"界面，单击"检查合同"按钮，如图 4-4 所示，确认合同填写无误后，再单击"合同送工厂"按钮，将合同发送给工厂，等待工厂确认，如图 4-5 所示。

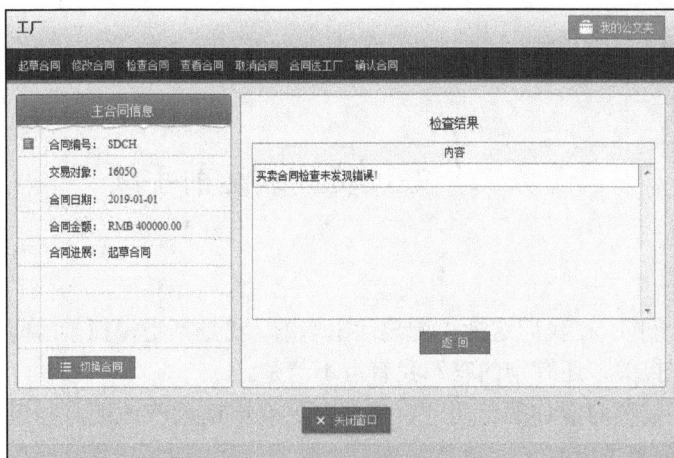

图 4-4　检查合同

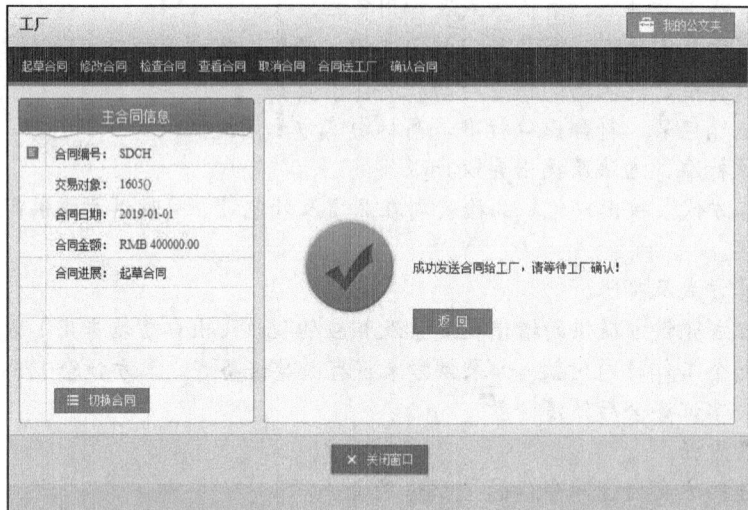

图 4-5 发送合同

（4）完成备货

收取工厂已放货的通知邮件后，单击"Stock（库存）"按钮，可看到所订购的货物已在库存列表中，备货完成。

3. 实训小结

任务二 办理货物装运前手续

☆ 任务情境

童丹丹：刘老师，在我们这批货物装运出境前，我是不是得抓紧时间办理租船订舱、办理保险、办理报关，还有别的吗？我有点不清楚。

刘晓：你还需要对照你的信用证，你看，还要申请原产地证，办理出口检验才行。（对照信用证分析表说道）

童丹丹：谢谢，刘老师，我明白了。

<h1 style="text-align:center">子任务一 租 船 订 舱</h1>

☆ 任务目标

知识与能力目标	1. 了解租船订舱的一般流程； 2. 能够正确填制货物出运委托书； 3. 能够撰写装船通知
过程与方法目标	1. 在制定条款过程中，提高分析、归纳的能力； 2. 通过小组合作，正确填制货物出运委托书和海运提单
情感态度与价值观目标	1. 在学习过程中，养成主动参与、勤于动手、积极尝试的习惯； 2. 在小组活动中，学会团队合作； 3. 在学习过程中，逐渐树立商贸职业人的主人翁意识

☆ 任务流程

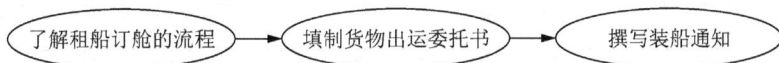

了解租船订舱的流程 → 填制货物出运委托书 → 撰写装船通知

☆ 任务实施

操作 1：了解租船订舱的流程

童丹丹在收到客户的信用证后，及时向车间下了生产订单，接下来，就需要及时安排租船订舱了。于是，她先上网了解了一下租船订舱的相关流程。

在国际货物买卖中，采用 CIF 和 CFR 术语成交，出口方必须自负租船费用，同承运人订立运输合同，同时负责租用适航的船舶或向班轮公司订必要的舱位。其中，托运工作的基本流程如下。

1）出口企业填写托运单（booking note，B/N），作为订舱依据或租船依据。

2）船公司或其代理人在接受托运人的托运单证后，即发给托运人全套装货单（shipping order，S/O），俗称"下货纸"。

3）货物装船后，由船长或大副签发收货单，即"大副收据"（mate's receipt，M/R），托运人凭收货单向船公司或其代理人交付运费并换取正式提单。现在一般的做法是，出口企业依据收货单所载的内容填制提单，然后到外轮代理公司盖章，交付运费。

4）货物装船并取得提单后，出口企业应根据合同向买方发出已装船通知，以便其了解装运情况并做好接货准备。

📖 知识加油站

常见的装运单据如图 4-6～图 4-9 所示。

1. Shipper			
SHANGHAI LIDA TRADING COMPANY LIMITED 24 FL., ZHONGHAI BLDG, NO. 398 MID HUAIHAI ROAI SHANGHAI 200020, CHINA			

B/L NO.　　SHANYK285201

中海集装箱运输股份有限公司
CHINA SHIPPING CONTAINER LINES CO., LTD.

Cable:0001　　Telex:33200 CSCO CN
Port-to-Port or Combined Transport

BILL OF LADING

2. Consignee

TO ORDER OF BANK OF AMERICA

RECEIVED　In external apprent good order and condition, Except otherwise noted, the total number of containers or other packages or units shown in this Bill of Lading receipt, said by the shipper to contain the goods described above, which description the carrier has no reasonable means of checking and is not part of the Bill of Lading. One original Bill of Lading should be surrendered, expect clause 22 paragraph 5. in exchange for delivery of the shipment. Signed by the consignee or duly endorsed by the holder in due course. whereupon the other original(s) issued shall be void. In accepting this Bill of Lading. The Merohants agree to be bound by all the terms on the face and back hereof as if each had personally signed this Bill of Lading.
WHEN the Place of Receipt of the Goods an inland point and is so named herein, any notation of"ON BOARD" "SHIPPED ON BOARD" or words to like effect on this Bill of Lading shall be deemed to mean on board the truck, trail car, air craft or other inland conveyance (as the case may be). performing carriage from the Place of Receipt of the Goods to the Port of Loading.
SEE clause 4 on the back of this Bill of Lading (Term continued on the back hereof Read Carefully)

3. Notify Party(Carrier not to be responsible for failure to notify)

DRAGON TOY CO., LTD

ORIGINAL

4.Pre-Carriage by*		5.Place of Receipt*	
6.Ocean Vessel　　Voy. No. XIN QING DAO / 0095		7.Port of Loading SHANGHAI	
8.Port of Discharge NEW YORK		9.Place of Delivery*	10.Final Destination (of the goods-not the ship)

11.Marks & Nos. container/seal No.	12.No. of container or Pkgs.	13.Kind of Packages:Description of Goods	14.Gross Weight Kgs	15.Measurement
DRAGON TOY **LD-DRG-SC0330** **NEW YORK** **C. NO. 1 - 384** CCLU2937567 / 8375321 CCLU2937568 / 8375322	**348CTNS**	SHIPPER'S LOAD, COUNT AND SEAL **RADIO CONTROL CARS** **FREIGHT PREPAID**　　**CY TO CY**	**3922.80KGS**	**49.898CBM**
		16.Description of Contents for Shipper's Use Only (CARRIER NOT RESPONSIBLE)		

Particulars Furnish by the Merchants

17. TOTAL NO.CONTAINERS OR PACKAGES (IN WORDS)	**SAY TWO TWENTY FEET CONTAINERS ONLY**				
18. FREIGHT & CHARGES	19.Revenue Tons	20.Rate	21.Per	22.Prepaid	23.Collect

24.Ex.Rate	25.Prepaid at	26.Payable at	27.Place and Date of issue **SHANGHAI**　　MAY 28, 2010
	28.To ON BOARD	No. of Original B(s)/L **TWO**	Signed for the Carrier **中海集装箱运输上海有限公司** CHINA SHIPPING CONTAINER LINES CO., LTD. (SHANGHAI)

DATE
MAY 28, 2010

BY

CSCL(SHANGHAI)

CHINA SHIPPING CONTAINER LINES CO., LTD. STANDARD FORM 9701
* Applicable Only When Document Use as a Combined Transport Bill of Lading

GENERAL MANAGER
AS AGENT FOR THE CARRIER
CHINA SHIPPING CONTAINER LINES CO., LTD.

图 4-6　装运单据（1）

LIDA
Shanghai Lida Trading Company Limited

订　舱　委　托　书

日期 MAY 16, 2010

发货人	装船期限		MAY 31, 2010	
SHANGHAI LIDA TRADING COMPANY LIMITED	运输方式	☒ BY SEA	☐	BY AIR
24 FL., ZHONGHAI BLDG, NO. 398 MID HUAIHAI ROAD,	装箱方式	☒ FCL	☐	LCL
SHANGHAI 200020, CHINA	集装箱种类	☒ 20'GP	☐	40'GP
	集装箱数	2		
收货人	转船运输	☒ YES	☐	NO
TO ORDER OF SHIPPER	分批装运	☒ YES	☐	NO
	运费支付	PREPAID		
通知人	装运口岸	SHANGHAI		
DRAGON TOY CO., LTD	目的港	NEW YORK		
158 EAST 43RD STREET, SUITE 1052, NEW YORK,	成交条件	CIF		
NY 10017, U.S.A.	联系人	李尧		
	电话/传真	021-64042589		

标记唛码	货物描述	总件数	总毛重	总尺码
DRAGON TOY	RADIO CONTROL CARS	348 CTNS	3922.800 KGS	49.898 CBM
LD-DRG-SC0330				
NEW YORK				
C. NO. 1 - 348				

备注

1）提单份数：三份正本、三份副本

2）提单须注明"运费预付"

3）提单须注明开证行名称 BANK OF AMERICA 和信用证号码 834LC43690341

上海利达贸易有限公司　地址：中国上海淮海中路398号中海大厦24楼　邮编：200020
Shanghai Lida Trading Company Limited　24th Floor, Zhonghai Building, No.398 Mid Huaihai Road, Shanghai 200020, China
电话/Tel：021-64042589　传真/Fax：021-64042588　www.lida.sh.cn

图 4-7　装运单据（2）

LIDA

Shanghai Lida Trading Company Limited

To:	Dragon Toy Co., Ltd.	**Attn.:**	Mr. William Harris
Fax No.:	(212) 986-0333		
From:	Shanghai Lida Trading Company Limited		
Fax No.:	(21) 6404-2588		
Page:	1/1	**Date:**	May 29, 2010

Subject: Shipping Advice

Dear Mr. Harris,

We are glad to inform you that the goods under L/C No. 834LC43690341 have been shipped. The details of shipment are stated below:

Description of Goods:	Radio Control Cars
Quantity:	5040 pcs
Value of the Goods:	US$ 89856.00
Number of Packages:	348 ctns
Date of Shipment:	May. 28, 2010
Port of Loading:	Shanghai
Port of Discharging:	New York
Vessel's Name:	Xin Qing Dao
Voyage No.:	0095
B/L No.:	SHANYK285201
ETA:	Jun. 25, 2010
Shipping Marks:	DRAGON TOY
	LD-DRG-SC0330
	NEW YORK
	C. NO. 1 - 348
L/C Issuing Bank:	Bank of America
L/C No.:	834LC43690341

Best regards,

Shanghai Lida Trading Company Limited
LI Yao
Export Manager

上海利达贸易有限公司 地址：中国上海淮海中路398号中海大厦24楼 邮编：200020
Shanghai Lida Trading Company Limited 24th Floor, Zhonghai Building, No.398 Mid Huaihai Road, Shanghai 200020, China
电话/Tel：021-64042589 传真/Fax：021-64042588 www.lida.sh.cn

图 4-8 装运单据（3）

Shipper (发货人)
SHANGHAI LIDA TRADING COMPANY LIMITED
24 FL., ZHONGHAI BLDG, NO. 398 MID HUAIHAI ROAD,
SHANGHAI 200020, CHINA

D/R No.(编号)
SHANYK285201

装 货 单

场站收据副本

第五联

Consignee (收货人)
TO ORDER OF SHIPPER

Notify Party (通知人)
DRAGON TOY CO., LTD
158 EAST 43RD STREET, SUITE 1052, NEW YORK,
NY 10017, U.S.A.

Received by the Carrier the Total number of
containers or other packages or units stated below
to be transported subject to the terms and
conditions of the Carrier's regular form of Bill of
Lading (for Combined Transport or port to Port
Shipment) which shall be deemed to be
incorporated herein.

Date (日期)： MAY.17, 2010

Pre-carriage by(前程运输)	Place of Receipt (收货地点)	
Vessel (船名) Voy. No. (航次) XIN QING DAO / 0095	Port of Loading (装货港) SHANGHAI	场站章
Port of Discharge(卸货港) NEW YORK	Place of Delivery (交货地点)	Final Destination for the Merchant's Reference (目的地)

Container No. (集装箱号) Marks & Nos. (标志与号码)	Seal No.(封志号) 	No. of contai- ners or p'kgs (箱数或件数)	Kind of Packages: Description of Goods (包装种类与货名)	Gross Weight 毛重(公斤)	Measurement 尺码(立方米)
DRAGON TOY LD-DRG-SC0330 NEW YORK C. NO. 1 - 348		348CTNS	RADIO CONTROL CARS	3922.80 KGS	49.898 CBM
			FREIGHT PREPAID		

Particulars Furnished by Merchants (托运人此以供详细填明)

TOTAL NUMBER OF CONTAINERS
OR PACKAGES (IN WORDS)
集装箱数或件数合计 (大写)

SAY THREE HUNDRED FORTY EIGHT CARTONS ONLY

Container No.(箱号)	Seal No.(封志号)	Pkgs.(件数)	Container No.(箱号)	Seal No.(封志号)	Pkgs.(件数)

		Received(实收)	By Terminal Clerk(场站员签字)

FREIGHT & CHARGES	Prepaid at (预付地点)	Payable at (到付地点)	Place of Issue (签发地点) SHANGHAI
	Total Prepaid (预付总额)	No. of Original B(s)/L (正本提单份数) THREE	Booking (订舱确认)

CHINA SHIPPING CONTAINER
LINES CO., LTD (SHANGHAI)
中海集装箱运输上海有限公司

Reefer Temperature Required(冷藏温度) ℉ ℃

Service Type on Receiving ☑ -CY ☐ -CFS ☐ -DOOR	Service Type on Delivery ☑ -CY ☐ -CFS ☐ -DOOR	
TYPE OF GOODS (种类)	☑ Ordinary ☐ Reefer ☐ Dangerous ☐ Auto. (普通) (冷藏) (危险品) (裸装车辆) ☐ Liquid ☐ Live Animal ☐ Bulk (液体) (活动物) (散装)	危险品	Class: Property: IMDG Code Page UN No.

图 4-9 装运单据（4）

操作 2：填制货物出运委托书

在咨询了刘晓之后，童丹丹了解到公司常与货代或船公司合作，可委托其帮忙租船订舱，为了使对方了解委托货物的情况和要求，通常做法是发送一份货物出运委托书给对方。从公司网站上下载货物出运委托书（图 4-10）后，童丹丹开始尝试着填制。

货 物 出 运 委 托 书			合 同 号	LS19006	运输编号		
（出口货物明细单）　日期：2019-02-02			银行编号		信用证号		STLCN000137
根据《中华人民共和国合同法》与《中华人民共和国海商法》的规定，就出口货物委托运输事宜订立本合同。			开证银行	CITI BANK, JAPAN			
托运人	温岭陈氏鞋业有限公司 中国浙江省温岭市人民路 88 号		付款方式	L/C			
			贸易性质	一般贸易	贸易国别		JAPAN
抬头人	TO ORDER		运输方式	海运	消费国别		JAPAN
			装运期限	2019-02-10	出口口岸		FUZHOU
通知人	Leather Shoes Import Co., Ltd. P.O.Box8935, Chiba Prefecture, Japan		有效期限	2019-05-30	目的港		CHIBA
			可否转运	YES	可否分批		YES
			运费预付	YES	运费到付		NO

选择	标志唛头	货名规格	件数	数量	毛重	净重	单价	总价
○	LEATHER LS19006 CHIBA, JAPAN C/NO.1-100	WOMEN'S LEATHER SHOES SURFACE:KIDSKIN LEATHER UPPER SOLE:SLIP-RESISTANT RUBBER SOLE PACKING: 20 PAIRS/CARTON	100CARTONS	2000PAIRS	2000KGS	1800KGS	USD40	USD80 000
		TOTAL:	[100] [CARTON]	[2000] [PAIR]	[2000] [KGS]	[1800] [KGS]	[USD] [80000]	

注意事项		FOB 价		[USD] [80461.33]
		总体积		[23] [CBM]
	保险单	险别		FPA
		保额		[USD] [88000]
		赔偿地点		JAPAN
		海关编号		0000000617
		制单员		陈笑健

受托人（即承运人）　　　　　　　　　委托人（即托运人）

名称：＿＿＿＿＿＿＿＿＿＿＿＿　　　名称：温岭陈氏鞋业有限公司

电话：＿＿＿＿＿＿＿＿＿＿＿＿　　　电话：0576-86666209

传真：＿＿＿＿＿＿＿＿＿＿＿＿　　　传真：0576-86666209

委托代理人：＿＿＿＿＿＿＿＿＿　　　委托代理人：陈笑健

图 4-10　货物出运委托书

操作 3：撰写装船通知

装船通知如图 4-11 所示。

SHIPPING　ADVICE

Messrs:　　　　　　　　　　　　　　　　　　　Invoice No　STINV000157

Leather Shoes Import Co., Ltd.

P.O.Box8935, Chiba Prefecture, Japan　　　　　　Date　　　　2019-02-10

Particulars

1. L/C NO. :STLCN000137
2. Purchase order NO. :LS19006
3. Vessel: Zaandam/DY105-08
4. Port of Loading: FUZHOU
5. Port of Discharge: CHIBA
6. On Board Date: 2019-02-10
7. Estimated Time of Arrival: 2019-02-15
8. Container: 20'×1
9. Freight:[USD　][441.00]
10. Description of Goods:
    WOMEN'S LEATHER SHOES
    SURFACE:KIDSKIN LEATHER UPPER
    SOLE:SLIP-RESISTANT RUBBER SOLE
    PACKING: 20 PAIRS/CARTON
11. Quantity:[2000　][PAIR]
12. Invoice Total Amount:[USD][80000]

Documents enclosed

1. Commercial Invoice:3
2. Packing List:3
3. Bill of Lading:3
4. Insurance Policy:3

　　　　　　　　　　　　　　　　　　　　Very truly yours
　　　　　　　　　　　　　　　　　　　　Wenling Chan Shoes Co.,Ltd.
　　　　　　　　　　　　　　　　　　　　＿＿Carl Chan＿＿
　　　　　　　　　　　　　　　　　　　　Manager of Foreign Trade Dept

图 4-11　装船通知

SimTrade 实操

租船订舱

1. 实训要求

在 SimTrade 系统中完成租船订舱流程操作，填制货物出运委托书。

2. 具体操作步骤

（1）填写货物出运委托书

在"Business（业务中心）界面"单击"进口商"建筑物标志，在打开的"进口商"界面单击"添加单据"按钮，添加并填写货物出运委托书，如图 4-12 和图 4-13 所示。

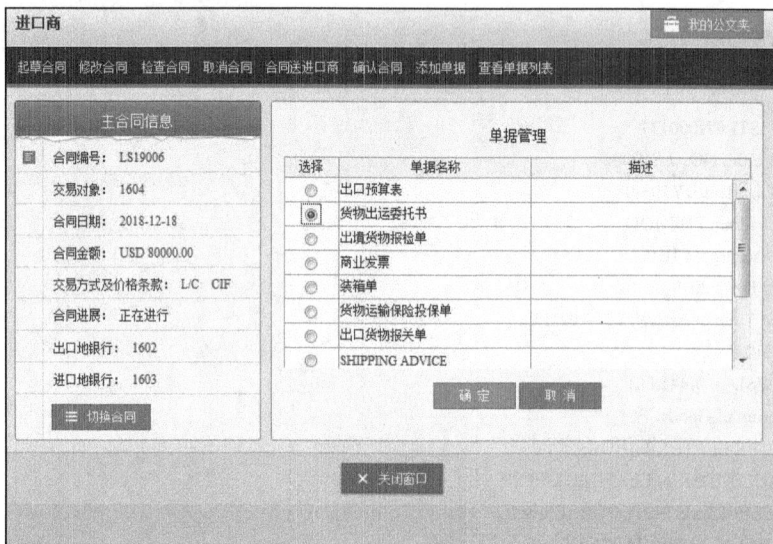

（a）

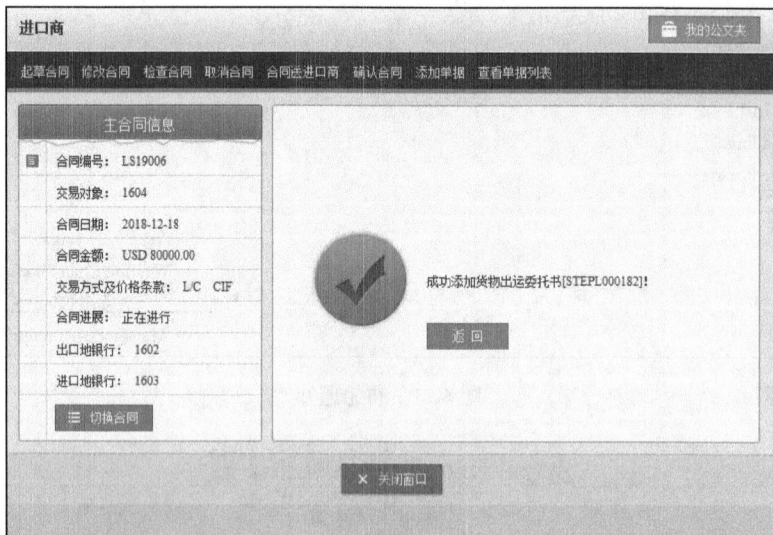

（b）

图 4-12　添加货物出运委托书

图 4-13　货物出运委托书样本

货物出运委托书填写说明如下。

一般说来，从外贸业务人员的角度来看，出口托运是从租船订舱或是委托出运开始的。

首先，外贸业务人员应根据信用证规定的最迟装运期及货源和船源情况安排委托出运。一般情况应提前 5 天左右或更长，以便留出机动时间应付意外情况发生。

然后，填具货物出运委托书或是其他类似单据，办理委托代理租船订舱事宜。如果外贸公司本身开展托运业务，则需填具海运出口托运单、集装箱托运单等。如果外贸公司本身不办理运输业务，则可委托代理订舱，填具货物出运委托书。

货物出运委托书的填写和托运单的有关栏目相同，填写时中英文结合，个别栏目依出口货物不同而异。因此，各公司在印制自己使用的此类单据时，都会稍有变化，但大体内容基本一致。

1）日期。

委托出运日期。

2）托运人。

填写出口公司中文名称及地址（信用证受益人）。

3）抬头人。

即提单上的抬头人，将来船公司签发的提单上的相应栏目的填写会参照委托书的写法。

如信用证方式下：

① 来证要求："Full set of B/L made out to order"，提单收货人一栏则应填 "To order"。

② 来证要求："B/L issued to order of Applicant"，此 Applicant 为信用证的申请开证人 Big A. Co.，则提单收货人一栏填写 "To order of Big A. Co."。

③ 来证要求："Full set of B/L made out our order"，开证行名称为 Small B Bank，则应在收货人处填 "To Small B Bank's order"。

4）通知人。

填写信用证规定的提单通知人名称及地址，通常为进口商。

5）合同号。

填写相关交易的合同号码。

6）运输编号。

出口商自行编制用于外运的编号，多数出口商直接以发票号作为运输编号。在 SimTrade 中可不填。

7）银行编号。

开证行的银行编号，在与开证行的业务联系中必须引用该编号。在 SimTrade 中可不填。

8）信用证号。

填写相关交易的信用证号码，如非信用证方式则不填。

9）开证银行。

根据信用证填写开证银行，如非信用证方式则不填。

10）付款方式。

按出口合同所列的付款方式填写，如信用证。

11）贸易性质。

贸易性质即贸易方式，共分为 7 种：一般贸易（即正常贸易），寄售、代销贸易，对外承包工程，来料加工，免费广告品、样品，"索赔""换货""补货"和进口货退回。

在 SimTrade 中货物都为"一般贸易"方式。

12）贸易国别。

填写贸易成交国别（地区），即进口国。如果通过我国驻香港机构与他国成交，应填香港。

13）运输方式。

按实际填写，如海运、陆运、空运等运输方式。

14）消费国别。

填写出口货物实际消费的国家（地区），通常为进口国。如无法确定实际消费国，可填最后运往国。

15）装运期限。

按出口合同或信用证所列填写。

16）出口口岸。

填写货物出境时我国港口或国境口岸的名称，按合同或信用证所列填写。若出口货物在设有海关的发运地办理报关手续，出口口岸仍应填写出境口岸的名称。

17）有效期限。

按信用证所列填写。信用证的有效期限是受益人向银行提交单据的最后日期。受益人应在有效期限日期之前或当天向银行提交信用证单据。

18）目的港。

填写出口货物运往境外的最终目的港，按合同或信用证所列填写。最终目的港不可预知的，可按尽可能预知的目的港填报。

19）可否转运、可否分批。

按出口合同或信用证所列填写。如果允许分批或转运，则填"是"或"YES"或"Y"，反之，则填"否"或"NO"或"N"。

20）运费预付、运费到付。

如 CIF 或 CFR 出口，一般均在"运费预付"栏填"是"或"YES"或"Y"字样，并在"运费到付"栏填"否"或"NO"或"N"，千万不可漏填，否则收货人会因运费问题提不到货，虽可查清情况，但拖延提货时间，也将造成损失。如系 FOB 出口，则反之，除非收货人委托发货人垫付运费。

21）标志唛头。

照合同规定填写。唛头即运输标志，既要与实际货物一致，还应与提单一致，并符合信用证的规定。如信用证没有规定，可按买卖双方和厂商订的方案或由受益人自定。无唛头时，应注"N/M"或"No Mark"。如为裸装货，则注明"Naked"或散装"In Bulk"。如来证规定唛头文字过长，用"/"将独立意思的文字彼此隔开，可以向下错行。即使无线相隔，也可酌情错开。

22）货名规格。

填写货物描述。在 SimTrade 中，可从合同中复制。

23）件数、数量。

分别填写货物的外包装数量与销售数量。如"370 CARTONS""7400 PC"。

在 SimTrade 中，销售数量应与合同一致，件数为外包装数量。

24）毛重、净重、价格币制、单价、总价。

按货物的实际情况填写。

25）TOTAL。

填写出口货物的总件数、数量、毛重、净重及价格。

如交易两种或两种以上销售单位不同的商品时，"合计"栏单位统一表示为"PACKAGE"。

26）FOB 价。

填写出口货物离开我国国境的 FOB 价格，如按 CIF、CFR 价格成交的，应扣除其中的保险费、运费，以及其他佣金、折扣等。以成交币种折算成人民币和美元时，均应按当天中国人民银行公布的汇率折算。

27）总体积。

按货物的实际情况填写。除信用证另有规定者外，一般以立方米（CBM）列出。

28）注意事项。

填写承运人或货运代理人需注意的事项。

29）保险险别、保额、赔款地点。

根据出口合同或信用证填写。

凡按 CIF、CIP 条件成交的出口货物，由出口商向当地保险公司逐笔办理投保手续。业务量较大的外贸公司，为简化手续，节省时间，投保时可以此单代替投保单。

30）海关编号。

填写出口商公司的海关代码。

在 SimTrade 中，海关代码请在出口商的基本资料里查找，由系统自动编排。

31）制单员。

填写制单员姓名。

32）受托人名称、电话、传真、委托代理人。

受托人的相关信息，出口商不填。

33）委托人名称、电话、传真、委托代理人。

填写委托人的相关信息。

（2）选择公司

单击"Business"按钮，进入业务中心界面。单击标志为"船公司"的建筑物，进入船公司界面，选中"世格国际货运代理有限公司"，单击"确定"按钮。

（3）完成订舱

指定完成后再单击"洽订舱位"按钮，选择集装箱，并填入装船日期，再单击"确定"按钮，订舱完成。

（4）查看信息

单击标志为"进口商"的建筑物，再单击"查看单据列表"按钮，查看系统自动返回的"配舱通知"。指定船公司的详细出航信息如图 4-14 所示。

世 格 国 际 货 运 代 理 有 限 公 司
DESUN INTERNATIONAL TRANSPORT CO., LTD

To: Wening Chan Shoes Co.,Ltd.

Date: 2019-02-10

Port of Discharge(目的港): CHIBA

Country of Discharge(目的国): JAPAN

Container(集装箱种类): 20' X 1

Ocean Vessel(船名): Zaandam

Voy.No.(航次): DY105-08

Place of Delivery(货物存放地): FUZHOU CY

Freight(运费): USD 441.00

图 4-14　配舱通知

3. 实训小结

子任务二　出 口 检 验

☆ 任务目标

知识与能力目标	1. 了解出口检验的一般流程； 2. 能够正确填制出境货物报检单和商业发票、装箱单； 3. 了解出口检验需提交的单据
过程与方法目标	1. 在制定条款过程中，提高分析、归纳的能力； 2. 通过小组合作，正确填制出境货物报检单和商业发票、装箱单
情感态度与价值观目标	1. 在学习过程中，养成主动参与、勤于动手、积极尝试的习惯； 2. 在小组活动中，学会团队合作； 3. 在学习过程中，逐渐树立商贸职业人的主人翁意识

☆ 任务流程

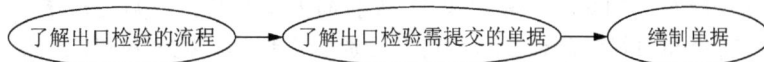

了解出口检验的流程 → 了解出口检验需提交的单据 → 缮制单据

☆ 任务实施

操作 1：了解出口检验的流程

出口商品的检验在外贸流程中是很重要的一部分，商品检验通过了才可以通关装船。童丹丹为了查询福州当地的检验检疫流程，登录了福州出入境检验检疫局网站，了解到出口检验主要是"企业备案注册—报检—检验检疫—签证放行"这样一个过程。

1. 企业备案注册

企业提交申请资料，福州出入境检验检疫局在 5 个工作日内决定是否受理。受理后，福建出入境检验检疫局（或福建出入境检验检疫局授权福州出入境检验检疫局）在 10 日内组织评审组对企业进行现场评审，企业通过现场评审并对评审组提出的不符合项进行有效整改后，福建出入境检验检疫局在 5 日内进行资料审查做出是否准予备案的决定。取得备案资格后，进口国有注册要求的，企业继续向福州出入境检验检疫局提交申请资料申请国外注册。

2. 报检

企业取得备案注册资格后，可向福州出入境检验检疫局报检产品出口。企业通过自理报检单位备案后可向福州出入境检验检疫局申报，未办理自理报检备案的单位可委托持有效代理报检单位注册登记证书的代理报检单位报检。报检时提供出境货物报检单、合同、发票、装箱单、厂检报告和其他必要资料。

3. 检验检疫

受理报检后，福州出入境检验检疫局及时指派检验检疫人员去企业仓库现场抽样，根据进口国要求、客户要求、国家标准和企业标准等相关标准进行检验检疫，有要求时抽取样品送专业实验室进行安全卫生相关项目检测。

4. 签证放行

对于检验检疫和检测项目全部合格的产品，检验检疫人员进行结果登记，签发有关换证凭单、通关单或相关证书。不合格的签发不合格通知单，不准出口。

知识加油站

1）具有该商品出口经营权的单位或受其委托的单位填写出口商品检验申请单，向当地商检机构申请报验。报验时，须随附下列单据或证件：①出口货物明细单；②出口货物报关单或其他供通关用的凭证；③对外贸易合同或售货确认书及有关函电、信用证（或购买证）。经生产经营单位自行检验的，须加附厂检结果单或化验报告单，如同时申请鉴重的，须加附重量明细单（磅码单）。报验的出口商品，原则上由商检机构进行检验，或由国家商检部门指定的检验机构进行检验。商检机构也可视情况，根据生产单位检验或外贸部门验收的结果换证，也可派出人员与生产单位共同进行检验。检验的内容包括商品的质量、规格、数量、重量、包装，以及是否符合安全、卫生要求。检验的依据是法律、行政法规规定有强制性标准或者其他必须执行的检验标准（如输入国政府法令、法规规定）或对外贸易合同约定的检验标准。

2）出口商品经检验合格的，由商检机构签发检验证书，或在出口货物报关单上加盖检验印章。经检验不合格的，由商检机构签发不合格通知单。根据不合格的原因，商检机构可酌情同意申请人申请复验，复验原则上仅限一次，或由申请单位重新加工整理后申请复验。复验时应随附加工整理情况报告和不合格通知单，经复验合格，商检机构签发检验证书。出口检验流程办理申请进出口商品免验放行程序。

3）检验时限一般为10个工作日，特殊检验项目和需复验的需延长1～10个工作日。

操作2：了解出口检验需提交的单据

常规的出境货物报检所需资料：报检单、合同、商业发票、装箱单及其他要求的资料。其中，报检单样例如图4-15所示。

中华人民共和国出入境检验检疫

出境货物报检单

报检单位（加盖公章）：上海利达贸易有限公司　　*编　号______

报检单位登记号：3100916301　联系人：许强　电话：021-64042589　报检日期：10 年 5 月 18 日

发货人	（中文）	上海利达贸易有限公司
	（外文）	SHANGHAI LIDA TRADING COMPANY LIMITED
收货人	（中文）	***
	（外文）	DRAGON TOY CO., LTD.

货物名称（中/外文）	H.S.编码	产地	数/重量	货物总值	包装种类及数量
遥控车	9503008200	上海市	5040辆	89856.00美元	348纸箱

运输工具名称号码	船舶	贸易方式	一般贸易	货物存放地点	***
合同号	LD-DRG-SC0330	信用证号	834LC43690341	用途	***
发货日期	***	输往国家（地区）	美国	许可证/审批号	***
启运地	上海	到达口岸	纽约	生产单位注册号	***
集装箱规格、数量及号码	海运20尺普通箱2个				

合同、信用证订立的检验检疫条款或特殊要求	标记及号码	随附单据（划"√"或补填）
***	DRAGON TOY LD-DRG-SC0330 NEW YORK C. NO. 1 - 348	□合同 □信用证 √发票 □换证凭证 √装箱单 □厂检单 □包装性能结果单 □许可/审批文件

需要证单名称（划"√"或补填）		*检验检疫费	
□品质证书 __正__副 □重量证书 __正__副 □数量证书 __正__副 □兽医卫生证书 __正__副 □健康证书 __正__副 □卫生证书 __正__副 □动物卫生证书 __正__副	□植物检疫证书 __正__副 □熏蒸/消毒证书 __正__副 □出境货物换证凭单 __正__副 √出境货物通关单 1 正 2 副	总金额（人民币元）	
		计费人	
		收费人	

报检人郑重声明	领取证单	
1.本人被授权报检 2.上列填写内容正确属实，货物无伪造或冒用他人的厂名、标志、认证标志，并承担货物质量责任。 签名：许强	日期	
	签名	

注：有"*"号栏由出入境检验检疫机关填写　　◆国家出入境检验检疫局制 [1-2(2005.1.1)]

图4-15　出境货物报检单样例

操作 3：缮制单据

童丹丹经过相关了解，明确了出境货物报检要提交的单据有出境货物报检单、商业发票和装箱单等，于是便开始着手准备。

1. 出境货物报检单

图 4-16 为出境货物报检单。

中华人民共和国出入境检验检疫

出境货物报检单

报检单位（加盖公章）：温岭陈氏鞋业有限公司　　*编　号 STEPC000159

报检单位登记号：000000000000€　联系人：陈笑健　电话：0576-8666620!　报检日期：2019年 2 月 8 日

发货人	（中文）	温岭陈氏鞋业有限公司
	（外文）	Wenling Chan Shoes Co.,Ltd.
收货人	（中文）	
	（外文）	Leather Shoes Import Co., Ltd.

选择	货物名称（中/外文）	H.S.编码	产地	数/重量	货物总值	包装种类及数量
◎	女士皮鞋 WOMEN'S LEATHER SHOES	6403200090	中国	2000PAIR	USD80000	100CARTON

[添 加][修 改][删 除]

运输工具名称号码	Zaandam	贸易方式	一般贸易	货物存放地点	FUZHOU CY
合同号	LS19006	信用证号	STLCN000137	用途	
发货日期	2019-02-10	输往国家(地区)	日本	许可证／审批号	
启运地	福州港	到达口岸	千叶	生产单位注册号	
集装箱规格、数量及号码					

合同、信用证订立的检验检疫条款或特殊要求	标记及号码	随附单据（划“√”或补填）	
	LEATHER LS19006 CHIBA, JAPAN C/NO.1-100	☑合同 ☑信用证 ☑发票 ☐换证凭单 ☑装箱单 ☐厂检单	☐包装性能结果单 ☐许可/审批文件 ☐ ☐ ☐ ☐

需要证单名称（划“√”或补填）				*检验检疫费	
☐品质证书	0 正 0 副	☐植物检疫证书	0 正 0 副	总金额（人民币元）	0
☐重量证书	0 正 0 副	☐熏蒸/消毒证书	0 正 0 副		
☐数量证书	0 正 0 副	☐出境货物换证凭单			
☐兽医卫生证书	0 正 0 副	☑通关单		计费人	
☐健康证书	0 正 0 副	☐			
☐卫生证书	0 正 0 副	☐		收费人	
☐动物卫生证书	0 正 0 副	☐			

报检人郑重声明：	领取证单	
1. 本人被授权报检。 2. 上列填写内容正确属实，货物无伪造或冒用他人的厂名、标志、认证标志，并承担货物质量责任。	日期	
签名：陈笑健	签名	

注：有“*”号栏由出入境检验检疫机关填写　　◆国家出入境检验检疫局制

[1-2 (2000.1.1)]

[打印预览] [保存] [退出]

图 4-16　出境货物报检单

2. 商业发票

图 4-17 为商业发票。

ISSUER Wenling Chan Shoes Co.,Ltd. No.88, Renmin Road, Wenling City, Zhejiang Province, China	商业发票 COMMERCIAL INVOICE
TO Leather Shoes Import Co., Ltd. P.O.Box8935, Chiba Prefecture, Japan	**NO.** STINV000157 / **DATE** 2019-02-06
TRANSPORT DETAILS FROM FUZHOU CHINA TO CHIBA JAPAN ON FEB.10,2019 BY VESSEL.	**S/C NO.** LS19006 / **L/C NO.** STLCN000137 **TERMS OF PAYMENT** L/C

Choice	Marks and Numbers	Description of goods	Quantity	Unit Price	Amount
	LEATHER LS19006 CHIBA, JAPAN C/NO.1-100	WOMEN'S LEATHER SHOES SURFACE:KIDSKIN LEATHER UPPER SOLE:SLIP-RESISTANT RUBBER SOLE. PACKING: 20 PAIRS/CARTON	2000PAIR	USD40	USD80000

[添 加][修 改][删 除]

Total: [2000][PAIR]　[USD][80000]

SAY TOTAL: U.S.DOLLARS EIGHTY THOUSAND ONLY

(写备注处)

Wenling Chan Shoes Co.,Ltd. (公司名称)

Carl Chan (法人签名)

[打印预览] [保存] [退出]

图 4-17　商业发票

3. 装箱单

图 4-18 为装箱单。

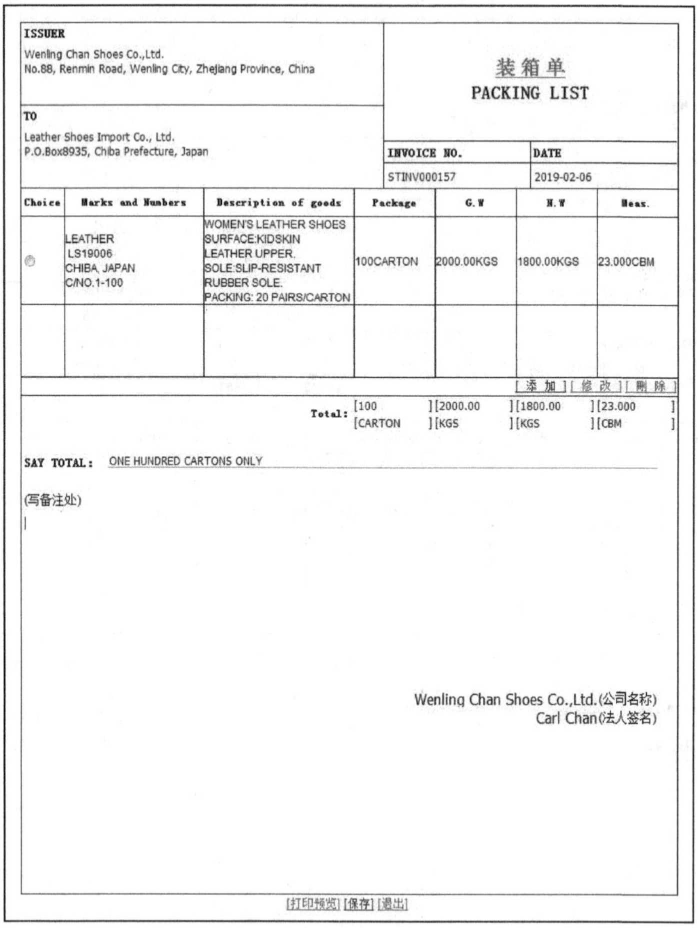

ISSUER
Wenling Chan Shoes Co.,Ltd.
No.88, Renmin Road, Wenling City, Zhejiang Province, China

装箱单
PACKING LIST

TO
Leather Shoes Import Co., Ltd.
P.O.Box8935, Chiba Prefecture, Japan

INVOICE NO.	DATE
STINV000157	2019-02-06

Choice	Marks and Numbers	Description of goods	Package	G.W	N.W	Meas.
◎	LEATHER LS19006 CHIBA, JAPAN C/NO.1-100	WOMEN'S LEATHER SHOES SURFACE:KIDSKIN LEATHER UPPER. SOLE:SLIP-RESISTANT RUBBER SOLE. PACKING: 20 PAIRS/CARTON	100CARTON	2000.00KGS	1800.00KGS	23.000CBM

[添 加][修 改][删 除]

Total: [100 CARTON] [2000.00 KGS] [1800.00 KGS] [23.000 CBM]

SAY TOTAL: ONE HUNDRED CARTONS ONLY

(写备注处)

Wenling Chan Shoes Co.,Ltd.(公司名称)
Carl Chan(法人签名)

[打印预览][保存][退出]

图 4-18　装箱单

SimTrade 实操
办理出口检验

1. 实训要求

在 SimTrade 系统中完成出口检验流程操作，填制出境货物报检单、商业发票、装箱单。

2. 具体操作步骤

（1）查询信息

单击“B2B”按钮，进入“淘金网”查询界面。单击“税率查询”按钮，输入商品的海关编码进行查询，可查到相对应的监管条件，单击代码符号，可查看各代码的意义。

（2）填写"出境货物报检单"

单击"Business"按钮，进入"业务中心"界面。单击"进口商"建筑物标志，在打开的"进口商"界面中单击"添加单据"按钮，添加并填写出境货物报检单，如图4-19所示。

中华人民共和国出入境检验检疫

出境货物报检单

报检单位（加盖公章）：				*编　号 STEPC000003
报检单位登记号：	联系人：	电话：	报检日期：　年　月　日	

发货人	（中文）
	（外文）

收货人	（中文）
	（外文）

选择	货物名称（中/外文）	H.S.编码	产地	数/重量	货物总值	包装种类及数量

［添加］［修改］［删除］

运输工具名称号码		贸易方式		货物存放地点	
合同号		信用证号		用途	
发货日期		输往国家(地区)		许可证/审批号	
启运地		到达口岸		生产单位注册号	

集装箱规格、数量及号码

合同、信用证订立的检验检疫条款或特殊要求	标记及号码	随附单据（划"√"或补填）	
		□合同	□包装性能结果单
		□信用证	□许可/审批文件
		□发票	□_____
		□换证凭单	□_____
		□装箱单	□_____
		□厂检单	□_____

需要证单名称（划"√"或补填）		*检验检疫费	
□品质证书　　　＿正＿副　□植物检疫证书　　＿正＿副 □重量证书　　　＿正＿副　□熏蒸/消毒证书　＿正＿副 □数量证书　　　＿正＿副　□出境货物换证凭单 □兽医卫生证书　＿正＿副　□通关单 □健康证书　　　＿正＿副　□_____ □卫生证书　　　＿正＿副　□_____ □动物卫生证书　＿正＿副		总金额（人民币/元）	
		计费人	
		收费人	

报检人郑重声明： 　　1.本人被授权报检。 　　2.上列填写内容正确属实，货物无伪造或冒用他人的厂名、标志、认证标志，并承担货物质量责任。 　　　　　　签名：_____	领取证单	
	日期	
	签名	

注：有"*"号栏由出入境检验检疫机关填写　　　　◆国家出入境检验检疫局制

[1-2 (2000.1.1)]

图4-19　填写出境货物报检单

出境货物报检单填写说明如下。

报检单是国家检验检疫部门根据检验检疫、鉴定工作的需要，为保证检验检疫工作规范化和程序化而设置的。它是报检人根据有关法律、行政法规或合同约定申请检验检疫机构对其某种货物实施检验检疫、鉴定意愿的书面凭证，它表明了申请人正式向检验检疫机构申请检验检疫、鉴定，以取得该批货物合法出口的凭证。报检单同时也是检验检疫机构对出入境货物实施检验检疫、启动检验检疫程序的依据。

1）报检单位（加盖公章）、报检单位登记号、联系人、电话。

填写报检单位全称并加盖公章或报验专用章（或附单位介绍信），并准确填写本单位报检登记代码、联系人及电话；代理报检的应加盖代理报检机构在检验机构备案的印章。其中报检单位登记号即单位的海关代码，可在公司基本资料中查找。

2）编号。

本栏目由出入境检验检疫机关填写。

3）发货人。

填写合同上的卖方或信用证上的受益人名称，要求用中文、英文，填写时要一致。

4）收货人。

填写合同上的买方或信用证的开证人名称，可只填英文。

5）货物名称（中/外文）。

按合同、信用证所列名称填写，但中/外文要一致。

SimTrade 中，此栏需与淘金网商品详细资料里的中英文名称完全一致。

6）H.S.编码。

海关编码，按《商品名称及编码协调制度》10 位数字填写。

在 SimTrade 中，海关代码在商品基本资料中查找。

7）产地。

在 SimTrade 中，出口货物产地统一为"中国"。

8）数/重量。

按实际申请检验检疫数/重量填写（SimTrade 中的货物都以销售数量计），并注明计量单位，如×××PC。注意：该数量和计量单位既要与实际装运货物情况一致，又要与信用证要求一致。

在 SimTrade 中，本栏填写销售数量，与合同一致。

9）货物总值。

按合同或发票所列货物总值填写，并注明货币单位。对于加工贸易生产出口的货物填写原料费与加工费的总和，不能只填写加工费。

10）包装种类及数量。

指本批货物运输包装的种类及件数，而非销售数量，应与装箱单"package"栏一致。如"370CARTONS"。

11）运输工具名称号码。

填写货物实际装载的运输工具类别名称（如船、飞机、货柜车、火车等）及运输工具编号（船名、飞机航班号、车牌号码、火车车次）。

在 SimTrade 中，请在配舱通知中查找"船名"。

12）贸易方式。

成交的方式，如一般贸易、来料加工、补偿贸易等，通常都为一般贸易。

13）货物存放地点。

报验商品存放的地点，也是商检机构施检或抽取样品的地点。

在 SimTrade 中，货物存放地点请参照配舱通知中的相关内容。

14）合同号。

报验商品成交的合同号码。

15）信用证号。

按实际情况填写信用证号。如属非信用证结汇的货物，本栏目应填写"无"或"/"。

16）用途

商品的用途，一般用途明确的商品也可不填。

17）发货日期。

按照货物的装运情况填写。

18）输往国家（地区）。

指出口货物的最终销售国或地区，即进口国（用中文填写）。各国家中文名称可在"淘金网"的"运费查询"中查询。

19）许可证/审批号。

需申领许可证或经审批的商品填写，一般商品可空白。

20）启运地。

办理报关出运的地点或口岸，须与合同规定一致（用中文填写）。各港口中文名称可在"淘金网"的"运费查询"中查询。

21）到达口岸。

指出口货物运往境外的最终目的港，须与合同规定一致（用中文填写）。各港口中文名称可在"淘金网"的"运费查询"中查询。

22）生产单位注册号。

填写出入境检验检疫机构签发的卫生注册证书号或质量许可证号，没有可不填。

23）集装箱规格、数量及号码。

按实际情况填写，可参照配舱通知。

24）合同、信用证订立的检验检疫条款或特殊要求。

填写对商检机构出具检验证书的要求，即检验检疫条款的内容。检验机构制作证书的检验结果内容时会参考此栏的内容。

25）标记及号码。

填写实际货物运输包装上的标记，与合同唛头一致。中性包装或裸装、散装商品应填"N/M",并注明"裸装"或"散装"。

26)随附单据。

出口商品在报验时,一般应提供外贸合同(或售货确认书及函电)、信用证的复印件或副本,必要时提供原本,还有发票及装箱单。合同如果有补充协议的,要提供补充的协议书;合同、信用证有更改的,要提供合同、信用证的修改书或更改的函电。对订有长期贸易合同而采取记账方式结算的,外贸进出口公司每年一次将合同副本送交商检机构。申请检验时,只在申请单上填明合同号即可,不必每批附交合同副本。凡属危险或法定检验范围内的商品,在申请品质、规格、数量、重量、安全、卫生检验时,必须提交商检机构签发的出口商品包装性能检验合格单证,商检机构凭此受理上述各种报验手续。

27)需要证单名称。

按照合同、信用证及有关国际条约规定必须经检验检疫机构检验并签发证书的,应在报检单上准确注明所需检验检疫证书的种类和数量(在 SimTrade 中通关单必须选择)。

28)检验检疫费。

此栏目由出入境检验检疫机关填写。

29)签名。

由出口商公司法人签名。

30)领取证单。

应在检验检疫机构受理报验日现场由报验人填写。报检单检查结果如图 4-20 所示。

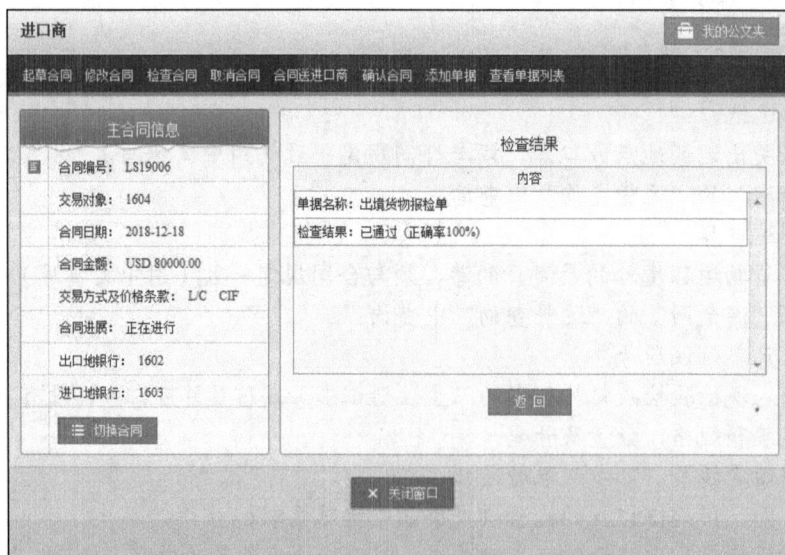

图 4-20　报检单检查结果

（3）填写商业发票

在"Business（业务中心）"界面单击"进口商"建筑物标志，在打开的"进口商"界面中单击"添加单据"按钮，添加并填写商业发票，如图4-21所示。

ISSUER			商业发票 COMMERCIAL INVOICE		
TO			NO. STINV000003		DATE
TRANSPORT DETAILS			S/C NO.		L/C NO.
			TERMS OF PAYMENT		
Choice	Marks ang Numbers	Description of goods	Quantity	Unit Price	Amount
					[添 加] [修 改] [删 除]
		Total: [　　][　　]			[　][　][　]
SAY TOTAL: _____					
（写备注处）					（公司名称） （法人签名）

图 4-21　填写商业发票

商业发票填写说明如下。

商业发票又称为发票，是出口贸易结算单据中最重要的单据之一，所有其他单据都应以它为中心来缮制。因此，在制单顺序上，往往首先缮制商业发票。商业发票是卖方对装运货物的全面情况（包括品质、数量、价格、包装等）详细列述的一种货款价目清单。它常常是卖方陈述、申明、证明和提示某些事宜的书面文件；另外，商业发票也是作为进口国确定征收进口关税的基本资料。

一般来说，发票无正副本之分。来证要求几份，制单时在此基础之上多制一份供议付行使用。如需正本，加打"ORIGIN"字样。

不同发票的名称表示不同用途，要严格根据信用证的规定制作发票名称。一般发票都印有"INVOICE"字样，前面不加修饰语，如信用证规定用"COMMERCIAL INVOICE""SHIPPING INVOICE""TRADE INVOICE"或"INVOICE"，均可作商业发票理解。信用证如规定"DETAILED INVOICE"（详细发票），则应加打"DETAILED INVOICE"字样，而且发票内容中的货物名称、规格、数量、单价、价格条件、总值等应一一详细列出。来证如要求"CERTIFIED INVOICE"（证实发票），则发票名称为"CERTIFIED INVOICE"。同时，在发票内注明"We hereby certify that the contents of invoice herein are true & correct"，发票下端通常印就的"E. &. O. E."（有错当查）应去掉。来证如要求"MANUFACTURE'S INVOICE"（厂商发票），则可在发票内加注"We hereby certify that we are actual manufacturer of the goods invoice"。同时，要用人民币表示国内市场价，此价应低于出口 FOB 价。此外，又有"RECEIPT INVOICE"（钱货两讫发票）、"SAMPLE INVOICE"（样品发票）、"CONSIGNMENT INVOICE"（寄售发票）等。

1）出票人。

填写出票人（ISSUER，即出口商）的英文名称和地址，在信用证支付方式下，应与信用证受益人的名称和地址保持一致。

一般来说，出票人名称和地址是相对固定的，因此有许多出口商在印刷空白发票时就印刷上这一内容。但当公司更名或搬迁后，应及时印刷新的发票，以免造成单证不符。当来证规定用公司新名称、地址时，采用新发票；而当来证规定用公司旧名称、地址时，应用旧发票。

2）受票人。

受票人（TO）也称抬头人，此项必须与信用证中所规定的严格一致。多数情况下填写进口商的名称和地址，且应与信用证开证申请人的名称和地址一致。如信用证无规定，即将信用证的申请人或收货人的名称、地址填入此项。如信用证中无申请人名字则用汇票付款人名字。在其他支付方式下，可以按合同规定列入买方姓名、地址。

3）发票号。

发票号（NO.）一般由出口企业自行编制。发票号码可以代表整套单据的号码，如出口报关单的申报单位编号、汇票的号码、托运单的号码、箱单及其他一系列同笔合同项下的单据编号都可用发票号码代替，因此发票号码尤其重要。有时，有些地区为使结汇不致混乱，也使用银行编制的统一编号。

应注意的是，每一张发票的号码应与同一批货物的出口报关单的号码一致。

在 SimTrade 中，该编号由系统自动生成。

4）发票日期。

在全套单据中，发票通常是签发日最早的单据。发票日期（DATE）只要不早于合同的签订日期，不迟于提单的签发日期即可。一般都是在信用证开证日期之后、信用证有效期之前。

在 SimTrade 中，日期格式参照合同日期。

5）运输说明。

运输说明（TRANSPORT DETAILS）应填写运输工具或运输方式，一般还加上运输工具的名称；运输航线要严格与信用证一致。如果在中途转运，在信用证允许的条件下，应表示转运及其地点。

在 SimTrade 中的填写，如 From Shanghai to Liverpool on July 1, 2018 By Vessel.（所有货物于 2018 年 7 月 1 日通过海运，从上海港运往利物浦港。）

6）合同号。

发票的出具都以买卖合同作为依据，但买卖合同不都以 "S/C" 为名称，有时出现 "order" "P.O." "contract" 等。因此，当合同的名称不是 "S/C" 时，应将本项的名称修改后，再填写该合同的号码，即合同号（S/C NO.）。

在 SimTrade 中，本栏参考合同。

7）信用证号。

信用证方式下的发票需填列信用证号码 [即信用证号（L/C NO.）]，作为出具该发票的依据。若不是信用证方式付款，本项留空。

在 SimTrade 中，信用证号可在进口商建筑 "查看单据列表" 的 "编号" 栏查看，或见信用证的 "20:" 项。

8）支付条款。

填写支付方式，如 T/T、L/C、D/P、D/A。

在 SimTrade 中，支付方式需与合同一致。

9）唛头及件数编号。

唛头即运输标志，既要与实际货物一致，还应与提单一致，并符合信用证的规定。如信用证没有规定，可按买卖双方和厂商订的方案或由受益人自定。无唛头时，应注 "N/M" 或 "No Mark"。如为裸装货，则注明 "NAKED" 或散装 "In Bulk"。如来证规定唛头文字过长，用 "/" 将独立意思的文字彼此隔开，可以向下错行。即使无线相隔，也可酌情错开。

件数有两种表示方法，一是直接写出××件，二是在发票中记载诸如 "We hereby declare that the number of shipping marks on each packages is 1-10, but we actually shipped 10 cases of goods."（兹申明，每件货物的唛头号码是从 1～10，实际装运货物为 10 箱。）之类的文句。

10）货物描述。

货物描述是发票的主要部分，此栏应详细填明各项商品的英文名称及规格。品名规格应该严格按照信用证的规定或描述填写。货物的数量应该与实际装运货物相符，同时符合信用证的要求，如信用证没有详细的规定，必要时可以按照合同注明货物数量填写，但不能与来证内容有抵触。

在 SimTrade 中，商业发票的货物描述应与合同中的品名条款相一致。此处填写 "淘金网"商品详细资料中"英文名称＋英文描述"两部分。

如 CANNED SWEET CORN（商品名称）。

3060Gx6TINS/CTN（英文描述）。

11）数量

货物的数量，与计量单位连用，如×××PC。注意：该数量和计量单位既要与实际装运货物情况一致，又要与合同和信用证要求一致。

12）单价。

单价由 4 个部分组成：计价货币、计量单位、单位数额和价格术语。如果信用证有规定，应与信用证保持一致；若信用证没规定，则应与合同保持一致。

本栏填写方法与合同中的相关内容相同，说明如下：

① 贸易术语：请填于上方空白栏中，填写格式为：FOB 后加"装运港"或"出口国家名称"；CFR 或 CIF 加"目的港"或"进口国家名称"。

② 计价货币与单价金额：依双方约定填写。其中选择计价货币时需参考 SimTrade 中"淘金网"的银行页面的外汇币种与汇率。

如 CIF Canada（或 CIF Toronto）。

USD 18.75。

13）金额小计。

金额小计指列明币种及各项商品总金额（总金额＝单价×数量）。除非信用证上另有规定，货物总值不能超过信用证金额。若信用证没规定，则应与合同保持一致。

实际制单时，若来证要求在发票中扣除佣金，则必须扣除。折扣与佣金的处理方法相同。有时证内无扣除佣金规定，但金额正好是减佣后的金额，发票应显示减佣，否则发票金额超证。有时合同规定佣金，但来证金额内未扣除，而且证内也未提及佣金事宜，则发票不宜显示，待货款收回后另行汇给买方。另外，在 CFR 和 CIF 价格条件下，佣金一般应按扣除运费和保险费之后的 FOB 价计算。

在 SimTrade 中，本栏应与合同填写一致。

14）英文大写金额。

以大写文字写明发票总金额，必须与数字表示的货物总金额一致。

如 U.S.DOLLARS EIGHTY NINE THOUSAND SIX HUNDRED ONLY。

在 SimTrade 中，本栏应与合同填写一致。

15）特殊条款。

在相当多的信用证中，都出现要求在发票中证明某些事项的条款，譬如发票内容正确、真实、货物产地等证明，均应按照信用证要求办理。

16）签名。

根据《UCP600》条款规定，如果信用证没有特殊要求，发票无须签字，但是必须表明系由受益人出具。如果信用证要求签字发票，由出口公司的法人代表或者经办制单人员代表公司在发票右下方签名，上方空白栏填写公司英文名称，下方则填写公司法人英文名称。

发票的出票人一般为信用证的受益人，如果是可转让信用证或其表明接受第三方单据，则出票人可为受让人或第三者。

图 4-22 为商业发票的检查结果。

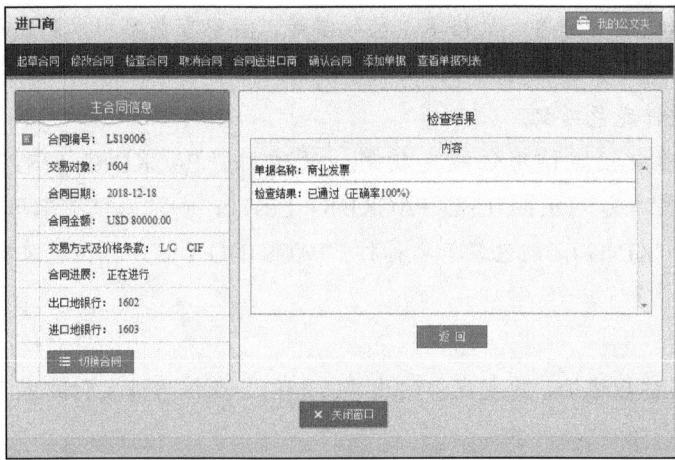

图 4-22　商业发票检查结果

（4）填写装箱单

添加"装箱单"，并完成图 4-23 所示装箱单的填写。

ISSUER			装箱单 PACKING LIST			
TO						
			INVOICE NO.		DATE	
Choice	Marks and Numbers	Description of goods	Package	G.W	N.W	Meas.
				[添 加] [修 改] [删 除]		
		Total: [　　][　　][　　][　　]				
		[　　][　　][　　][　　]				
SAY TOTAL: _____						
（写备注处）						
					（公司名称）	
					（法人签名）	

图 4-23　填写装箱单

装箱单填写说明如下。

装箱单是发票的补充单据，它列明了信用证（或合同）中买卖双方约定的有关包装事宜的细节，便于国外买方在货物到达目的港时供海关检查和核对货物。通常可以将其有关内容加列在商业发票上，但是在信用证有明确要求时，就必须严格按信用证约定制作。类似的单据还有重量单、规格单、尺码单等。其中重量单用来列明每件货物的毛、净重；规格单用来列明包装的规格；尺码单用于列明货物每件尺码和总尺码，或用来列明每批货物的逐件花色搭配。

装箱单名称应按照信用证规定使用。通常用"PACKING LIST"、"PACKING SPECIFICATION"或"DETAILED PACKING LIST"。如果来证要求用"中性包装单"（NEUTRAL PACKING），则包装单名称打"PACKING LIST"，但包装单内不打卖方名称，不能签章。

1）出单方。

出单人的名称与地址，应与发票的出单方相同。在信用证支付方式下，此栏应与信用证受益人的名称和地址一致。

在 SimTrade 中，填写出口商英文名称、地址。

2）受单方。

受单方的名称与地址，与发票的受单方相同。多数情况下填写进口商的名称和地址，并与信用证开证申请人的名称和地址保持一致。在某些情况下也可不填，或填写"To whom it may concern"（致有关人）。

在 SimTrade 中，填写进口商英文名称、地址。

3）发票号。

与发票号码一致。

4）日期。

装箱单缮制日期。应与发票日期一致，不能迟于信用证的有效期及提单日期。

5）唛头及件数编号。

与发票一致，有的注实际唛头，有时也可以只注"as per invoice No.×××"。

6）货物描述。

要求与发票一致。

货名如有总称，应先注总称，然后逐项列明每一包装件的货名、规格、品种等内容。

在 SimTrade 中，装箱单的货物描述应与合同中的品名条款相一致。此处填写"淘金网"商品详细资料中"英文名称＋英文描述"两部分。

如 CANNED SWEET CORN（商品名称）。

3060Gx6TINS/CTN（英文描述）。

7）外包装件数。

外包装件数填写每种货物的包装件数及单位，最后在合计栏处注外包装总件数及单位。

在 SimTrade 中：

① 外包装件数为外包装的数量；

② 如交易两种或两种以上销售单位不同的商品时，合计栏里单位统一表示为"PACKAGE"。

8）毛重。

毛重（G.W.）栏应注明每种商品的总毛重及重量单位，最后在合计栏处把所有交易商品的毛重累加。信用证或合同未要求，不注亦可。例如，2588.36 KGS。

在 SimTrade 中，本栏须分别填入数值与单位。

9）净重。

净重（N.W.）栏应注明每种商品的总净重及重量单位，最后在合计栏处把所有交易商品的净重累加。信用证或合同未要求，不注亦可。例如，760 KGS。

在 SimTrade 中，本栏须分别填入数值与单位。

10）箱外尺寸。

箱外尺寸（Meas.）栏注明每种商品的总体积及体积单位，最后在合计栏处把所有交易商品的体积累加。信用证或合同未要求，不注亦可。例如，1623.548 CBM。

在 SimTrade 中，本栏须分别填入数值与单位。

11）英文大写金额。

以大写文字写明总包装数量，必须与数字表示的包装数量一致。

例如，FOUR THOUSAND FOUR HUNDRED CARTONS ONLY。

12）签名。

由出口公司的法人代表或者经办制单人员代表公司在装箱单右下方签名，上方空白栏填写公司英文名称，下方则填写公司法人英文名称。

（5）完成报检

回到"Business（业务中心）"界面，单击标志为"检验机构"的建筑物，进入"检验机构"界面。在"检验机构"界面单击"申请报检"按钮，勾选单据"销售合同""信用证""出境货物报检单""商业发票""装箱单"复选框后，单击"报检"按钮，报检完成，如图4-24和图4-25所示。

图 4-24　选择报检单据

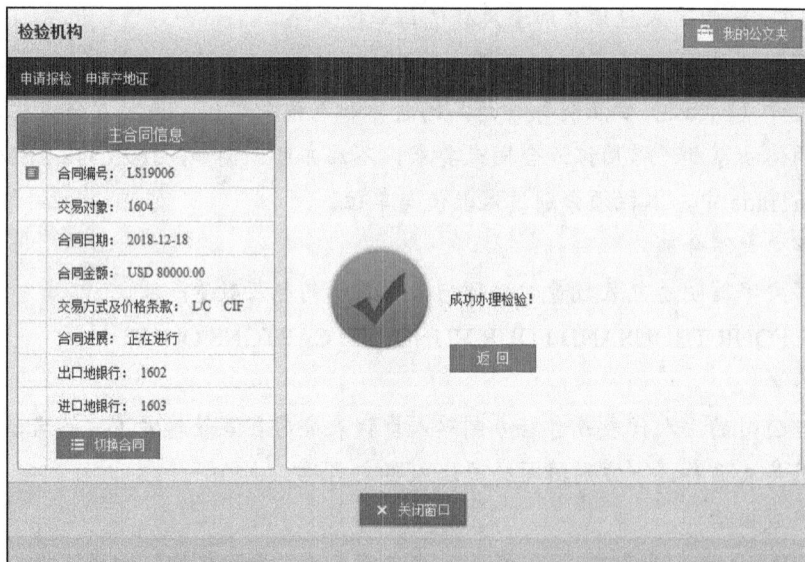

图 4-25　完成报检

（6）查看信息

查看检验机构发回的"出境货物通关单"及出口商申请签发的相应检验证书。

3. 实训小结

子任务三 申请原产地证

☆ **任务目标**

知识与能力目标	1. 了解申请原产地证的一般流程； 2. 能够正确填制产地证
过程与方法目标	1. 在制定条款过程中，提高分析、归纳的能力； 2. 通过小组合作，正确填制原产地证
情感态度与价值观目标	1. 在学习过程中，养成主动参与、勤于动手、积极尝试的习惯； 2. 在小组活动中，学会团队合作； 3. 在学习过程中，逐渐树立商贸职业人的主人翁意识

☆ **任务流程**

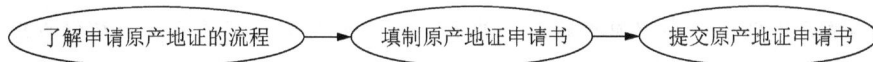

了解申请原产地证的流程 → 填制原产地证申请书 → 提交原产地证申请书

☆ **任务实施**

通过查阅相关资料，童丹丹逐渐了解了申请原产地证的一般流程，并能够正确填制原产地证申请书。

操作 1：了解申请原产地证的流程

在信用证中，要求提供原产地证。童丹丹查询了网络及咨询公司前辈后，获取了如下信息：原产地证书（certificate of origin）是出口商应进口商要求而提供的，由公证机构、政府或出口商出具的证明货物原产地或制造地的一种证明文件。原产地证书是贸易关系人交接货物、结算货款、索赔理赔、进口国通关验收、征收关税的有效凭证，它还是出口国享受配额待遇、进口国对不同出口国实行不同贸易政策的凭证。目前，在我国一般原产地证的申领在当地国家出入境检验检疫局和中国国际贸易促进委员会都可以进行。

知识加油站

一、国家出入境检验检疫局申领——原产地证申领程序

1. 办理注册登记

申请签发原产地证书，必须先办理注册登记，经审核确认有申请资格后，才能按正常程序进行申请签发原产地证书。自注册之日起满二年需办理年审。办理注册登记须提交以下资料：

1）进出口经营权资格批准证书复印件或对外贸易经营者备案登记表复印件。

2）营业执照复印件、组织机构代码证复印件。

3）原产地证注册登记表（一式二份）。

4）产品成本明细单。

5）产品所用的原辅料、零部件的进料发票复印件。

注册费 500 元，领取原产地证注册登记证和证书号，通过网上申报产地。每个注册企业都有一个注册号，该注册号在申请原产地证时应填在申请书上，供计算机识别使用。

2. 原产地证书的申领

注册后会对原产地证申请手签人员进行业务培训，考试合格后，签发申报证件。不接受非申领员办理相关业务。新注册企业为临时申领员，企业变更申领员须提供情况说明。企业变更申领员一年不超过两次。

各单位凭申领员证办理原产地证书业务，特殊情况下，可凭单位介绍信办理。

申请原产地证时，申请人需提交以下文件资料：

1）普惠制原产地证明书申请书或一般原产地证明书申请书一份，申请书需盖申请单位公章。

2）缮制完整的普惠制原产地证书或一般原产地证书一套，证书需签字、盖章。签字人员应是取得原产地证申领资格的人员。

3）正式出口商业发票副本一份，发票需盖章，并应注明包装、数量、毛重，否则还需另附装箱单。

4）含有进口成分的商品，需提供含进口成分商品成本明细单。

5）后发证书，需提供提单。

办理单位接受原产地证网上电子申报后，签发时间为一个工作日。原产地证签证费：普惠制原产地证书每份 40 元，一般原产地证书每份 35 元。

3. 签发

通过软件填制 CO 和 FORM A，并且要通过网络将填写制好的原产地证信息发送到

检验检疫局电子平台审核，通过后方可签发。到检验检疫局签发 CO 时要持检验检疫局 CO 一份，并且需要随附原产地证书申请书和发票各一份，两者都通过软件打印。原产地证书申请书上需要盖上单位公章，随附发票需要盖中英文条形章和法人章。申领 FORM A 时要提供空白 FORM A 一份，每联都要盖中英文条形章和申领员的签名，申领时一样要随附原产地证书申请书和发票各一份。

二、中国国际贸易促进委员会——申办原产地证明书

1. 注册登记与审核

申请单位须向签证机构办理注册登记手续，并经签证机构审核合格后，享有申办原产地证资格。办理注册登记须提交以下资料：

1）提交由工商行政管理部门颁发的当年有效的或经过年审的营业执照正本或副本影印件一份。

2）提交政府主管部门授予企业进出口经营权的文件影印件一份。

3）填写申请中华人民共和国出口货物一般原产地证明书注册登记表。

注册有效期为一年，以注册日年度为限。期满经年度审核合格的，续展一年。

2. 产地证书的申领

企业最迟于货物报关出运前三天向签证机构申请办理原产地证。

企业经注册登记后，其授权及委派的手签员和申领员应接受签证机构的业务培训，并由申领员前往签证机构申领。申请产地证时，申请人需提交以下文件资料：

1）中华人民共和国出口货物原产地申请书一份。

2）中华人民共和国出口货物原产地证明书一式三份。

3）出口货物商业发票。

签发机构通常不接受货物出运后才递交的申办原产证申请，但如遇特殊情况，签证机构可接受迟交的申请书，并酌情办理补证。在此情况下，申请单位递交原产地证明书和申请书时，必须提交下列证明书：

① 解释迟交申请书原因的函件；

② 商业发票及提单、报关单。货物出运后申请原产地证，证书第 11 栏应为实际申请日期和签发日期，签证机构须在证书第五栏加注英文 "ISSUED RETROSPECTIVLY" 印章。

3. 签发

签证机构接受企业在网上申领原产地证，企业可通过系统输入发票、原产地证等相关原始资料或数据，在保存并发送后，系统能够根据原产地证规则即时校验，将原产地证的申领请求发送到中国国际贸易促进委员会进行审核，并将审核结果回送到企业端显现。签证机构将及时签发经网上审核合格的原产地证。

操作 2：填制原产地证申请书

童丹丹对原产地证有了一定的了解，于是在公司网站上根据要求下载了普惠制原产地证（图 4-26），并按照要求进行了填制。

ORIGINAL

1. Goods consigned from(Exporter's business name, address, country) Wenling Chan Shoes Co.,Ltd. No.88, Renmin Road, Wenling City, Zhejiang Province, China				Reference NO. STGSP000001 GENERALIZED SYSTEM OF PREFERENCES CERTIFICATE OF ORIGIN (Combined declaration and certificate)		
2. Goods consigned to(Consignee's name,address,country) Leather Shoes Import Co., Ltd. P.O.Box8935, Chiba Prefecture, Japan				FORM A Issued in THE PEOPLE'S REPUBLIC OF CHINA (country)		
3. Means of transport and route(as far as known) FROM FUZHOU TO CHIBA ON MAR.25,2019 BY VESSEL.				4. For official use		
Choice	5. Item number	6. Marks and numbers of packages	7. Number and kind of packages; description of goods	8. Origin criterion(see Notes overleaf)	9. Gross weight or other quantity	10. Number and date of invoice
	1	LEATHER LS19006 CHIBA, JAPAN C/NO.1-UP	100CARTONS(ONE HUNDRED CARTONS ONLY)OF WOMEN'S LEATHER SHOES SURFACE:KIDSKIN LEATHER UPPER SOLE:SLIP-RESISTANT RUBBER SOLE PACKING: 20 PAIRS/CARTON	"P"	2000KGS	STINV000157 FEB.06,2019
11. Certification It is hereby certified,on the basis of control carried out, that the declaration by the exporter is correct. -- Place and date, signature and stamp of certifying authority				12. Dedaration by the exporter The undersigned here by dedares that the above details and statements are correct,that all the goods were produced in _____CHINA_____ (country) and that they comply with the origin requirements specified for those goods in the Generalized System of Preferences for goods exported to ....JAPAN............... (importing country) ....WENLING, FEB.07,2019............... Place and date, signature and stamp of authorized signatory		

图 4-26 普惠制原产地证

🔋 知识加油站

常见的一般原产地证（C/O）如图 4-27 所示。

ORIGINAL

1. Exporter SHANGHAI LIDA TRADING COMPANY LIMITED 24 FL., ZHONGHAI BLDG, NO. 398 MID HUAIHAI ROAD, SHANGHAI 200020, CHINA	Certificate No. C09/034856/M201
2. Consignee DRAGON TOY CO., LTD 158 EAST 43RD STREET, SUITE 1052, NEW YORK, NY 10017, U.S.A.	CERTIFICATE OF ORIGIN OF THE PEOPLE'S REPUBLIC OF CHINA
3. Means of transport and route FROM SHANGHAI TO NEW YORK BY SEA	5. For certifying authority use only
4. Country / region of destination U.S.A.	

6. Marks and numbers	7. Number and kind of packages;description of goods	8. H.S. Code	9. Quantity	10. Number and date of invoices
DRAGON TOY LD-DRG-SC0330 NEW YORK C. NO. 1 - 348	348(THREE HUNDRED AND FORTY EIGHT) CARTONS OF RADIO CONTROL CARS *** L/C ISSUING BANK: BANK OF AMERICA L/C NO.: 834LC43690341	9503008200	5040PCS	LD-DRG-INV0516 MAY 16, 2010

11. Declaration by the exporter The undersigned hereby declares that the above details and statements are correct;that all the goods were produced in China and that they comply with the Rules of Origin of the People's Republic of China.	12. Certification It is hereby certified that the declaration by the exporter is correct.
SHANGHAI MAY 23, 2010 Place and date. signature and stamp of authorized signatory	SHANGHAI MAY 26, 2010 Place and date. signature and stamp of certifying authority

图 4-27　一般原产地证

操作 3：向国家出入境检验检疫局或中国国际贸易促进委员会提交原产地证申请书

童丹丹填写好原产地申请书之后，仔细核对检查后，通过公司的系统（之前公司已经向国家出入境检验检疫局购买安装的）发送给国家出入境检验检疫局。

SimTrade 实操
申请原产地证

1. 实训要求

在 SimTrade 系统中完成申请普惠制产地证流程操作，填制普惠制产地证明书。

2. 具体操作步骤

（1）填写普惠制产地证明书

在"Business（业务中心）"界面单击"进口商"建筑物标志，在打开的"进口商"界面中单击"添加单据"按钮，添加并填写普惠制产地证明书，如图 4-28 所示。

ORIGINAL

1. Goods consigned from(Exporter's business name, address, country)	Reference NO.　STGSP000002 GENERALIZED SYSTEM OF PREFERENCES CERTIFICATE OF ORIGIN (Combined declaration and certificate)
2. Goods consigned to(Consignee's name,address,country)	FORM A Issued in　THE PEOPLE'S REPUBLIC OF CHINA (country)
3. Means of transport and route(as far as known)	4. For official use

Choice	5. Item Number	6. Marks and numbers of packages	7. Number and kind of packages; description of goods	8. Origin criterion(see notes overleaf)	9. Gross weight or other quantity	10. Number and date of invoices

11. Certification It is hereby certified,on the basis of control carried out,that the declaration by the exporter is correct. -- Place and date, signature and stamp of certifying authority	12. Declaration by the exporter The undersigned hereby declares that the above details and statements are correct,that all the goods were produced in _____ (country) and that they comply with the origin requirements specified for those goods in the Generalized System of Preferences for goods exported to --(importing country) -- Place and date, signature and stamp of authorized signatory

图 4-28　填写普惠制产地证明书

普惠制产地证明书填写说明如下。

普惠制产地证明书又称 G.S.P 证书、FORM A 证书。普惠制产地证明书是发展中国家向发达国家出口货物，按照联合国贸易和发展会议规定的统一格式填制的一种证明货物原产地的文件，又是给惠国（进口国）给予优惠关税待遇或免税的凭证。凡享受普惠制规定的关税减免者，必须提供普惠制产地证明书。

FORM A 要向各地检验机构购买，需用时由出口公司缮制，连同一份申请书和商业发票送国家出入境检验检疫局，经国家出入境检验检疫局核对签章后即成为有效单据。一套 FORM A 中有一份正本、两份副本，副本仅供寄单参考和留存之用，正本是可以议付的单据。

1）证书号码。

填写签证当局编好的证书号码（Reference No.）。

在 SimTrade 中，该号码由系统自动产生。

2）发货人（出口商名称、地址、国家）。

发货人（goods consigned from...）栏应按实际情况详细填写。若属信用证项下，应与规定的受益人名址、国别一致。需注意的是，本栏目的最后一个单词必须是国家名。如为第三方发货，须与提单发货人一致。

例如：CHINA NATIONAL LIGHT INDUSTRIAL PRODUCTS IMPORT & EXPORT CORP.

NO. 82 DONGANMEN STREET. BEIJING, CHINA

此栏必须填明在中国境内的出口商详址，包括街道、门牌号码和城市名称及国家名。

3）收货人（收货人名称、地址、国别）。

收货人（goods consigned to...）栏应填写实际给惠国的最终收货人名称、地址、国别，不得填中间商的名称、地址。

填写时必须注意：

① 信用证无其他规定时，收货人一般即是开证申请人。

② 若信用证申请人不是实际收货人，而又无法明确实际收货人时，可以提单的被通知人作为收货人。

③ 如果进口国为欧盟成员国，本栏可以留空或填"To be ordered"。另外，日本、挪威、瑞典的进口商要求签发"临时"证书时，签证当局在此栏加盖"临时（PROVISIONAL）"红色印章。

4）运输方式和路线。

运输方式和路线（means of transport and route）栏应填写运输方式（海运、空运等）、装运港和目的港，应注意与其他单据保持一致。如需中途转运，也应注明。

在 SimTrade 中的填写，如 From Shanghai to Liverpool on Jul.1, 2018 by Vessel.（所有货物于 2018 年 7 月 1 日通过海运，从上海港运往利物浦港。）

5）供官方使用。

供官方使用（for official use）栏应由进出口检验机构填注。正常情况下，出口公司应将此栏留空。检验机构主要在两种情况下填注：一是后补证书，加盖 "ISSUED RETROSPECTIVELY"（后发）的红色印章；二是原证丢失，该证系补签，此栏要加盖 "DUPLICATE" 并声明原证作废。但需注意的是，日本一般不接受后发证书。如为"复本"，应在本栏注明原发证书的编号和签订日期，然后声明原证书作废，如 "THIS CERTIFICATE IS IN REPLACEMENT OF CERTIFICATE OF ORIGIN NO... DATED... WHICH IS CANCELLED." 并加盖 "DUPLICATE" 红色印章。

6）项目编号。

项目编号（item number）栏应填列商品项目，有几项填几项。如果只有单项商品，仍要列明项目 "1"；如果商品品名有多项，则必须按 "1、2、3……" 分行列出。

7）唛头及包装号码。

应注意与买卖合同、发票、提单、保险单等单据保持一致（对应合同中的 "Shipping Mark" 栏）。即使没有唛头，也应注明 "N/M"，不得留空。

如唛头内容过多，可填在第 7、8、9 栏的空白处，或另加附页，只需打上原证号，并由签证机关授权人员手签和加盖签证章。

8）包装种类和件数、货物描述。

填写商品的数量、包装种类及商品名称与描述，应与信用证和其他单据保持一致。

注意：请勿忘记填上包装种类及数量，并在包装数量的阿拉伯数字后用括号加上大写的英文数字，例如，上例商品名称应具体填明，其详细程度应能在 HS 的四位数字中准确归类。不能笼统填 "MACHINE" "METER" "GARMENT" 等。但商品的商标、牌名（BRAND）、货号（ART.NO）也可不填，因这些与国外海关税则无关。商品名称等项填完后，应在末行加上表示结束的符号，以防止加填伪造内容。国外信用证有时要求填具合同、信用证号码等，可加在此栏结束符号下方的空白处。

在 SimTrade 中，须填写商品包装数量＋包装单位＋（数字大写）＋OF＋货物品名＋货物描述。

范例 1：800 CARTONS（EIGHT HUNDRED CARTONS ONLY）OF CANNED SWEET CORN。

3060G×6TINS/CTN。

范例 2：53 CARTONS（FIFTY-THREE CARTONS ONLY）OF WOODEN TEA SERVICE。

PACKING: 1SET/BOX, 5SETS/CARTON。

9）原产地标准。

原产地标准（origin criterion）栏应填写货物原料的成分比例。此栏用字最少，但却是国外海关审证的核心项目。对含有进口成分的商品，因情况复杂，国外要求严格，极易弄错而造成退证，故应认真审核。一般规定说明如下：

① "P"：完全自产，无进口成分，使用"P"。

② "W"：含有进口成分，但符合原产地标准，填"W"。

③ "F"：对加拿大出口时，含进口成分占产品出厂价40%以内者，都使用"F"。

④ 空白：出口到澳大利亚、新西兰的货物，此栏可留空不填。

注意：含有进口原料成分的商品，发往挪威、芬兰、瑞典、奥地利等欧盟成员国及日本时，都使用"W"，并在字母下方标上产品的CCCN税则号（布鲁塞尔税则）；发往加拿大出口的商品，产品含有进口成分占产品出厂价40%以内者，使用"F"；发往澳大利亚、新西兰的商品，此栏可以空白；发往俄罗斯、白俄罗斯、乌克兰、哈萨克斯坦、捷克、斯洛伐克时，都填写"Y"，并在字母下面标上百分比（占产品离岸价格的50%以下）。

在SimTrade中，货物都属完全自产的，无进口成分，此栏填"P"（注意填写时须加引号）。

10）毛重或其他数量。

与运输单据的总毛重或数量相同，应分别列明毛重数值与计量单位。例如，1500 KGS。

注意：此栏应以商品的正常计量单位填，如"只、件、匹、双、台、打"等。以重量计算的则填毛重，只有净重的，填净重亦可。但必须注明"N.W."（net weight）。

在SimTrade中，本栏填写货物总毛重。

11）发票号和发票日期。

与商业发票的同类内容完全一致。

注意：此栏不得留空，为避免月份、日期的误解，月份一律用英文表示，发票内容必须与证书所列内容和货物完全相符。

例如，2018SDT001；JUL.25, 2018。

12）检验检疫机构的签证证明。

检验检疫机构的签证证明（certification）栏由签发此证的检验检疫机构盖章、授权人手签，并填列出证日期和地点。

注意：本证书只在正本上签章，不签署副本。签发日期不得早于第10栏发票日期和第12栏的申报日期，也不得晚于提单的装运日期。手签人的字迹必须清楚，手签与签证章在证面上的位置不得重叠。

13）出口商申报。

出口商申报（declaration by the exporter）指出口方声明、签字、盖章栏。出口商的申明进口国横线上填写的国名一定要填正确。进口国一般与最终收货人或目的港的国别一致。如果难于确定，以第3栏目的港国别为准。凡货物运往欧盟成员国，进口国不明确时，进口国可填E.U.；申请单位的手签人员应在此栏签字，加盖中、英文对照的印章，填写申报地点、时间。例如，BEIJING CHINA SEPT.22, 2018。

注意：此栏日期不得早于发票日期（第10栏），不得迟于签证机构签发日期（第11栏）；在证书正本和所有副本上盖章时避免覆盖进口国名称和手签人姓名；国名应是正式的和全称的。

图 4-29 为普惠制产地证的检查结果。

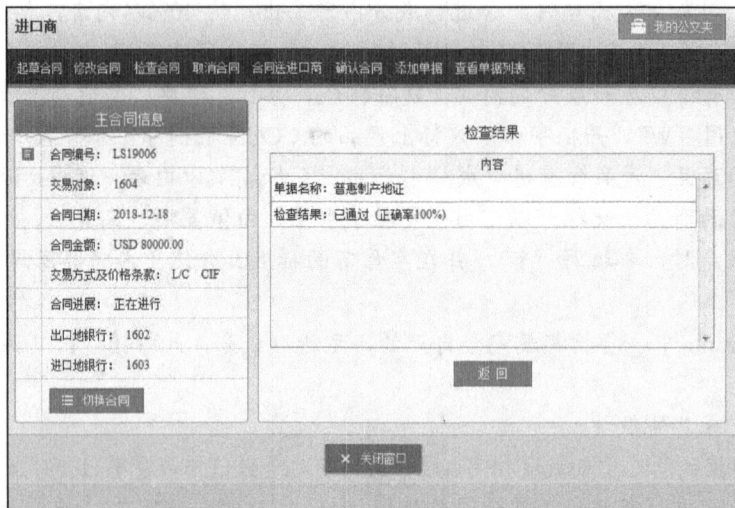

图 4-29　普惠制产地证的检查结果

（2）完成产地证的申请

回到 "Business（业务中心）" 界面，单击标志为 "检验机构" 的建筑物，在 "检验机构" 界面单击 "申请产地证" 按钮，选择产地证类型为 "普惠制产地证明书"，单击 "确定" 按钮，完成产地证的申请，如图 4-30 所示。

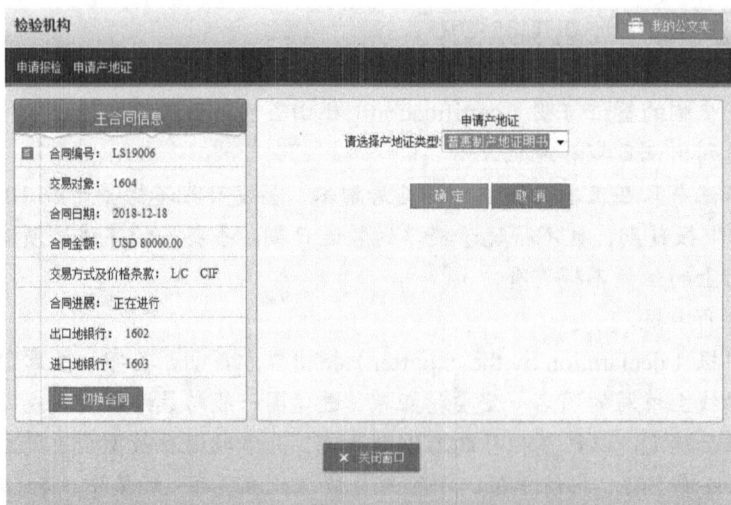

图 4-30　产地证申请

3．实训小结

子任务四　办 理 保 险

☆ **任务目标**

知识与能力目标	1．了解办理保险的一般流程； 2．能够正确填制投保单和保险单
过程与方法目标	1．在制定条款过程中，提高分析、归纳的能力； 2．通过小组合作，正确填制投保单和保险单
情感态度与价值观目标	1．在学习过程中，养成主动参与、勤于动手、积极尝试的态度； 2．在小组活动中，学会团队合作； 3．在学习过程中，逐渐树立商贸职业人的主人翁意识

☆ **任务流程**

了解办理保险的一般流程　→　缮制货物运输投保单　→　办理保险

☆ **任务实施**

操作 1：了解办理保险的流程

童丹丹根据之前在学校所学知识，结合网络资料，了解到如下办理保险的一般业务流程。

1．确定保险金额

按照国际保险市场的惯例，一般是按货物发盘的 CIF 价另加 10% 的预期利润作为保险金额。但各国市场不同，对进出口贸易的管制办法也不同，加上在不同的国家地区，不同的货物和不同时期的货物利润也是不同的,为满足被保险人的实际需要,可适当提高加成率,但要防止高额投保从中取巧。

2. 确定投保险别

保险金额确定后,在具体填写投保单之前要选择投保险别。投保险别选择不当,就会造成货物受损时得不到应有的赔偿,或因投保不必要险别而多支出保险费用。一般来说,选择投保险别时要考虑货物的性质、包装、用途、运输工具、运输路线等问题。

3. 填写投保单

投保单上需填明货物名称、保险金额、运输路线、运输工具、起运日期和投保险别等。

4. 支付保险费

保险费是根据保险金额和保险费率算出的。保险费率是在货物损失率、赔付率的基础上,参照国际市场保险费率水平并适当照顾贸易需要而确定的。

5. 取得保险单

保险单是保险人与被保险人之间的一种合同,它规定了双方间的权利和义务,是确定赔偿责任的依据。

6. 保险索赔

被保险货物运抵目的地后,收货人在提货前如发现整件短少或有明显残损痕迹,应立即向承运人或有关当局(如海关、港务局等)索取货损、货差证明,并以书面形式向承运人或有关单位索赔。

操作 2:缮制货物运输投保单

童丹丹了解到相关的办理保险流程后,从公司网站上下载了货物运输投保单(图4-31),将其填写完整。

操作 3:办理保险

经刘晓审核无误后,童丹丹将做好的商业发票和投保单寄交常合作的保险公司,并缴纳了相应的保险费。

货物运输保险投保单

投保人：温岭陈氏鞋业有限公司　　　　　　　　　　　投保日期：2019-02-07

发票号码	STINV000157	投保条款和险别	
被保险人	客户抬头 温岭陈氏鞋业有限公司 过户 Leather Shoes Import Co., Ltd. P.O.Box8935, Chiba Prefecture, Japan	(√) PICC CLAUSE ( ) ICC CLAUSE ( ) ALL RISKS ( ) W.P.A/W.A (√) F.P.A ( ) WAR RISKS	
保险金额	[USD][88000]	( ) S.R.C.C ( ) STRIKE	
装运港	FUZHOU	( ) ICC CLAUSE A ( ) ICC CLAUSE B	
目的港	CHIBA	( ) ICC CLAUSE C ( ) AIR TPT ALL RISKS	
转内陆		( ) AIR TPT RISKS ( ) O/L TPT AIL RISKS	
开航日期	2019-02-10	( ) O/L TPT RISKS ( ) TRANSHIPMENT RISKS	
船名航次	Zaandam/DY105-08	( ) W TO W	
赔款地点	JAPAN	( ) T.P.N.D. ( ) F.R.E.C.	
赔付币别	USD	( ) R.F.W.D. ( ) RISKS OF BREAKAGE	
保单份数	3	( ) I.O.P	
其他特别 条款			
以下由保险公司填写			
保单号码		签单日期	

图 4-31　货物运输保险投保单

SimTrade 实操
办理保险

1. 实训要求

在 SimTrade 系统中完成办理保险的相关事宜。

2. 具体操作步骤

（1）填写货物运输保险投保单

在"Business（业务中心）"界面单击"进口商"建筑物标志，在打开的"进口商"

界面中单击"添加单据"按钮，添加并填写"货物运输保险投保单"，单击"保存"按钮，如图 4-32 所示。

货物运输保险投保单

投保人：　　　　　　　　　　　　　　　　　　　　　　　投保日期：

发票号码		投保条款和险别
被保险人	客户抬头	（　）PICC CLAUSE
		（　）ICC CLAUSE
		（　）ALL RISKS
		（　）W.P.A/W.A
		（　）F.P.A
		（　）WAR RISKS
	过户	（　）S.R.C.C
		（　）STRIKE
		（　）ICC CLAUSE A
		（　）ICC CLAUSE B
		（　）ICC CLAUSE C
		（　）AIR TPT ALL RISKS
保险金额	[　　　　　][　　　　　]	（　）AIR TPT RISKS
装运港		（　）O/L TPT AIR RISKS
目的港		（　）O/L TPT RISKS
转内陆		（　）TRANSHIPMENT RISKS
开航日期		（　）W TO W
船名航次		（　）T.P.N.D.
赔款地点		（　）F.R.E.C.
赔付币别		（　）R.F.W.D.
保单份数		（　）RISKS OF BREAKAGE
其他特别条款		（　）I.O.P
以下由保险公司填写		
保单号码		签单日期

图 4-32　填写货物运输保险投保单

货物运输保险投保单填写说明如下。

凡按 CIF 和 CIP 条件成交的出口货物，由出口企业向当地保险公司逐笔办理投保手续。在办理时应注意：应根据出口合同或信用证规定，在备妥货物并已确定装运日期和运输工具后，按约定的保险险别和保险金额，向保险公司投保。投保时应填制投保单并支付保险费（保险费＝保险金额×保险费率），保险公司凭以出具保险单或保险凭证。

投保的日期应不迟于货物装船的日期。若合同没有明示投保金额，应按 CIF 或 CIP 价格加成 10%，如买方要求提高加成比率，一般情况下可以接受。但增加的保险费应由买方负担。

1）投保人。

填投保人公司名称（如为出口商投保请填公司中文名称）。

2）投保日期。

指填写投保单的日期。

3）发票号码。

填写此批货物的发票号码。

4）被保险人。

被保险人即投保人或称"抬头"，这一栏填投保人公司的名称。实务上，有些公司会填写"见发票"字样。

货物出运后，风险转由进口商负担。因此，如属出口商投保，可将自己公司的中文名称填在"客户抬头"栏，而将进口商公司名称填在"过户"栏，便于货物发生意外后进口商向保险公司索赔；如属进口商投保，则直接将自己公司名称填在"抬头"栏，而"过户"栏留空。

5）保险金额。

保险金额的计算公式为

$$保险金额＝CIF 货价×（1＋保险加成率）$$

在进出口贸易中，根据有关的国际贸易惯例，保险加成率通常为 10%，当然，出口人也可以根据进口人的要求与保险公司约定不同的保险加成率。

由于保险金额的计算是以 CIF（或 CIP）货价为基础的，因此，对外报价时如果需要将 CFR（或 CPT）价格变为 CIF（CIP）价格，或是在 CFR（或 CPT）合同项下买方要求卖方代为投保时，均不应以 CFR 价格为基础直接加保险费来计算，而应先将 CFR（或 CPT）价格换算为 CIF（或 CIP）价格后再求出相应的保险金额和保险费。

① 按 CIF 进口时：保险金额＝CIF 货价×1.1。

② 按 CFR 进口时：保险金额＝CFR 货价×1.1/（1－1.1×r)，其中 r 为保险费率，请在"淘金网"的"保险费"页面查找，将所投险别的保险费率相加即可。

③ 按 FOB 进口时：保险金额＝（FOB 货价＋海运费）×1.1/（1－1.1×r)，其中 FOB 货价即为合同金额，海运费请在装船通知（SHIPPING ADVICE）中查找（此运费由出口商根据配舱通知填写，请先检查装运通知，以确认海运费是否正确，如有错误，请在出口商的配舱通知中查找）。

注意：

① 因一切险（或 A 险）已包括了所有一般附加险的责任范围，所以在投保一切险（或 A 险）时，保险公司对一般附加险的各险别不会再另收费。投保人在计算保险金额时，一般附加险的保险费率可不计入。

② 基本险只能选择一种投保，特殊附加险则在基本险的基础上加保，注意，如果同时加保特殊附加险中的战争险和罢工险，费率只按其中一项计算，不累加（即同时投保战争险和罢工险，费率仍是 0.80‰，而不是 1.60‰），其他特殊附加险需正常累加。

6）装运港。

按提单填写。

7）目的港。

按提单填写。

8）转内陆。

按实际情况填写。

9）开航日期。

可只填"As Per B/L"，也可根据提单签发日具体填写，如为备运提单应填装船日。按照跟单信用证 No.500，也允许填写提单签发前 5 天之内的任何一天的日期。此栏出保单时可暂时不填，待签发提单后再填不迟。

10）船名航次。

海运方式下填写船名加航次。如 FENG NING V.9103；如整个运输由两次运输完成时，应分别填写一程船名及二程船名，中间用"/"隔开。此处可参考提单内容填写。例如，提单中一程船名为"Mayer"，二程为"Sinyai"，则填"Mayer/Sinyai"。

铁路运输加填运输方式"by railway"加车号；航空运输为"By air"；邮包运输为"By parcel post"。

在 SimTrade 中，船名与航次可在船公司接受出口商订舱时发来的配舱通知中查找。如系进口商投保，则应在出口商发来的装运通知中查找船名航次（装运通知由出口商根据配舱通知填写，请先检查装运通知，以确认船名航次费是否正确，如有错误，请在出口商的配舱通知中查找）。

11）赔款地点。

严格按照信用证规定打制；如来证未规定，则应打目的地或目的港。如信用证规定不止一个目的港或赔付地，则应全部照打。

12）赔付币别。

按出口合同规定的赔付币别填写。

13）保单份数。

中国人民保险公司出具的保险单 1 套，具体如下。

① 来证要求提供保单为"In duplicate""In two folds"或"in 2 copies"，则应提供 1 份正本 Original、1 份副本 Duplicate 构成全套保单。

② 根据跟单信用证 No.500 规定，如保险单据表明所出具正本为 1 份以上，则必须提交全部正本保单。

14）投保条款和险别。

投保条款包括：PICC CLAUSE（中国人民保险公司保险条款），ICC CLAUSE（伦敦协会货物险条款），两种任选其一。

投保险别包括：ALL RISKS（一切险）；W.P.A./W.A.（水渍险）；F.P.A.（平安险）；WAR RISKS（战争险）；S.R.C.C.（罢工、暴动、民变险）；STRIKE（罢工险）；ICC CLAUSE

A［协会货物（A）险条款］；ICC CLAUSE B［协会货物（B）险条款］；ICC CLAUSE C［协会货物（C）险条款］；AIR TPT ALL RISKS（航空运输综合险）；AIR TPT RISKS（航空运输险）；O/L TPT ALL RISK（陆运综合险）；O/L TPT RISKS（陆运险）；TRANSHIPMENT RISKS（转运险）；W TO W（仓至仓条款）；T.P.N.D.（偷窃、提货不着险）；F.R.E.C.［存仓火险责任扩展条款（货物出口到香港，包括九龙或澳门）］；R.F.W.D.（淡水雨淋险）；RISKS OF BREAKAGE（包装破裂险）；I.O.P.（不计免赔率）。

其中，中国保险条款的基本险险别为一切险、水渍险、平安险，一切险承保范围最大，水渍险次之，平安险最小。伦敦协会货物险条款包括协会货物（A）险条款、协会货物（B）险条款、协会货物（C）险条款，A险条款承保范围最大，B险条款次之，C险条款最小。

注意：由于一切险（或A险）条款承保范围最大，包括了一般附加险，所以在填写投保单时，一般附加险的条款可不勾选。但若对方要求在保险单上列明一般附加险中的若干险别，投保人则需在投保单中勾选这些险别，这样保险公司在出具保险单时，才会把这些险别一一列出。在SimTrade中，选择一切险（ALL RISKS）、战争险（WAR RISKS）和罢工险（STRIKE），这样遇到SimTrade里所有的意外情况都能得到索赔。

15）其他特别条款。

有其他特殊投保条款可在此说明，以分号隔开。

在SimTrade中，保险详细条款请在"淘金网"的保险费页面中查询。

（2）办理保险

回到"Business（业务中心）"界面，单击标志为"保险公司"的建筑物，进入"保险公司"界面。在"保险公司"界面单击"办理保险"按钮，勾选单据列表中的"商业发票"和"货物运输保险投保单"复选框，单击"办理保险"按钮，保险办理完成，如图4-33～图4-35所示。

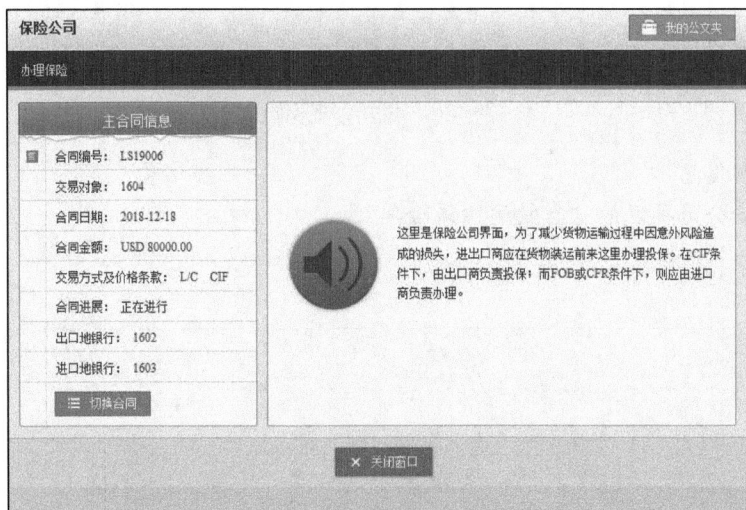

图4-33　保险公司界面

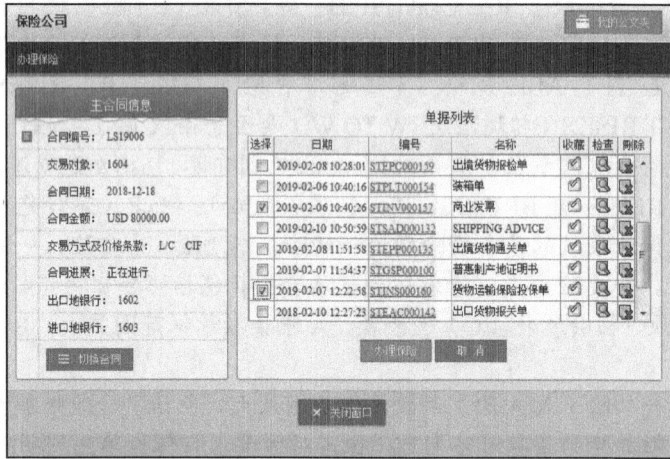

图 4-34　选择保险单据

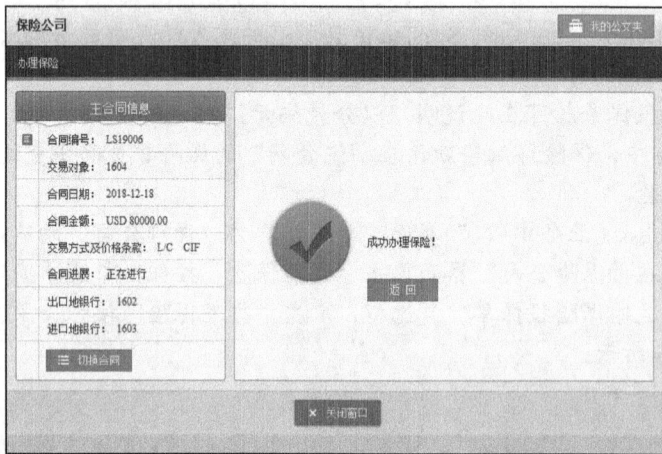

图 4-35　成功办理保险

（3）查看信息

查看保险公司签发的"货物运输保险单"。

3. 实训小结

子任务五　办理报关

☆ 任务目标

知识与能力目标	1. 了解办理报关的一般流程； 2. 能够正确缮制报关单
过程与方法目标	1. 在制定条款过程中，提高分析、归纳的能力； 2. 通过小组合作，正确填制报关单
情感态度与价值观目标	1. 在学习过程中，养成主动参与、勤于动手、积极尝试的习惯； 2. 在小组活动中，学会团队合作； 3. 在学习过程中，逐渐树立商贸职业人的主人翁意识

☆ 任务流程

了解办理报关的流程　→　缮制报关单　→　办理出口报关

☆ 任务实施

操作 1：了解办理报关的流程

办理货物运输保险后，童丹丹立即着手办理出口报关手续。根据之前在学校中学的报关知识，童丹丹知道所有进出口的货物和运输工具必须通过海关进境或出境并接受海关的监督，只有通过海关查验放行后，货物才能提取或装运出口。报关是指从事进出口贸易的有关当事人在货物进出境时向进出境地海关申报货物内容，按规定缴纳关税并请求海关查验放行的行为。出口商可以自行办理报关手续，也可以通过专业的报关经纪行或国际货运代理公司办理。

在出口报关时，需向海关提交一式两份的出口货物报关单。必要时，还需提交出口合同副本、发票、装箱单或重量单、商品检验证书及其他有关证件向海关申报出口。

操作 2：缮制报关单

当务之急是抓紧时间缮制报关单，童丹丹在公司网站上迅速下载了出口报关单表格（图 4-36），开始填制。

操作 3：办理出口报关

童丹丹缮制完成报关单后，连同"商业发票""装箱单"提交福州海关。

中华人民共和国海关出口货物报关单

预录入编号				海关编号		

出口口岸 福州海关		备案号		出口日期 2019-02-10	申报日期 2019-02-10

经营单位	温岭陈氏鞋业有限公司 0000000617	运输方式 江海运输	运输工具名称 Zaandam/DY105-08		提运单号

发货单位	温岭陈氏鞋业有限公司 0000000617	贸易方式 一般贸易	征免性质 一般贸易		结汇方式 L/C

许可证号		抵运国（地区） 日本		指运港 千叶		境内货源地

批准文号		成交方式 CIF	运费 [USD][441]	保费 [USD][440]	杂费 [ ][0]

合同协议号 LS19006	件数 100	包装种类 CARTON	毛重（公斤） 2000	净重（公斤） 1800

集装箱号	随附单据 出境货物通关单		生产厂家

标记唛码及备注
LEATHER
LS19006
CHIBA, JAPAN
C/NO.1-100

选择	项号	商品编号	商品名称、规格型号	数量及单位	最终目的国（地区）	单价	总价	币制	免征
○	1	6403200090	女士皮鞋 鞋面：小山羊皮面 鞋底：耐摩擦胶底	2000PAIR	日本	40	80 000	USD	照章征税

税费征收情况

录入员 录入单位	兹声明以上申报无讹并承担法律责任	海关审单批注及放行日期（签章）	
报关员 陈笑健		审单	审价
	申报单位（签章）		
单位地址 中国浙江省温岭市人民路88号		征税	统计
邮编 317500 电话 0576-86666209	填制日期 2019-02-08	查验	放行

图 4-36 出口货物报关单

SimTrade 实操
办理报关

1．实训要求

在 SimTrade 系统中完成报关流程操作，缮制报关单。

2．具体操作步骤

（1）送货

单击"Business"按钮，进入"业务中心"主界面。单击标志为"海关"的建筑物，进入"海关"界面。在"海关"界面单击"送货"按钮，将货物送到海关指定地点，如图 4-37 所示。

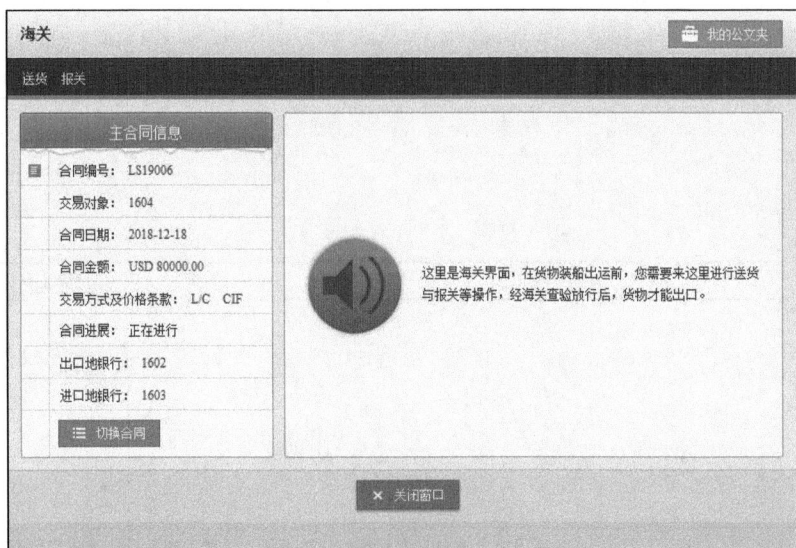

图 4-37 海关界面

（2）填写出口货物报关单

添加"出口货物报关单"（图 4-38），填写完成单击"保存"按钮。

（3）完成报关

首先单击"送货"按钮，然后单击"报关"按钮，勾选单据列表中的"商业发票"、"装箱单"、"出境货物通关单"（不需出口检验的商品可免附）、"出口货物报关单"复选框，单击"报关"按钮，如图 4-39 和图 4-40 所示。完成报关后，货物同时自动装船出运。

预录入编号：   海关编号：

出口口岸		备案号		出口日期		申报日期	
经营单位		运输方式	运输工具名称		提运单号		
发货单位		贸易方式		征免性质		结汇方式	
许可证号		运抵国（地区）		指运港		境内货源地	
批准文号		成交方式	运费 [　　][　　]		保费 [　][　]	杂费 [　][　]	
合同协议号		件数		包装种类	毛重（千克）	净重（千克）	
集装箱号		随附单据			生产厂家		

标记唛码及备注

选择	项号	商品编号	商品名称、规格型号	数量及单位	最终目的国（地区）	单价	总价	币制	免征

[添加] [修改] [删除]

税费征收情况

录入员　录入单位	兹声明以上申报无讹并承担法律责任	海关审单批注及放行日期（签章）	
报关员		审单	审价
单位地址	申报单位（签章）	征税	统计
邮编　　　　电话　　　　填制日期		查验	放行

[打印预览][保存][退出]

图 4-38　出口货物报关单样本

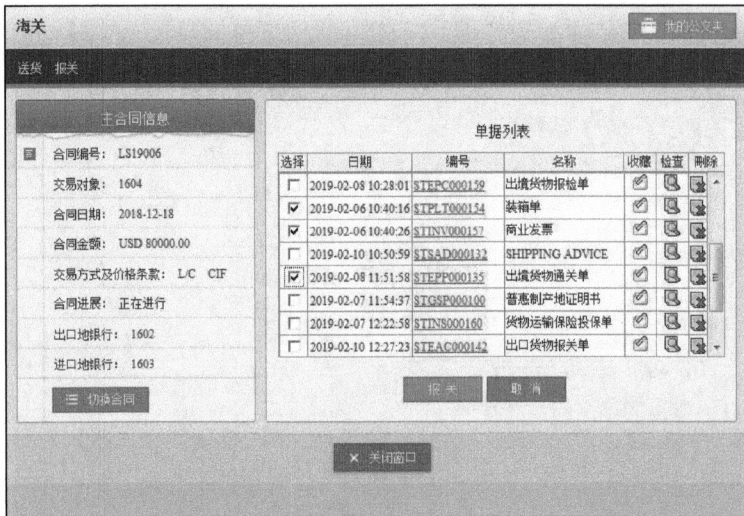

图 4-39 选择报关单据

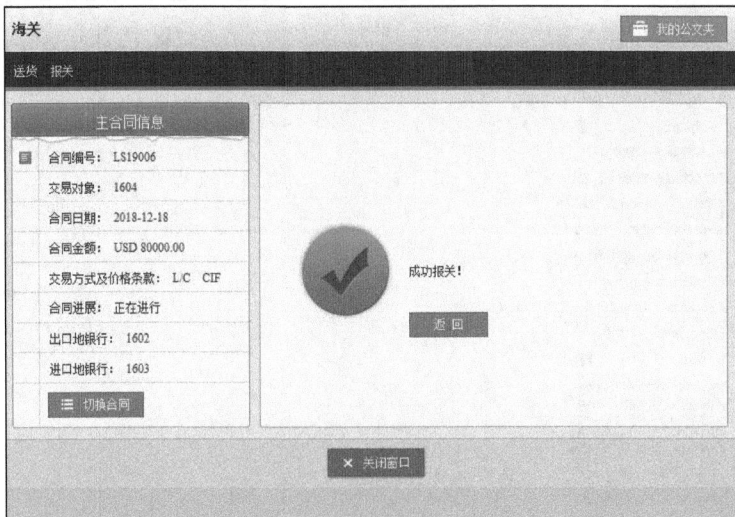

图 4-40 完成报关

（4）取回提单

回到"Business（业务中心）"界面，单击标志为"船公司"的建筑物，在打开的"船公司"界面单击"取回提单"按钮，将提单取回，如图 4-41 所示。

（5）发送装船通知

添加"SHIPPING ADVICE"（图 4-42），填写完成后，单击"船公司"图标按钮，再单击"发送装船通知"按钮，将装船通知发送给进口商。

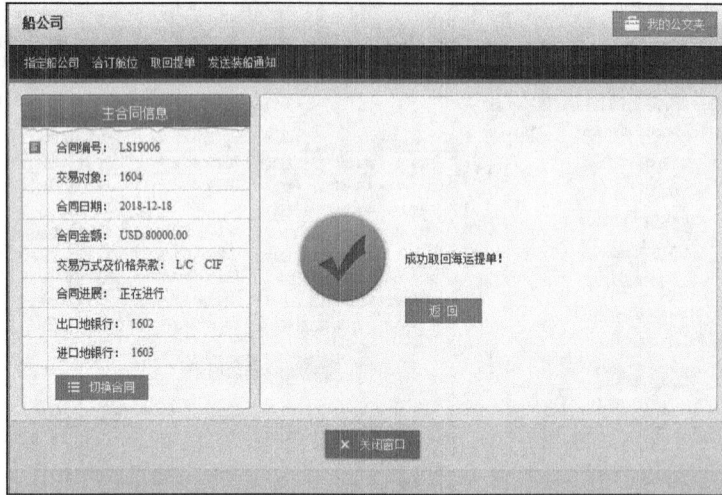

图 4-41　取回提单

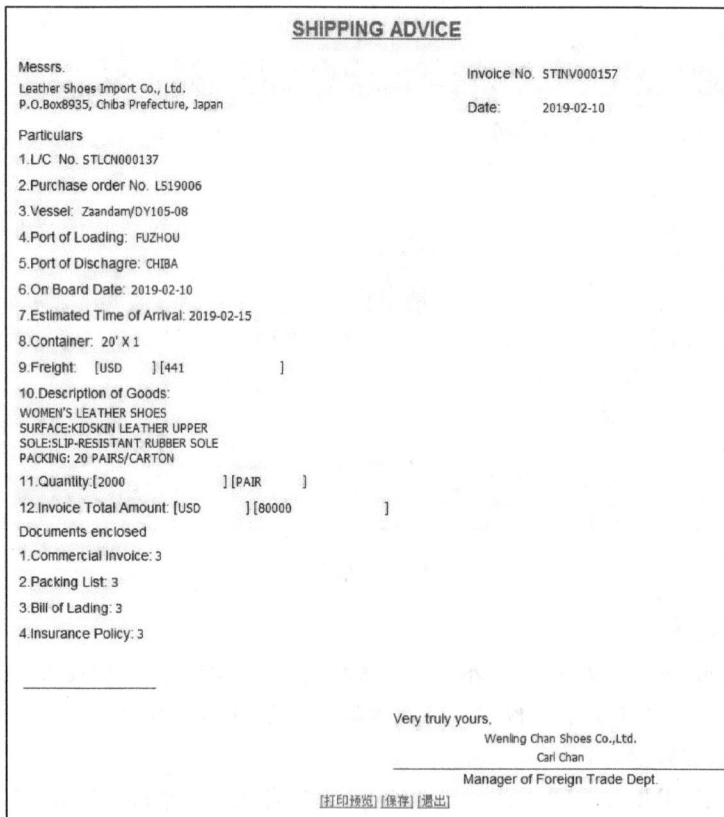

图 4-42　装船通知

3. 实训小结

任务三　办理货物装运后手续

☆ 任务情境

童丹丹：刘老师，现在我们这批货已经装运出港了，也已经取得了海运提单，接下来我们是不是制单结汇就可以了？

刘晓：是的，接下来我们的确需要制单结汇，但是不要忘了进行网上收支申报，并办好出口退税，毕竟这是一笔很大的收入。

童丹丹：好的，刘老师，我明白了。

子任务一　制 单 结 汇

☆ 任务目标

知识与能力目标	1. 了解我国结汇的一般做法； 2. 了解对结汇单据的要求； 3. 正确缮制汇票
过程与方法目标	1. 在制定条款过程中，提高分析、归纳的能力； 2. 通过小组合作，正确缮制汇票
情感态度与价值观目标	1. 在学习过程中，养成主动参与、勤于动手、积极尝试的习惯； 2. 在小组活动中，学会团队合作； 3. 在学习过程中，逐渐树立商贸职业人的主人翁意识

☆ 任务流程

了解我国结汇做法　→　缮制汇票　→　向银行制单结汇

☆ 任务实施

操作 1：了解我国结汇做法

童丹丹根据信用证的要求，开始准备制单结汇的工作，除了之前已经缮制的相关单据，还需要缮制汇票。为了保险起见，童丹丹又温习了关于我国出口结汇的相关做法，具体如下。

在我国出口业务中，使用议付信用证比较多，这种信用证的出口结汇办法主要有收妥结汇、定期结汇、出口押汇 3 种。

1. 收妥结汇

收妥结汇又称收妥付款，是指国内议付行收到出口公司的各种单据后，首先进行审核，审核无误后将单据寄交开证银行（如有偿付银行则将单据寄交偿付银行），开证银行审核无误后，立即付款或授权偿付银行对国内议付银行付款。国内议付银行收到开证银行（或偿付银行）将货款拨入议付银行账户的贷记通知书后，立即将货款结给出口企业。

2. 定期结汇

定期结汇是指议付行根据向国外付款行索汇函电往返需要的时间与付款行正常审单付款的时间，预先确定一个固定的结汇期限，期满时，无论是否收到货物，都会主动将货款兑换成人民币存入出口方银行。定期结汇对于出口商来说，可以掌握收汇时间，合理安排资金周转，而且不用像出口押汇那样向银行支付利息。

3. 出口押汇

出口押汇是指企业（信用证受益人）在向银行提交信用证项下单据议付时，银行（议付行）根据企业的申请，凭企业提交的全套单证相符的单据作为质押进行审核，审核无误后，参照票面金额将款项垫付给企业，然后向开证行寄单索汇，并向企业收取押汇利息和银行费用并保留追索权的一种短期出口融资业务。

操作 2：缮制汇票

童丹丹在咨询了刘晓之后，得知公司一般采用出口押汇的做法，于是决定也采用出口押汇，并着手缮制汇票（图 4-43）。

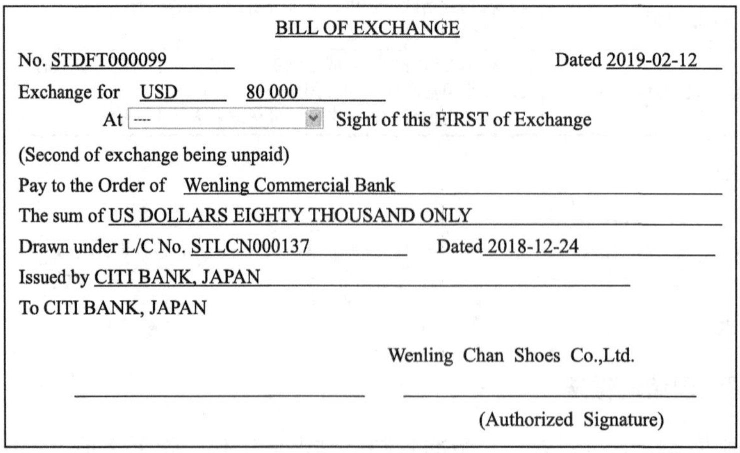

BILL OF EXCHANGE

No. STDFT000099 Dated 2019-02-12

Exchange for USD 80 000

At ---- Sight of this FIRST of Exchange

(Second of exchange being unpaid)

Pay to the Order of Wenling Commercial Bank

The sum of US DOLLARS EIGHTY THOUSAND ONLY

Drawn under L/C No. STLCN000137 Dated 2018-12-24

Issued by CITI BANK, JAPAN

To CITI BANK, JAPAN

Wenling Chan Shoes Co.,Ltd.

(Authorized Signature)

图 4-43 汇票

知识加油站

汇票不是单据而是票据，同时又是一种不能作为流通证券使用的收款凭证。在出口贸易中，通常使用的是随附单据的"跟单汇票"，把汇票当作单据的一部分。

汇票填制要点如下。

1. 付款人

采用信用证支付方式时，汇票的付款人应按信用证的规定填写。若来证没有具体规定付款人名称，一般可理解为付款人为开证行。如果是采取托收方式，汇票的付款人是进口商。

2. 受款人

除个别情况另有规定外，无论是信用证付款方式还是其他付款方式，汇票的受款人一般做成凭指示抬头（pay to order）形式，由收款银行指示将该货款打入出口企业的银行账号。

3. 开具汇票的依据

开具汇票的依据一般指的是开具汇票的具体原因。如属于信用证方式付款的凭证之一，应按照来证的规定文句填写；如属于托收方式下付款的凭证之一，则应在汇票上注明有关合同编码等。

操作 3：向银行制单结汇

童丹丹分析了信用证中要求的各项单据，并根据信用证中提供的议付行的相关信息，电话咨询核对了需要提供的单据，包括商业发票、装箱单、原产地证明书、货物运输保险单、海运提单、汇票，于是根据信用证中要求的份数递交这些单据给议付行。

SimTrade 实操
制单结汇

1. 实训要求

在 SimTrade 系统中完成制单结汇过程。

2. 具体操作步骤

（1）填写汇票

在"Business（业务中心）"界面单击"进口商"建筑物标志，打开"进口商"界面，单击"添加单据"按钮，添加并填写汇票，单击"保存"按钮，如图 4-44 所示。

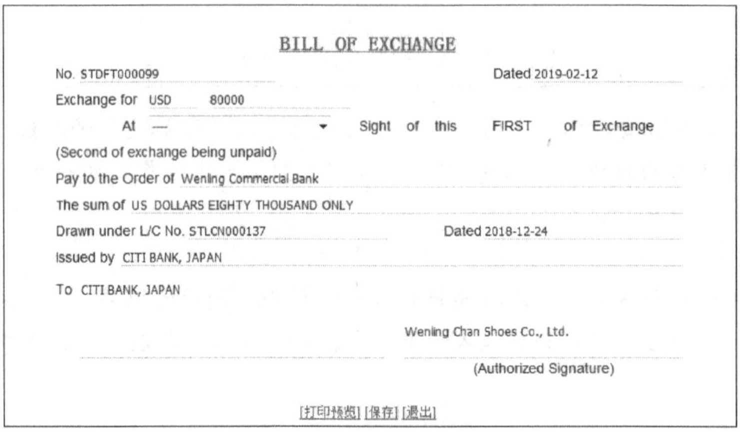

```
                          BILL  OF  EXCHANGE
No. STDFT000099                              Dated 2019-02-12
Exchange for  USD    80000
           At  —                ▼    Sight  of  this   FIRST   of  Exchange
(Second of exchange being unpaid)
Pay to the Order of  Wenling Commercial Bank
The sum of  US  DOLLARS EIGHTY THOUSAND ONLY
Drawn under L/C No. STLCN000137          Dated 2018-12-24
Issued by  CITI BANK, JAPAN
To  CITI BANK, JAPAN

                              Wenling Chan Shoes Co., Ltd.

                                    (Authorized Signature)
```

[打印格观] [保存] [退出]

图 4-44　填写汇票

汇票填写说明如下。

汇票简称 B/E，是出票人签发的，要求受票人在见票时或在指定的日期无条件支付一定金额给其指定的受款人的票据。

汇票名称一般使用 bill of exchange、exchange、draft。一般已印妥。但英国的票据法没有汇票必须注名称的规定。

汇票一般一式两份，第一联、第二联在法律上无区别。其中一联生效则另一联自动作废。中国香港和中国澳门地区一次寄单可只出一联。为防止汇票在邮寄途中遗失造成麻烦，一般远洋汇票都按两次邮寄。

1）汇票号码。由出票人自行编号填入，一般使用发票号兼作汇票的编号。在国际贸易结算单证中，商业发票是所有单据的核心，以商业发票的号码作为汇票的编号，表明本汇票属第×××号发票项下。实务操作中，银行也接受此栏是空白的汇票。在 SimTrade 中，该编号由系统自动生成。

2）出票日期。填写汇票出具的日期。如 2018 年 2 月 18 日，可以有以下几种日期格式填法：①2018-02-18 或 02-18-2018；②2018/02/18 或 02/18/2018；③180218（信用证电文上的日期格式）；④February 18, 2018 或 Feb.18, 2018。在 SimTrade 中，填以上第一种格式。

3）汇票金额。汇票金额（Exchange for）栏要填写小写金额，一般要求用货币缩写和阿拉伯数字表示，如 USD1234.00。货币缩写和阿拉伯数字均应端正地填写在虚线格内，不得涂改。除非信用证另有规定，汇票金额不得超过信用证金额，而且汇票金额应与发票金额一致，汇票币别必须与信用证规定和发票所使用的币别一致。在 SimTrade 中，注意须分别将币别和金额填在两根虚线上。

4）付款期限。付款期限（At ____ Sight...）一般可分为即期付款和远期付款两类。

即期付款只需在汇票固定格式栏内打上"at sight"。若已印有"at sight"，可不填。若已印有"At ____ Sight"，应在横线上打"----"。

远期付款一般有 4 种:

① 见票后××天付款, 填上 "at ×× days after sight", 即以付款人见票承兑日为起算日, ××天后到期付款。

② 出票后××天付款, 填上 "at ×× days after date", 即以汇票出票日为起算日, ××天后到期付款, 将汇票上印就的 "sight" 划掉。

③ 提单日后××天付款, 填上 "at ×× days after B/L", 即付款人以提单签发日为起算日, ××天后到期付款。将汇票上印就的 "sight" 划掉。

④ 某指定日期付款, 指定×年×月×日为付款日。例如 On 25th Feb.1998, 汇票上印就的 "sight" 应划掉。这种汇票称为 "定期付款汇票" 或 "板期汇票"。托收方式的汇票付款期限, 如 D/P 即期者, 填: "D/P at sight"; D/P 远期者, 填: "D/P at ×× days sight"; D/A 远期者, 填 "D/A at ×× days sight"。

在 SimTrade 中, 如果是 L/C 方式, 汇票付款期限需与信用证一致; D/P 方式下选择即期; T/T 和 D/A 方式下任选一项即可。

注意: SimTrade 模拟时间, 即使选择远期, 也是按即期流程来操作。

5) 受款人。受款人 (Pay to the Order of) 也称 "抬头人" 或 "抬头"。在信用证方式下通常为出口地银行。汇票的抬头人通常有 3 种写法:

① 指示性抬头 (demonstrative order)。例如, "付××公司或其指定人" (Pay ×× Co., or order; pay to the order of ×× Co.,)。

② 限制性抬头 (restrictive order)。例如, "仅付××公司 (Pay ×× Co. only) 或 "付××公司, 不准流通" (Pay ×× Co. not negotiable)。

③ 持票人或来票人抬头 (payable to bearer)。例如, "付给来人" (pay to bearer)。这种抬头的汇票无须持票人背书即可转让。

在我国对外贸易中, 指示性抬头使用较多, 在信用证业务中要按照信用证规定填写。若来证规定 "由中国银行指定" 或来证对汇票受款人未规定, 此应填上: "pay to the order of Bank of China" (由中国银行指定); 若来证规定 "由开证行指定", 此栏应填上 "Pay to the order of ×× Bank" (开证行名称)。在 SimTrade 中, 信用证方式下填写出口地银行英文名称 (淘金网 "银行" 里面可查询); 非信用证方式, 则填出口商公司英文名称 (可从合同中复制)。

6) 汇票金额。汇票金额 (the sum of) 栏要填大写金额, 先填写货币全称, 再填写金额的数目文字, 结尾加 "only" 相当于中文的 "整" 字。例如, UNITED STATES DOLLARS ONE THOUSAND TWO HUNDRED AND THIRTY FOUR ONLY, 大小写金额均应端正地填写在虚线格内, 不得涂改, 且必须与汇票的小写金额一致。在 SimTrade 中, 本栏应与合同填写一致, 可以直接复制合同中的 "Say Total"。

7) 信用证号码。填写信用证的准确号码, 如非信用证方式则不填。

8) 开证日期。填写信用证的准确开证日期, 而非出具汇票的日期, 如非信用证方式则不填。在 SimTrade 中, 开证日期见信用证 "31C:", 注意写成 2018-12-24 的格式。

9）付款人。信用证方式下，付款人（Issued by）通常为进口地开证银行。根据《UCP600》规定，信用证方式的汇票以开证行或其指定银行为付款人，不应以申请人为汇票的付款人。如果信用证要求以申请人为汇票的付款人，银行将视该汇票为一份附加的票据；而如果信用证未规定付款人的名称，汇票付款人亦应填开证行名称。

在信用证业务中，汇票付款人是按信用证"draw on ××"、"draft on ××"或"drawee"确定。例如，"… available by beneficiary's draft(s) on applicant"条款表明，以开证申请人为付款人；又如，"… available by draft(s) drawn on us"条款表明，以开证行为付款人；再如，"drawn on yourselves/you"条款表明以通知行为付款人。信用证未明确付款人名称者，应以开证行为付款人。如非信用证方式，则填进口商名称。

在 SimTrade 中，信用证方式下填写进口地银行英文名称（淘金网"银行"里面可查询）；非信用证方式，则填进口商公司英文名称（可从合同中复制）。

10）被出票人。此项为被出票人的名称和地址。信用证方式下，此处填写开证行名称（淘金网"银行"里面可查询）。其他方式下填写进口商名称地址（可从合同中复制）。

11）右下方空白栏。右下方空白栏（Authorized Signature）是由出票人，即出口商签字，填写公司名称。

（2）办理押汇手续

回到"Business（业务中心）"界面，单击"出口地银行"图标按钮，在打开的"出口地银行"界面单击"押汇"按钮，勾选单据列表中的"商业发票"、"装箱单"、"普惠制产地证明书"、"货物运输保险投保单"（CIF 条件时）、"汇票"、"海运提单"复选框，单击"押汇"按钮，完成押汇手续的办理，如图 4-45 和图 4-46 所示。

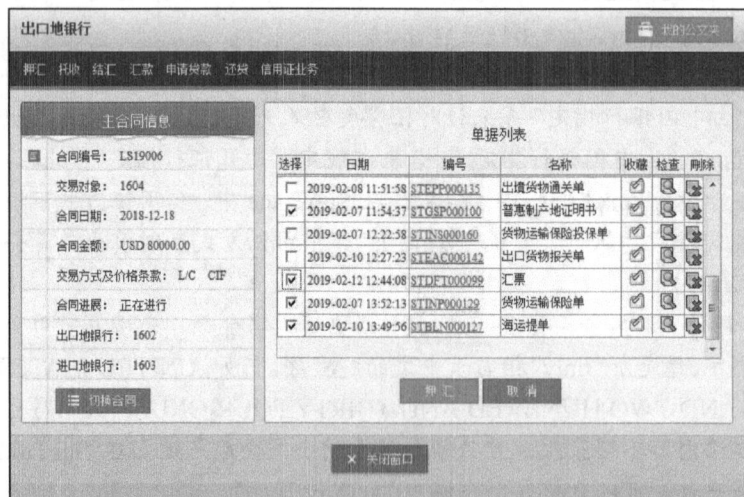

图 4-45　选择押汇单据

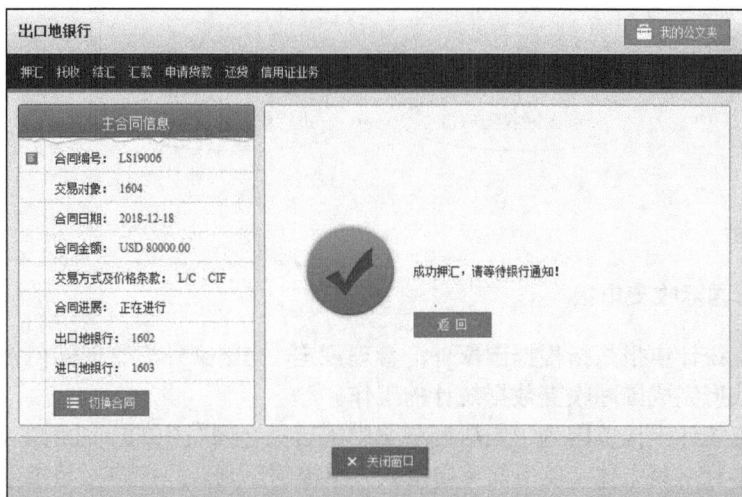

图 4-46 成功押汇

（3）收取银行发来的可以结汇的通知邮件

押汇成功后，等待并收取银行通知。

（4）结汇

在"Business（业务中心）"界面单击"出口地银行"图标按钮，在打开的"出口地银行"界面单击"结汇"按钮，结收货款。

3. 实训小结

子任务二 收支申报

☆ **任务目标**

知识与能力目标	了解我国收支申报的一般做法
过程与方法目标	在制定条款的过程中，提高分析、归纳的能力
情感态度与价值观目标	1. 在学习过程中，养成主动参与、勤于动手、积极尝试的习惯； 2. 在小组活动中，学会团队合作； 3. 在学习过程中，逐渐树立商贸职业人的主人翁意识

☆ 任务流程

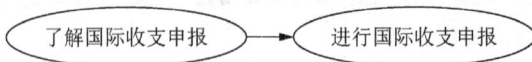

了解国际收支申报 → 进行国际收支申报

☆ 任务实施

操作 1：了解国际收支申报

国际收支统计申报是指根据国家外汇管理规定，向国家外汇管理部门报告国际收支数据，配合政府完成国际收支数据统计的工作。

国际收支统计申报范围为中国居民与非中国居民之间发生的一切经济交易。国际收支统计申报实行交易主体（以下简称申报人）申报的原则。间接申报是指申报人通过各类金融机构向外汇管理局申报其居民与非居民之间进行的交易和资金跨境交易的行为。

📖 知识加油站

国际收支申报原则

1）准确性：外汇管理部门汇总的国际收支数据是政府决策的重要依据，经办行应保证申报单填写的内容和电子数据的准确性。

2）及时性：数据必须在规定时间内传输，纸质单证必须在规定时间内报送。

3）政策性：国际收支统计申报制度是国家重要的外汇管理制度，申报人和经办行要严格遵照执行。

4）完整性：国际收支统计申报的范围为中国居民与非中国居民之间发生的一切经济交易，申报人应全面地申报其国际收支统计申报。

操作 2：进行国际收支申报

童丹丹询问了刘晓之后，便登录外汇管理局网站，在网上进行出支申报。

SimTrade 实操
收支申报

1. 实训要求

在 SimTrade 系统中完成收支申报过程。

2. 具体操作步骤

回到"Business（业务中心）"界面，单击标志为"外汇管理局"的建筑物，在弹出的界面中单击"国际收支网上申报系统"链接，填写申报表格，保存之后，完成国际收支网上申报的办理，如图 4-47~图 4-49 所示。

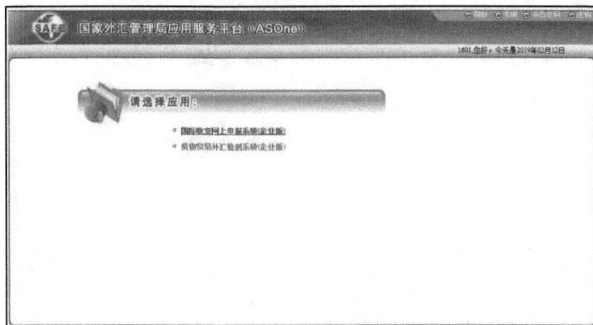

图 4-47　选择国际收支网上申报系统

（a）

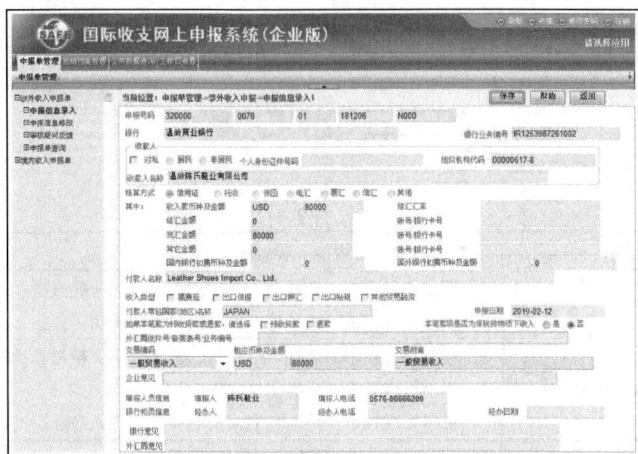

（b）

图 4-48　填写申报信息

图 4-49　完成申报

3. 实训小结

<子任务三　出　口　退　税>

子任务三　出　口　退　税

☆ 任务目标

知识与能力目标	了解我国出口退税的一般做法
过程与方法目标	1. 通过小组合作，查找关于我国出口退税的一般做法； 2. 通过对出口退税的了解，完成出口退税的相关业务
情感态度与价值观目标	1. 在学习过程中，养成主动参与、勤于动手、积极尝试的态度； 2. 在小组活动中，学会团队合作； 3. 在学习过程中，逐渐树立商贸职业人的主人翁意识

☆ 任务流程

☆ 任务实施

操作 1：了解我国出口退税的一般做法

向当地的国税局办理出口退税业务是办理出口业务的最后一个重要步骤。

出口退税是指符合国家规定范围的出口货物在报关离境后，由出口经营的主体企业凭有关单证向主管退税业务的税务机关办理出口货物在生产、加工、出口销货等环节上的增值税、消费税免征或退还的税收政策。

办理出口退税的重要凭据是"两单两票"，即出口货物报关单、出口收汇核销单、增值税专用发票（这里指商业发票）、出口货物专用缴款书。

出口货物报关出口收汇后，企业填报申请单证，输入出口企业退税申报系统，汇总、查询、计算出退税额，报送税务机关预审，通过后的单据报送经贸主管部门稽核，然后报送退税税务机关审核、审批，由国库退出税款。

操作 2：办理出口退税业务

童丹丹登入国税网，根据本次出口收汇的总金额做好相应退税申报。

SimTrade 实操
办理出口退税

1. 实训要求

在 SimTrade 系统中完成出口退税的相关业务。

2. 具体操作步骤

单击"Business"按钮，进入业务中心主界面。单击标志为"国税局"的建筑物，在弹出的"国税局"界面中单击"退税"按钮，勾选单据列表中的"商业发票""出口货物报关单"复选框，单击"退税"按钮，完成退税手续的办理，如图 4-50 和图 4-51 所示。

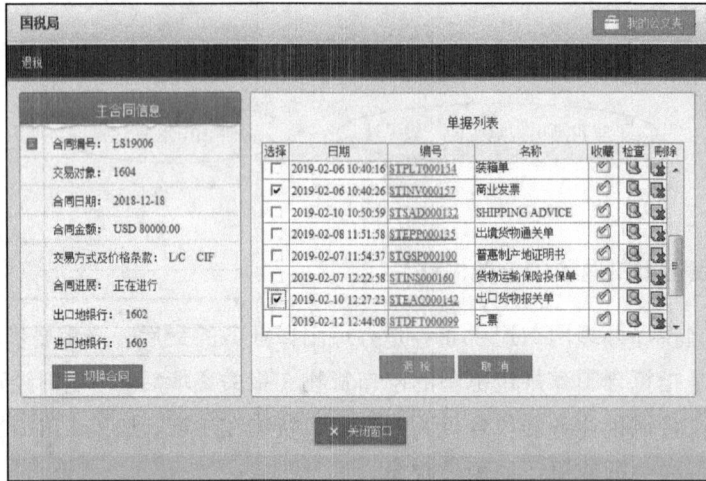

图 4-50　选择退税单据

图 4-51　成功办理退税

3. 实训小结

参 考 文 献

费景明，罗理广，2012. 进出口贸易实务[M]. 3版. 北京：高等教育出版社.

许宝良，邱盛，崔瑾，2012. 外贸商函[M]. 北京：高等教育出版社.

许宝良，张晓晨，2013. 外贸制单[M]. 北京：高等教育出版社.

许宝良，郑可立，徐新伟，2012. 外贸业务协调[M]. 北京：高等教育出版社.

后　记

我曾对第一份正式的外贸工作寄予很大期望，带着美好的憧憬，却不可避免地走了许多弯路。看着大家跃跃欲试的样子，我希望将自己的经验告诉你们，希望你们能顺利度过适应期。

1）考试做错题只不过是扣分，而职场做错事却可能酿成大错，职场需要的不是只做错了一点，而是全都做对了。

2）作为职场新人，你有相当多的困惑和疑问，而且没有老师为你解答难题，你要学会自己面对，在最短时间内找到解决问题的方法。当然你也可以寻求帮助，但帮你不是别人的义务，每个人都有自己的工作，你要察言观色，适时求助。

3）不要因为自己是新人，就指望别人对你的工作宽容，务必严谨。

4）这是考验你学习能力的时候，迅速领悟，哪怕加班也要弄懂那些难题。

5）少说多做，是永恒的真理，不要抱怨。

6）低调，低调，再低调。任何一个新人的出现都可能会让"老人"们有些警惕。这是他们观察你的时候，千万谨慎。

职场如战场，须事事当心。仅这6条技巧不足以让你叱咤职场，你们还需要更敏锐的观察力，更迅速的执行力，更强的学习能力。

最重要的是，你们要树立并坚守职业道德。学识不如知识，知识不如做事，做事不如做人。